先秦儒家哲学探源

对几对重要哲学范畴之演进的研究

杨庆中 著

中国社会科学出版社

图书在版编目(CIP)数据

先秦儒家哲学探源：对几对重要哲学范畴之演进的研究 / 杨庆中著. -- 北京：中国社会科学出版社，2024.6. -- ISBN 978-7-5227-3791-1

Ⅰ. B220.5

中国国家版本馆 CIP 数据核字第 2024FV8652 号

出 版 人	赵剑英
责任编辑	韩国茹
责任校对	张爱华
责任印制	张雪娇

出　　版	中国社会科学出版社
社　　址	北京鼓楼西大街甲 158 号
邮　　编	100720
网　　址	http://www.csspw.cn
发 行 部	010-84083685
门 市 部	010-84029450
经　　销	新华书店及其他书店

印刷装订	北京市十月印刷有限公司
版　　次	2024 年 6 月第 1 版
印　　次	2024 年 6 月第 1 次印刷

开　　本	710×1000　1/16
印　　张	18
插　　页	2
字　　数	217 千字
定　　价	98.00 元

凡购买中国社会科学出版社图书，如有质量问题请与本社营销中心联系调换
电话：010-84083683
版权所有　侵权必究

目　录

引　论 …………………………………………………………… 1

第一章　祖与帝 ………………………………………………… 10
　第一节　祖神崇拜 …………………………………………… 11
　　一　祖神的意义 …………………………………………… 11
　　二　释"祖" ……………………………………………… 13
　　三　祖先与生殖神 ………………………………………… 15
　　四　祖神的形成及实质 …………………………………… 20

　第二节　帝神崇拜 …………………………………………… 24
　　一　帝神的作用 …………………………………………… 24
　　二　祭祀活动的内化与帝观念 …………………………… 26
　　三　地上王权的折射与帝观念 …………………………… 30
　　四　方国联盟的政体与帝观念 …………………………… 34
　　五　祖帝之关系 …………………………………………… 37

第二章　德与天 ………………………………………………… 41
　第一节　以德为本 …………………………………………… 43
　　一　释"德" ……………………………………………… 43

二　周公对德的新认识 ·············· 47
　　三　德的内涵 ···················· 52
　　四　德的演化 ···················· 58
　第二节　以天为宗 ···················· 61
　　一　天与帝 ······················ 61
　　二　天的作用 ···················· 67
　　三　天的道德意义 ················ 70
　　四　天与祖先、时王的关系 ········ 73
　　五　天不可信 ···················· 76
　　六　天观念的分化 ················ 77

第三章　仁与礼 ························ 80
　第一节　仁学逻辑 ···················· 81
　　一　仁观念的产生 ················ 81
　　二　仁学逻辑的起点 ·············· 85
　　三　仁学逻辑的展开 ·············· 89
　　四　仁学逻辑的准则 ·············· 93
　　五　仁学与理想人格 ·············· 97
　　六　仁学与人生境界 ·············· 99
　第二节　礼学源流 ···················· 104
　　一　周公对礼的贡献 ·············· 104
　　二　春秋时期的礼 ················ 111
　　三　孔子对礼的新认识 ············ 116
　　四　孟、荀对礼的新发展 ·········· 125

第四章　性与命 ························ 132
　第一节　人性自觉 ···················· 132
　　一　生与性 ······················ 132

二　世硕等人的人性论 …… 136
　　三　孟子对告子的批判 …… 140
　　四　孟子性善说的思维秘密 …… 144
　　五　荀子的性恶论 …… 151
　　六　庄子后学的人性自然论 …… 158
　第二节　天命自觉 …… 161
　　一　孔子的知命论 …… 161
　　二　墨子的非命论 …… 172
　　三　孟子的俟命论 …… 175
　　四　庄子的安命论 …… 182
　　五　荀子的俟时论 …… 186

结语 …… 190

附录 …… 202
　一　论孔子"中庸"思想的内在逻辑 …… 202
　二　传统孝道中的生命本体意识 …… 213
　三　传统忠观念研究 …… 223
　四　《周易》与中国哲学 …… 242

参考文献 …… 271

后记 …… 281

引　论

儒家的创始人是孔子，讲儒家哲学自然应该由孔子开始。向来的儒学研究也基本上是从孔子开始的。但如果再进一步，探讨儒学的渊源流变，仍然从孔子讲起，显然就不够了，还必须溯及儒学产生的思想文化资源。

20世纪以来，不少学者为了理清儒学的真实面目，在推原儒学之所从来方面做了大量的工作，特别是在对"儒"的文字学的考证方面，提出了许多新颖别致的见解。[1] 这些研究都是值得肯定的。不过，推原所从来或追溯其思想文化资源，必须与探讨儒学何以为儒学的原因结合起来，互相参照、同时进行。不然，单纯的文字学研究或泛泛的思想文化资源的描述，将很难全面准确地道出儒学的真实面貌。

儒学之所以为儒学，乃在于它的创始人孔子有意识地传承和发展了夏商周三代的"正统"文化[2]，也就是后来被尊为六经的《诗》《书》《礼》《乐》《易》《春秋》。受疑古思潮的影响，20世纪的诸多学人，对于古代典籍中所谓的孔子与"六经"的关系，

---

[1] 参见陈来《古代宗教与伦理：儒家思想的根源》第八章"师儒"，生活·读书·新知三联书店1996年版。

[2] 先秦诸子百家所拥有的文化资源是共同的，儒家之所以是儒家，而不同于道家或墨家，就在于它很自觉地把传承或发展三代以来的正统思想文化作为自己的任务。

多不敢正面予以肯定。今天看来，这个问题没有太多怀疑的必要了。"六经"之名，最早见于《庄子·天运篇》："孔子谓老聃曰：'丘治《诗》、《书》、《礼》、《乐》、《易》、《春秋》六经，自以为久矣，孰知其故矣。'"这里明确指出孔子治"六经"。在《史记》中，司马迁系统记载了孔子与"六经"的关系，其曰：

> 孔子之时，周室微而礼乐废，《诗》《书》缺。追迹三代之礼，序《书传》，上纪唐虞之际，下至秦缪，编次其事。……观殷夏所损益……故《书传》《礼记》自孔氏。
>
> 孔子语鲁大师："乐其可知也。始作翕如，纵之纯如，皦如，绎如也，以成。""吾自卫返鲁，然后乐正，《雅》《颂》各得其所。"
>
> 古者《诗》三千余篇，及至孔子，去其重，取可施于礼义……三百五篇孔子皆弦歌之，以求合《韶》《武》《雅》《颂》之音。礼乐自此可得而述，以备王道，成六艺。
>
> 孔子晚而喜《易》，序《彖》、《系》、《象》、《说卦》、《文言》。读《易》，韦编三绝。曰："假我数年，若是，我于《易》则彬彬矣。"
>
> 孔子以诗书礼乐教，弟子盖三千焉，身通六艺者七十有二人。①
>
> 子曰："弗乎弗乎，君子病没世而名不称焉。吾道不行矣，吾何以自见于后世哉？"乃因史记作《春秋》……②
>
> 幽厉之后，王道缺，礼乐衰，孔子修旧起废，论《诗》《书》，作《春秋》，则学者至今则之。③

---

① （汉）司马迁：《史记》，中华书局1982年版，第1935—1938页。
② （汉）司马迁：《史记》，中华书局1982年版，第1943页。
③ （汉）司马迁：《史记》，中华书局1982年版，第3295页。

《庄子》和《史记》的记载未必完全符合事实，但基本内容应该是大体可信的。由汇集孔子及其弟子之言行而成书的《论语》看，孔子是研究并在一定程度上修订过"六经"的。《论语·述而》载："子所雅言，《诗》、《书》、执礼，皆雅言也。"说明《诗》《书》是被孔子作为教授弟子的教材来使用的。① "执礼"二字历来歧解颇多，按当时的时代背景，估计孔子教授给弟子的多是一些礼仪形式。但孔子曾经对礼学史下过苦功夫，"追迹三代"，"有所损益"当属可能（参见本书第三章）。孔子与《周易》的关系，20世纪的学术界争议很大，不少学者对孔子是否读过《周易》颇为怀疑。现在看来，怀疑者所提出的理由大多站不住脚，由1973年出土的马王堆帛书《易传》可知，孔子是研读过《周易》的，而且还曾向弟子讲授过《周易》，今通行本《易传》或许就是孔门后学根据孔子的讲授内容，再吸收各家的研究成果编纂成书的。② 至于《春秋》，虽然没有更为有力的证据证明是孔子所修订，但孔子曾用它作为教材是不可怀疑的。③ 杨伯峻先生指出：

> 孔子自己说他研究《诗》《书》《礼》《乐》《易》《春秋》六经（《庄子·天运篇》）。从《论语》看，他经常谈《诗》。《诗》就是今天的《诗经》，是古代诗歌总集，有庙堂之诗，有卿大夫的诗，有民歌。时代从西周到春秋中叶。

---

① 不过，并非像《史记》所说，将三千篇删为三百余篇（参见屈万里《经学简述》，载《屈万里先生文存》第一册，台北：联经出版社1985年版，第5页）。孔子与《尚书》的关系，请参见高明先生《论语中之书教》，载《尚书研究论集》，台北：黎明文化事业公司1981年版。

② 参见黄沛荣《孔子与周易经传之关系》，见《易学乾坤》，大安出版社1998年版，第209页。

③ 参见杨伯峻编著《春秋左传注》（修订本），中华书局1990年版，"前言"第16页。

孔子曾经整理过《诗》，见《论语·子罕篇》。《书》是《尚书》，又称《书经》，是古代历史资料汇编，孔子曾引用它，见《论语·为政篇》。《礼》，当孔子时或许有书，但现今流传的《礼》，即《仪礼》，则出自孔子的讲授。《乐》只是曲谱，早已亡佚，但孔子不仅是音乐爱好者，很可能十分内行。《易》，也叫《周易》或《易经》，当孔子时，只有《卦辞》和《爻辞》作占筮用，孔子曾经引用它。《春秋》是鲁国史书，孔子曾经采它作近代史和当代史的教本。①

可见，孔子是十分重视整理和传承他那个时代的传统文化和遗产的。其实，撇开孔子与"六经"的话题，我们在《论语》中同样能找到充分的证据，证明孔子有传承三代以来的"正统"思想的自觉意识。《论语·八佾》载："子曰：'夏礼吾能言之，杞不足征也；殷礼吾能言之，宋不足征也。文献不足故也。足则吾能征之矣。'"这里的"礼"字可以理解为狭义的"礼仪"，但也未尝不可以理解为广义的文化。若然，则孔子是研究过三代文化史的。不但研究，还发现了三代文化发展的规律："殷因于夏礼，所损益可知也；周因于殷礼，所损益可知也。其或继周者，虽百世可知也。"（《论语·为政》）而由于"周监于二代，郁郁乎文哉"，所以孔子特别强调："吾从周。"（《论语·八佾》）并声称自己是"信而好古，述而不作"（《论语·述而》）②。

既然儒学之为儒学，在于其创始人孔子有意识地传承和发

---

① 杨伯峻：《论语浅谈》，见《经书浅谈》，中华书局1984年版，第102页。
② 苏渊雷指出："所谓'述而不作'，乃明其有所依据，并非一仍旧贯，抱残守缺的意思。这样，赋新理想于旧事物，或托古人以立言，课徒授学之暇，加以补订删定，正是意中事。孟子、司马迁以来相传孔子'删《诗》《书》、订《礼》《乐》、赞《周易》、修《春秋》'等工作，不是没有根据的。"（苏渊雷：《中国思想文化论稿·孔子四论》，华东师范大学出版社1989年版，第330页）杨按：苏说甚是。

展了三代的"正统"思想文化,因此,研究儒学之渊源流变,有必要上溯此"正统"思想文化,以发现其内含的与儒学相关的共时性结构,并由此而推演出儒学展开的历时性变化。

中国是一个历史悠久的文明古国,在这块古老的大地上,很早就有人类生息繁衍。据考古发现,在中华民族的摇篮——黄河流域,如山西、河南、陕西、内蒙古、宁夏、甘肃等地都相继发现了旧石器时代的人类遗迹。距今大约一万年左右,我国的广大地区陆续进入新石器时代,如河南新郑的裴李岗文化、河北武安的磁山文化、山东境内的北辛文化,以及河南渑池的仰韶文化等,都为我们追踪中华民族的文化源头提供了极为丰富的材料。现在,就连以前的史学家们颇感困惑的夏朝文化,也在田野考古工作者的努力下而渐渐地大白于天下。徐中舒先生说:"现在可以认定二里头文化就是夏文化。"[①] 二里头在河南偃师,古称西亳,为成汤所都。二里头文化遗址目前已发现百处以上,专家考证,其分布地与文献资料记载的夏族历史活动的范围是一致的。

上述这样一个漫长、神秘的传奇时代,由于没有文字发现[②],所以,真正要对其从哲学的意义上作出总结,还十分困难。虽然人们透过墓葬的分布及随葬品的多寡可以联想到等级制的存在,透过陶器上的图符可以联想到原始宗教和巫术的情形,但对于这段人类幼年的生命历程,仍然俟诸考古学家、民族学家和人类学家的研究成果。本书的讨论将从"有册有典"(《周书·多士》)的殷商文化开始,并透过这些"典册"追溯

[①] 徐中舒:《先秦史论稿》,巴蜀书社1992年版,第29页。
[②] 徐中舒等先生说:"夏代没有文字,当时的记事之法大休上除结绳、刻木而外,还流行图象符号。"见徐中舒、唐嘉弘《关于夏代文字问题》,见中国先秦史学会编《夏史论丛》,齐鲁书社1985年版,第128页。

先商文化，以企为以弘扬"正统"自命的儒家哲学找到一个相对而言较为理想的逻辑起点。

然而，正如瑞士著名心理学家、哲学家皮亚杰（Jean Piaget）所说："从来就没有什么绝对的开端，换言之，我们或者必须说，每一件事情，包括现代科学最新理论的建立在内，都有一个起源的问题。或者必须说这样一些起源是无限地往回延伸的。因为一些最原始的阶段本身也总是以多少属于机体发生的一些阶段为先导的，如此等等。"① 所以，我们不可能为了追溯中国先民的自觉历程，而去研究石器时代乃至更早的活动于中华大地上的原始人类的骨骼化石。相反，只能在相对的意义上去选择一个较能反映先民自觉意识的逻辑前提。有典籍记载，并有考古确证的先商图腾崇拜正好可以提供这样一个前提。

图腾（totem）一词，出自北美印第安人鄂吉布瓦族的方言，意为族徽标记，后来被西方人类学家所采用。摩尔根（Thomas Hunt Morgan）指出："在美洲各地的土著中，所有的氏族都以某种动物或无生物命名，从没有以个人命名的。……如在新墨西哥的摩基村的印第安人中，氏族成员声称他们就是本氏族命名的那种动物的子孙。"② 中国古代没有图腾的称呼，却有同样的文化现象存在。据著名历史学家杨向奎先生的考证，原始的姓便是相当于这个意义的词。杨先生指出："在古代各氏族中，图腾崇拜可以说明本氏族之来源及得姓的因缘。"③ 中国古人有把图腾徽帜画在旗上的习惯，《周礼·司常》中提到的"九旗"图案，有日、月、交龙（两龙相交）、熊、虎、鸟、龟、蛇、隼

---

① 〔瑞士〕皮亚杰：《发生认识论原理》，王宪钿等译，商务印书馆1981年版，第17页。
② 〔美〕路易斯·亨利·摩尔根：《古代社会》，杨东莼、马雍、马巨译，商务印书馆1977年版，第83页。
③ 杨向奎：《宗周社会与礼乐文明》，人民出版社1992年版，第20页。

等,"皆画其象焉"。郑玄注曰:"谓徽帜也。"① 今人田昌五认为"其必源于图腾"②。

商先祖出于盛行鸟崇拜的东方少昊部族,"玄鸟"是他们的图腾。《诗经·玄鸟》云:"天命玄鸟,降而生商。"已故先秦史专家、古文字学家徐中舒先生说:"《商颂》是宋国颂扬其先代的诗,记载了商人的古代传说。玄鸟即燕子,可视为商的图腾。"③ 考古发现,山东和苏北的龙山文化遗址发掘出塑有鸟头型的器盖纽,器皿多精薄而少实用价值,有人以为是专门用作祭祀的,证明商和秦诸族都有过把玄鸟当作图腾来崇拜的普遍事实。④ 另外,有一片祖庚祖甲时期的卜辞,其中王亥的亥字,从亥从鸟。⑤ 类似的卜辞在廪辛、康丁、武丁、文丁诸时期都有发现。它与《山海经·大荒东经》中"有人曰王亥,两手操鸟,方食其头"的描述十分相像。田昌五认为,王亥之亥从鸟,盖执图腾神作战也。⑥

图腾信仰,其本质是图腾认同。大凡存在这种习俗的社会,不管是从妻而居的母系氏族,还是从夫而居的父系氏族,都有一个共同特点,就是把图腾作为本氏族的象征,以区别于其他氏族。图腾所具有的这种区分氏族团体的认同功能,无疑与原初人类的自我认识密切相关。人类的自我认识是一种相当复杂的社会实践活动,它具体表现为一种双重建构过程,即在建构

---

① (东汉)郑玄注,石珹整理:《周礼注》,商务印书馆2023年版,第296页。
② 田昌五:《中国古代社会发展史论》,齐鲁书社1992年版,第119页。
③ 徐中舒:《先秦史论稿》,巴蜀书社1992年版,第54页。
④ 张光直:《中国远古时代仪式生活的若干资料》,(台湾)《民族学研究所集刊》1960年第9期。
⑤ 参见胡厚宣《甲骨文商族鸟图腾的遗迹》,见中国科学院历史研究所编《历史论丛》第一辑,中华书局1964年版;又见胡厚宣《甲骨文所见商族鸟图腾的新证据》,《文物》1977年第2期。
⑥ 田昌五:《中国古代社会发展史论》,齐鲁书社1992年版,第119页。

客体——认识和改造客体——的同时建构主体自身。原初人类，由于脱胎于自然不久，对自然的认识尚十分表面化，对自我的认识也相当肤浅，因而这种双重的建构不得不开始于"远离自然的本质"同时又"远离人的本质"的人与自然的模糊的边缘地带。成为图腾物的植物、动物或无机物（如石头）等"自然的客观存在物"恰恰就处在这个模糊的边缘地带上。它是一种自然物，却被用来表征人类的始祖，并在分类的意义上区别和鉴定着氏族关系，以便原始生民的社会存在具有可理解性和可解释性。这种功能与原初社会的婚姻习俗相结合，构成了原初人类的基本存在特征。

由于图腾氏族内存在着乱伦禁忌，人们一般把图腾制与外婚制联系在一起来考察，这是很有道理的。就先商图腾而言，始祖契母为有娀氏女，名简狄。这个传说只有在外婚制的情况下才有可能产生。徐中舒认为，此娀和狄就是指戎狄，她可能属于在北方荐草中居住的北方濊貊族。说明东方氏族（先商）与北方氏族曾经在外婚制的条件制约下有过婚姻关系。[①] 关于外婚制，人类学家尚无统一的看法。但从婚姻"规范了性的关系，界定了个人的社会地位及其在群体中的成员身份，创造了家庭经济单位，建立了个人与亲族外的亲族关系，规定了法律权力和地位，并担任个人和群体间政治关系的媒介"等一系列重要意义看[②]，外婚制的施行是人类认识史上的一个进步。它对于结合不同氏族，扩展部落势力，融合各族文化起到了积极的作用。与图腾制相适应的外婚制，至少在两个氏族间发生，它的意义在于对异性按一定的规则在氏族之间进行交换，这就把由男女

[①] 徐中舒：《先秦史论稿》，巴蜀书社1992年版，第55页。
[②] 北晨编译：《当代文化人类学概要》，浙江人民出版社1986年版，第144页。

引 论

共同完成的传宗接代和调节人的生理欲望的功能转化成了一种具有文化意味的社会活动。于是便产生了自然系统与文化系统的转换，即氏族间的异性交换把本属人的自然欲望的性要求和本属人之本能的生育功能转化成了一种具有社会组织形式的文化现象，这就是图腾崇拜的深层结构。"天命玄鸟，降而生商"，"玄鸟"是一种动物，经由北方濊貊族的女子吞食其卵，便改变了其本来的自然属性，而成为商族的象征和崇拜的对象。

　　玄鸟—简狄—商族
　　图腾—女人—文化

可见，图腾隐喻了社会文化现象，反映了自然结构与社会结构的某种变换，反映了主体建构的原始形态。它使人与自然的关系在"生命一体化"（图腾物—祖先—氏族）的观念中得到了符合原始人存在状况的合理解释。可以说，图腾崇拜为原初人类展现了一个意义的世界，在这个世界中，与他们有关的自然界的一山一水、一草一木和社会中的男女老幼都因着图腾崇拜的形式而找到了界定各自位置的坐标，因之也找到了界定自己族类的坐标。自然变得有条理了，人群变得有秩序了，世界变得可理解了。

第一章
祖与帝

公元前17世纪前后，商汤灭夏，建立商朝。

春秋末期的著名思想家孔子（前551—前479年）说："殷因于夏礼，所损益可知也。"（《论语·为政》）由于"杞不足征"（《论语·八佾》），我们不知道殷商初年统治阶级对夏文化"因"了什么，"损"了什么，"益"了什么。不过，终殷商一朝（约前1600—前1028年，依《中国历史纪年表》），其间虽然也曾发生过不少激烈的政治风波，但祖先崇拜和上帝崇拜似乎一直是殷人观念世界中的两大精神支柱。①

---

① 历史学家习惯于把商朝历史分为前后两期，前期从商汤建国至盘庚迁殷；后期从盘庚迁殷至帝辛灭亡。后期有丰富的甲骨卜辞为证，前期相对而言可供研究的材料较少。但从有关传说记载看，前期和后期的思想、宗教信仰基本上是一致的。如《吕氏春秋·顺民篇》载："昔者汤克夏而正天下，天大旱，五年不收。汤乃以身祷于桑林曰：'余一人有罪，无及万夫，万夫有罪，在余一人。无以一人之不敏，使上帝鬼神伤民之命。'于是剪其发䈼其手，以身为牺牲，用祈福于上帝，民乃甚说，雨乃大至。"这则传说还见于《墨子·兼爱下》《国语·周语上》《荀子·大略》《说苑·君道》等，流传甚广，当有所据。其中"上帝鬼神"一语，显然系指上帝与祖先。而汤剪发䈼手，亲祷于桑林，大似传说中的巫人，或许他本人就是一名巫师。此与商代后期统治者亲自参与占卜活动的情形十分相像。

第一章　祖与帝

第一节　祖神崇拜

一　祖神的意义

祖先崇拜是世界上大多数民族都曾经存在过的一种文化现象，但世界上其他各民族又都没有像中华民族这样，对祖先崇拜十分重视和执着，乃至于这一宗教形式贯穿了中国社会几千年。从商代的典册记载中可以发现，商代十分盛行祖先崇拜，祭祀祖先成了他们政治生活、社会生活和精神生活中须臾不可缺少的事情。

由卜辞可知，殷人对祖先的祭祀，形式隆重、祀典频繁。拿最为常用的"周祭"来说，它是由彡、羽、祭、劦、肜等五种祀典形式循环进行的一种祭祀活动，祖甲时由于辈分靠前，对诸先祖遍祭一周，需时约三十旬。到帝乙、帝辛时，辈分又晚六世，遍祭一周需时三十六旬，可以说是每天都祭祀，每天都与祖先沟通。

不仅祀典频繁，殷人送给祖先的礼品也十分丰富。如对王亥的祀典：

……燎于王亥十牛。（合14736[①]）

甲辰卜，㱿，贞来辛亥燎于王亥卅牛，十二月。（合14733）

翌辛亥，酒王亥九羌。（合357）

[①] 郭沫若主编，胡厚宣总编辑：《甲骨文合集》，中华书局1978—1983年版。本书所引甲骨资料多据《甲骨文合集》，统一名称"合×××××（号）"若有溢出《合集》者，则另行注明出处。

其又升大乙，羌五十人。（合 26908）

贞，御自唐、大甲、大丁、祖乙，百羌、百牢。（合 300）

丁巳卜，又燎于父丁百犬百豕，卯百牛。（合 32674）

"十牛"即十头牛，"卅牛"即三十头牛，"九羌"即九个羌俘。"大乙"即成汤，升祭先王大乙，以羌俘五十人为牺牲。"唐"亦即成汤，御祭从唐开始的大甲、大丁、祖乙等先王，以百名羌人和百牢为祭品。"父丁"指武乙的父亲唐丁，燎祭唐丁用百犬百豕为祭品，并且卯杀肢解一百头牛用于祭典，真可以说是空前绝后了。

殷人这样疯狂地祭祀祖先，当然是有原因的，在他们看来，祖先神具有十分神秘的力量，它可以令风、令雨，可以降祸、授又（通佑），可以若（通诺），可以左（通佐），可以祟（即灾祟）时王等。如：

求雨于上甲宰。（合 672 正）

贞，于王亥桒年。（合 10106）

贞且乙若王不？（合 13604 正）

丙申卜，宾贞示左王。贞示弗左王。（合 14888）

上甲祟王。（合 811 反）

……

可见，在殷人的观念中，祖先神的作用是非常巨大的，他们虔诚地相信祖先神的这些威力，希望通过一定的方式（如祭祀）来祈求祖先神的佑护。

二 释"祖"

对于殷人盛行的祖先崇拜，我们究竟应该怎样理解？透过这种文化现象，将会发现什么内在的更为本质的东西呢？

甲骨文中有一个象形字作⟁、⟁、⟁等诸形。文字学家一致认为它是"且"字，借为祖先之祖。这个字为什么写作这样的形状，引起了文字学家们的争论。由于早期社会中曾经存在过与祖先崇拜密切相关的生殖崇拜现象，不少学者把这个字看得很神秘，企图从对它的解释中揭开古代文化中的一段秘事。如已故著名文学家、史学家郭沫若先生指出："祖妣者，牡牝之初字也。"① 他训"且"为阳具，认为是生殖崇拜的象征。此说一出，影响很大，被不少学者所认可。但也有一些文字学家认为证据不足，提出异议，如李孝定先生说："甲文金文祖字作且者，则神主之象形，且即主也。"② 他释"且"为神位牌。最近，又有人从出土的仰韶文化陶瓶祖先神偶像和陶罐祖先神偶像中受到启发，认为"且"就是对这种陶罐的象形。③

与上述各种解释不同，已故文字学家、金石学专家唐兰先生提出了一种较为平实的观点。唐兰先生认为"且"字即盛肉之"俎"的象形，"俎"，古代为切肉的工具，如《史记·项羽本纪》中说："今人为刀俎，我为鱼肉。"可证"俎"即切肉之荐。"俎"本以断木为之，卜辞"且"象俎面之形。后来，"俎"由切肉之器逐渐演变为祭神时载肉的礼器。"俎"字古音

---

① 郭沫若：《郭沫若全集》考古编第一卷，科学出版社1982年版，第35页。
② 《甲骨文集释》，台北："中研院"历史语言研究所1970年版，卷首0073页。
③ 詹鄞鑫：《神灵与祭祀——中国传统宗教综论》，江苏古籍出版社1992年版，第131页。

略如"多","古者假且之声,以为祖妣之祖,犹今之言爹爹也"①。依唐先生的看法,"且"字本指切肉的木墩子,因声假借,才做了祖先的"祖"字。对于唐兰先生的观点,徐中舒先生颇为认可,指出,"且"字"诸形均象盛肉之俎。本为断木,用作切肉之荐,后世或谓之'梡俎'。⌂象断木侧视之形,为增绘其横断面之全形,乃作⌂形或⌂形,甲骨文为契刻之便,将椭圆形断面改作⌂或⌂形。其后,俎由切肉之器逐渐演变为祭神时载肉之礼器,因其形近'几',故《说文》误谓⌂从'几'。"并释改字义谓"借为父祖之祖"②。不过相对而言,视"祖"与生殖崇拜有关的说法也有着很大的影响,如杨宽先生在一篇研究楚帛书的论文中指出:

> 帛书这个祖先之神,绘有男性生殖器,神名为"虘",即"且"字,是"祖"字的初字,很可能与原始氏族的生殖崇拜有关。三十年代郭沫若《释祖妣》首先把"且"识为"牡器之象形",同时高本汉(Barnhard Karlgren)也认为"且"字是男根之像,并且把新石器时代遗址中出土的男根模拟物称为"祖"。五十年代以来,新石器时代和商周时期的陶制或石制的男根模拟物出土不少,考古学者一律称之为"陶祖"或"石祖",都认为与原始的生殖崇拜有关。不但仰韶文化晚期、马家窑文化早期、龙山文化、齐家文化的遗址中有男根模拟物出土,郑州二里岗的商代遗址和长安张家坡的西周遗址中也有出土;广西邕宁和湖南

---

① 唐兰:《殷虚文字二记》,载吉林大学古文字研究室编《古文字研究》第一辑,中华书局1979年版,第55—62页。

② 徐中舒主编:《甲骨文字典》,四川出版集团、四川辞书出版社2006年版,第22页。

安乡的早期越文化遗址中亦有出土。战国时代楚人崇拜的祖先之神，绘成人面兽身，身后有尾，并有男根，是可能与原始的生殖崇拜相关的。①

虽然唐兰先生的说法比较平实，但杨宽先生的举证也不容忽视。"祖"字的造字究竟包含什么意义，还可以继续探讨，殷商时期的祖先神崇拜确实有生殖崇拜的内涵，却也是一个不争的事实。

三 祖先与生殖神

祖先崇拜是如何产生的，是一个颇为复杂的问题。这一崇拜形式的形成应该与图腾崇拜有关。图腾信仰的内涵相当复杂，但图腾信仰这一文化现象至少具备两种功能：一是它能触及氏族起源的问题，产生有关生殖的观念；二是它能解答氏族起源的问题，形成最初的氏族祖先神的观念。祖先崇拜也基本上包含了这两方面的内容。

在原始人的观念世界里，生殖是一件极为神秘的事情。民族学家研究发现，原始人类认为，妇女的生育不是由于男女的婚配，乃是由于图腾祖先的投胎，若是母系图腾的投胎，小孩就应属于母系氏族；若是父系图腾的投胎，小孩就应属于父系氏族。在古代典籍中存在着大量的感生神话，所谓"昔太古尝无君矣，其民聚生群处，知母不知父，无亲戚兄弟夫妻男女之别，无上下长幼之道……"② 就很好地证明了这一点。这些神话有一个共同特点，就是女性始祖与某种图腾接触而怀孕：

---

① 杨宽：《楚帛书的四季神像及其创世神话》，《文学遗产》1997年第4期。
② 陆玖译注：《吕氏春秋》，中华书局2011年版，第736页。

>华胥履大人迹而生伏牺；
>安登感神龙而生神农；
>附宝感北斗而生黄帝；
>女登感神龙而生炎帝；
>女节感流星而生少昊；
>女枢感虹光而生颛顼；
>庆都感赤龙而生伊耆（尧）；
>弃母履巨人迹而生弃；
>女嬉吞薏苡而生禹；
>……①

引文中的"大人""神龙""北斗""流星""虹光""赤龙"，都很有图腾的意味。据此分析，"天命玄鸟，降而生商"的传说，很可能是影射了简狄在商族举行图腾崇拜或祖先崇拜的仪式后而怀孕的史影。

随着人类认识水平的不断提高，人们对生殖现象有了进一步的认识，生殖崇拜也随之从图腾崇拜中分化出来，成为一种较为独立的崇拜形式。有关仰韶文化晚期的考古，发现各处都出土了一些"陶祖"，说明生殖崇拜活动在那个时期曾经十分流行。甲骨卜辞中记有殷人祭祀生育神的现象，说明在当时生殖崇拜的观念依然深入人心。由于史料不足，我们还很难了解生育神祭祀的具体形式。但古代文献中似乎还保留了一些有关生育神的面目。据《礼记》记载，古代有一位专供求子的女神叫"高禖"，或写作"皋禖"，她专司生殖一类的事宜。《礼记·月令·仲春》云：

---

① 转引自孙晓《中国婚姻小史》，光明日报出版社1988年版，第11页。

第一章 祖与帝

> 是月也，玄鸟至。至之日，以大牢祠于高禖。天子亲往，后妃帅九嫔御，乃礼天子所御，带以弓韣，授以弓矢，于高禖之前。

"御"字本指帝王与后妃的性生活，旧注以为"所御"指性交而有妊娠者。这段话的大意是说，仲春二月燕子飞来的时节，用太牢祭祀高禖，祭祀时天子亲往，后妃则率领众嫔，为那些天子所幸的妃嫔祈祷，祈求生育。弓袋、弓矢都是男子所用之器，携带于高禖神前，是为了求生男孩。

这个高禖神，郑玄以为就是吞玄鸟卵而生契的商族女祖先简狄："玄鸟，燕也。燕以施生时来，巢人堂宇而孚乳，嫁娶之象也。媒氏之官以为候。高辛氏之出，玄鸟遗卵，娀简吞之而生契，后王以为媒官嘉祥，而立其祠焉。变媒言禖，神之也。"[1] 郑玄的这一说法未必没有根据。史载夏族以女始祖涂山氏为禖神。涂山氏系禹妻之氏族，《尚书·皋陶谟》曰："予娶涂山，辛壬癸甲。"《楚辞·天问》曰："禹之力献功，降省下土四方。焉得彼涂山女，而通之于台桑？"《史记·夏本纪》曰："夏后帝启，禹之子，其母涂山氏之女也。"[2] 唐司马贞《史记索隐》："《系本》曰'涂山氏女名女娲'，是禹娶涂山氏号女娲也。"[3] 而《路史后纪·余论二》："皋禖古祀女娲。"[4] 其《后纪二》曰："以其载媒，是以后世有国，是祀为皋禖之神。"[5] 由此可知涂山氏乃夏族的皋禖之神。与夏人相似，鲁人（周之后裔）以

---

[1] 李学勤主编：《礼记正义》，十三经注疏标点本，北京大学出版社1999年版，第473页。
[2] （汉）司马迁：《史记》，中华书局1982年版，第84页。
[3] （汉）司马迁：《史记》，中华书局1982年版，第81页。
[4] 王彦坤：《路史校注》第六册，中华书局2023年版，第2808页。
[5] 王彦坤：《路史校注》第六册，中华书局2023年版，第398页。

女始祖姜嫄为禖神，《诗经·鲁颂·閟宫》："閟宫有侐，实实枚枚。"毛传："閟，闭也。先妣姜嫄之庙在周，常闭而无事。"又引孟仲子曰："是禖宫也。"① 据此言之，虽然郑玄以"简狄"释《月令》中的"高禖"是否恰帖尚需讨论，但商族把简狄作为生育神是完全有可能的。近代著名学者闻一多先生指出：古代各民族所祀的高禖全是各民族的先妣，"先妣也就是高禖。齐国祀高禖有'尸女'的仪式，《月令》所载高禖的祭典也有'天子亲往，后妃率九嫔御'一节，而在民间，则《周礼·媒氏》'仲春之月，令会男女'，与夫《桑中》、《溱洧》等诗所昭示的风俗，也都是祀高禖的故事。这些事实可证高禖这祀典，确乎是十足的代表着那以生殖机能为宗教的原始时代的一种礼俗"②。

俄国哲学家普列汉诺夫（еоргий Валентинович Плеханов）指出：在原始社会，"氏族的全部力量，全部生活能力决定于他的成员的数目，因而每一个成员的死亡对于所有其余的人是一个重大的损失。氏族竭力吸收新的成员来弥补这种损失"③。因此，祈求生育，对他们来说是十分重要的事情。由卜辞看，殷人很注意这方面的问题，如他们对于是否受孕，是否生男，何时生产都进行卜问。有一则武丁预测妇好预产期的卜辞，是在其分娩前十三天进行的。王宇信等人认为："当时人们计算预产期这样准确，一定是建立在总结长期实践经验的科学的妇产科知识的基础上的。"④

---

① （西汉）毛亨传，（东汉）郑玄笺，陈才整理：《毛诗笺》，商务印书馆 2023 年版，第 768 页。
② 闻一多：《高唐神女传说之分析》，见《闻一多全集》一，生活·读书·新知三联书店 1982 年版，第 107 页。
③ 〔俄〕普列汉诺夫：《论艺术（没有地址的信）》，曹葆华译，生活·读书·新知三联书店 1964 年版，第 58 页。
④ 王宇信等：《试论殷墟五号墓的"妇好"》，《考古学报》1977 年第 2 期。

生殖是人类的一种自然行为，但把它作为崇拜的对象后，自然就带有了自觉的意义。图腾崇拜是人类追溯自己的本根由来的一种尝试，透过生命一体化观念，人们找到了自己的位置。生殖崇拜是这一尝试的继续和深入，它的目的是壮大氏族成员的队伍，反映了人类对自己族类群体之存在的自觉，这是认识史上的一大进步。恩格斯（Friedrich Engels）指出：

> 根据唯物主义观点，历史中的决定性因素，归根结底是直接生活的生产和再生产。但是，生产本身又有两种。一方面是生活资料即食物、衣服、住房以及为此所必需的工具的生产；另一方面是人自身的生产，即种的繁衍。①

生殖崇拜表现了人们对于作为社会生产力的人的再生产的关注和期望。

在原初时代乃至殷商时期，生产力水平十分低下，人们除了一双手外，可借操作的足以"延长"其双臂的工具只不过是几件磨制的石器、蚌器、骨器或木器罢了。虽然殷商时期有了制造青铜器的能力，但大部分是用来铸造与祭祀有关的礼器和与战争有关的兵器的，用于农业生产的数量太少，几乎起不到什么作用。恩格斯说："青铜可以制造有用的工具和武器，但是并不能排挤掉石器，这一点只有铁才能做到。"② 殷商考古证明了恩格斯的话是有道理的。在这种情况下，人们要想提高生产力水平，除了加快人的生产之外，是没有什么更好的办法的。尤其是像中国这样一个农业古国，对人的需要更显强烈。这一

---

① 《马克思恩格斯选集》第4卷，人民出版社2012年版，第13页。
② 《马克思恩格斯选集》第4卷，人民出版社2012年版，第177页。

点贯串了中国古代社会的始终，影响到了中国古代思想的许多方面。无怪乎著名经学家周予同先生指出，儒家思想生发于生殖崇拜。①

有人认为，生殖崇拜是自然力崇拜，不是人鬼崇拜，与祖先崇拜无关。这种看法有一定道理，但似乎并不全面。虽然在生殖崇拜的不同阶段上，人们崇拜的对象物不同（图腾、石祖、高禖），但有一点则是相同的，那就是对氏族群体力量的自觉，对人力与自然力之对立的自觉。尤其是生殖崇拜活动进化到"近取诸身"（阳具）、"远取诸祖"（禖神）的阶段后，这种族类自觉的意识就显得愈加强烈了。况且也不能排除这样一种假设，即生殖崇拜可能与早期人类的性教育有关，在其神秘的面纱之下也许隐蔽着科学的活动。早期人类在不同的年龄段要加入不同的社团组织，受到不同的教育，那些出土的形象逼真的祖具，可能就是这类教育的道具之一，而在崇拜仪式中，它又被当作膜拜的对象受到祭祀。我们很难想象，如果没有这种性教育，没有与之有关的以神秘形式出现的生殖自觉，没有这种知识的长期积累，殷商之人会如此准确地推测孕妇的预产期。

总之，生殖崇拜是一种不同于一般自然崇拜的文化现象，是人类自觉的一种特殊形式，是主体自我认识中的一个里程碑，是图腾崇拜向祖先崇拜过渡中的一个必不可少的环节。

四　祖神的形成及实质

在人与动物的种种区别中，有一点是指人有自觉意识；在人的种种自觉意识中，有一点是指人对自己所从来的自觉。我

---

① 周予同：《"孝"与生殖器崇拜》，见朱维铮编《周予同经学史论著选集》，上海人民出版社1983年版，第70—91页。

第一章 祖与帝

们没有看到过原始先民跪在图腾神前祈求祷告时的样子，但我们却看到过把上帝当作天父的人跪在十字架前时的激动、静肃、仰望、崇拜、依赖的样子，我们也看到过在寻根意识支配下写作的小说中描述的那种执着情怀。在这个森罗万象的世界中，人可能是唯一能够对自己族类进行反思的动物，他们追溯自己的先祖，对其表现出极大的信仰、依赖、尊敬和神化，如本节第一部分描述的那样。他们把祖先想象成英勇无比的神灵，祈求得到他们的保佑，以弥补自己在与自然的斗争中显现出来的软弱和不足。

祖先崇拜观念的形成有两个思想来源：一个是对传说中的先祖功德的神化；一个是从图腾神观念中分化出来的始祖神崇拜。

就第一方面说，《礼记·祭法》云："夫圣王之制祭祀也，法施于民则祀之，以死勤事则祀之，以劳定国则祀之，能御大灾则祀之，能捍大患则祀之。"可见，先祖能否受到祭祀和崇拜，与他们在世时的贡献大小有关。在先商史中，以汤革夏命建立商朝为限，至少也有十五位先祖，但其中较著名者不过相土、冥、王亥、上甲微等。[①] 他们或者有功于疆域开拓，或者有功于科技发明，他们的英雄事迹在氏族内部的流传中不断得到神化，加之古人对死亡的特殊看法，因此，他们也就成了阴摄氏族团体的神。

相土是商代的第三世祖，《世本·作篇》云："相土作乘马。"《竹书纪年》曰："十五年，商侯相土作乘马，遂迁于商丘。"《荀子·解蔽》云："杜作乘马。"杨倞注曰："杜与土同。乘马，四马也，四马驾车，起于相土，故曰'作乘马'。"可见，在商人的祖先中，相土在驯服野马、方便人们负重远行方面曾

---

① 参见孙淼《夏商史稿》，文物出版社1987年版，第273页。

经起到过重大作用。此外，据《诗经·长发》云："相土烈烈，海外有截。"说明他在开拓疆域的武功方面也很著名，因而受到商人的祭祀。冥，《国语·鲁语》云："冥勤其官而水死。"韦昭注曰："冥，契六世孙根国之子也，为夏水官，勤于其职而死于水。"[1] 说他在治水方面功劳很大，并以身殉职。由于他在这方面的功绩，殷人每年都要对他进行郊祭。在先商时期的诸先祖中，王亥和上甲微大概是最受重视的，这也与他们的英雄事迹有关。如王亥，《世本·作篇》云："胲作服牛。"胲即王亥。近代国学大师王国维先生说："盖古之有天下者，其先皆大有功德于天下，禹抑鸿水，稷降嘉种，爰启夏、周；商之相土、王亥，盖亦其俦。然则王亥祀典之隆，亦以其为制作之圣人，非徒以其为祖先。周秦间王亥之传说胥由是起也。"[2]

祖先的英雄事迹，为后人对他的神化和崇拜提供了历史的前提。但如果没有从图腾神观念中分化出来的始祖神崇拜观念，对祖先的神化便很难以宗教的形式表现出来。因此，前者提供的材料还必须经过后者（思维方式）的加工。

在图腾崇拜中，人与图腾（自物然）的同一性反映了一个很深刻的问题，即人是自然的产物。因此，人的祖类崇拜和祖类自觉的最早形式是以认同于图腾——神化了的自然物——来完成的。我们把这种文化现象称为"生命一体化"[3]。它表明人

---

[1] 徐元诰撰，王树民、沈长云点校：《国语集解》（修订本），中华书局2002年版，第158页。

[2] 王国维：《殷卜辞中所见先公先王考》，见王国维《观堂集林》（上册），朝华出版社2018年版，第252页。

[3] 恩斯特·卡西尔指出："原始人绝不缺乏把握事物的经验区别的能力，但是在他关于自然与生命的概念中，所有这些区别都被一种更强烈的情感淹没了：他深深地相信，有一种基本的不可磨灭的生命一体化（solidarity of life）沟通了多种多样形形色色的个别生命形式。"见〔德〕恩斯特·卡西尔《人论》，甘阳译，上海译文出版社1985年版，第105页。

第一章　祖与帝

类最初的自觉是以对整个自然界的生命自觉为基础的。今天的人类动不动就把主体与自然对立起来,并扬言要征服没有意识的自然。原初人类则不然,他们并不认为自己是自然界唯一具有自我意识的存在物,在他们看来,那些介入他们生活中的一山一水、一草一木都有各自的灵命,而只有借助于它们的灵命,人才可以与之交流、交往、同一。如人种学家卡尔·冯·登·斯忒恩(Karl von den Steinen)说,一个印第安部落的某种图腾崇拜氏族的成员们断言,他们与他们由之衍生而来的那些动物是一回事。他们明确地宣称他们自己就是水栖动物或红鹦鹉。英国民族学家弗雷泽(James George Frazer)指出,在澳大利亚的第利(Dieri)部落中,一个以某种植物的种子为图腾形象的氏族的头人,被他的人民说成就是产生这种种子的植物本身。①因此,德国哲学家卡西尔(Ernst Cassirer)不无感叹地说:"对神话和宗教的感情来说,自然成了一个巨大的社会——生命的社会。"②

随着人类认识的不断深入,人们渐渐地理解了祖先在氏族团体建立中的作用,于是他们的崇拜也就从隐喻的祖先——图腾——转移到真正的祖先身上来。这是一个飞跃性的变化。但它并不是对前此信仰形式的否定,而是对此种信仰形式内部精神实质的进一步把握。在人们的崇拜由图腾神向祖先神倾斜时,"生命一体化"的思维图式依然作为人们的认知工具而发挥着作用,只不过是把以前充当"一体化"之中介物的图腾神变成了祖先神罢了。我们也可以称之为活人与死人的"一体化",灵魂不死的观念就是从这种"一体化"的思维中延伸出来的。而正

---

① 转引自〔德〕恩斯特·卡西尔《人论》,甘阳译,上海译文出版社1985年版,第106页。

② 〔德〕恩斯特·卡西尔:《人论》,甘阳译,上海译文出版社1985年版,第106页。

是由于这种新的"一体化"的形成，人类才较为彻底地摆脱了自然的束缚，从中独立出来。

除了上述两种原因外，祖先崇拜的形成还与家族本位的氏族制度，以及与之相关的经济体制有关。这一方面，由于人们讨论得较多，就不赘述了。

祖先崇拜作为一种纯文化现象，是经由图腾制阶段完成了自然与文化的结构转换之后，发生在文化内部的一种转换。这时人们已不再靠图腾"信码"来实现氏族内部及氏族之间的协调了；也不再用一种血缘关系把人与自然物联结起来了。人们从图腾信码之桥上走来，通向了祖先认同之路，这与图腾崇拜中对自然的认同是大不相同的。只有这时人们才真正意识到了人与自然的差别，他们渴望靠着人神（祖先）而不是自然神（图腾）来实现自我与自然的相处。他们信靠祖先，希望从他们那里得到帮助，获取丰年。这实际上是想通过祖先神来支配自然。因此，在祖先崇拜这一宗教形式中，祖先神只不过是一个价值转换体，人们通过与超验世界中祖神的关系来寻求自身存在的价值、自身存在的依据和自身存在的方式。祖先神作为人间的代表，实乃人类本质的体现。这尤其明显地表现在殷人对待祖神和天神的不同态度上。

第二节　帝神崇拜

一　帝神的作用

帝神崇拜是一种至上神崇拜。

由甲骨卜辞看，在殷人的精神世界中，上帝信仰是一种十分流行的宗教观念。殷人崇拜上帝，敬畏上帝，甚至把它视为

第一章　祖与帝

比祖先神还厉害的至上神。古文字学家胡厚宣先生指出：

> 在殷人心目中，这个至神上帝，主宰着大自然的风云雷雨，水涝干旱，决定着禾苗的生长，农产的收成。他处在天上，能降入城邑，作为灾害，因而辟建城邑，必先祈求上帝的许可。邻族来侵，殷人以为是帝令所为。出师征伐，必先卜帝是否授佑。帝虽在天上，但能降人间以福祥灾疾，能直接护佑或作孽于殷王。帝甚至可以降下命令，指挥人间的一切。殷王举凡祀典政令，必须揣测着帝的意志而为之。
>
> 由于帝的权能极大，所以帝又称帝宗，帝宗即经籍上所说的天宗。帝的下面有帝使、帝臣。日月星辰风云雷雨等都供帝驱使，所以称帝使。其所从来的五方，各有专神主之，则称为帝五臣或帝五工臣。
>
> 殷人以为帝有全能，尊严至上，同他接近，只有人王才有可能。商代主要的先王，象高祖太乙、太宗太甲、中宗祖乙等死后都能升天，可以配帝。因而上帝称帝，人王死后也可以称帝。从武丁到帝乙，殷王对于死了的生父都以帝称。[1]

可见，在殷人的观念中，帝神的权威是多么的巨大，大有超过并凌驾于祖先神之上的势力。但有趣的是，这样一个威力无比的至上神，却得不到人们的祭祀。据研究，"在殷周的甲金文中，确实找不到祭享上帝的记录"[2]。"譬如殷人以为凡是雨量

---

[1] 胡厚宣：《殷卜辞中的上帝和王帝（下）》，《历史研究》1959 年第 10 期。
[2] 张桂光：《殷周"帝""天"观念考索》，《华南师范大学学报》（社会科学版）1984 年第 2 期。

25

的多少、年成的丰歉都是上帝所为……但求雨求年，就要祷告先祖，求先祖在帝左右从旁再转请上帝，而绝不向上帝行之。"① "卜辞并无明显的祭祀上帝的记录。"② "殷人对于帝却没有些许表示。卜辞中没有献祭品于帝的记载。"③ 这是因为什么？这种现象表明了什么？

二 祭祀活动的内化与帝观念

"帝"是一个历史的范畴，有其产生发展的过程。从历史上看，商族大量向外征伐而见于记载者，是从上甲微假师于河伯以伐有易开始的。

> 殷侯子亥宾于有易而淫焉。有易之君绵臣杀而放之。故殷上甲微假师于河伯，以伐有易，灭之，遂杀其君绵臣。中叶衰而上甲微复兴，故商人报焉。(《今本竹书纪年》)

由于这种战功，在卜辞中上甲微被作为殷高祖，备受尊敬，殷人常常对他施以人祭。如"自上甲用羌"（合 39502）。但是，还没有记载表明上甲微是受上帝之命而去征战的。可是到了成汤革夏之命建立商朝时，就有了"古帝命武汤"（《诗经·商颂·玄鸟》）、"予畏上帝，不敢不正"（《尚书·汤誓》）的说法了。足见在先商时期，"帝"的观念还不存在。就凿凿可据的卜辞而言，至迟在武丁时期已经有了高高在上、主宰着自然和人类一切命运的统一神了。那么，在这个统一的至上神帝产生以前，殷人的宗教观念是一个怎样的情形呢？分析丰富的卜辞，

---

① 胡厚宣：《殷卜辞中的上帝和王帝（下）》，《历史研究》1959 年第 10 期。
② 陈梦家：《殷虚卜辞综述》，中华书局 1988 年版，第 577 页。
③ 晁福林：《天玄地黄——中国上古文化溯源》，巴蜀书社 1990 年版，第 236 页。

第一章　祖与帝

除了祖先崇拜之外,殷人还曾盛行自然神崇拜,这些自然神包括四方、山岳、河川、风雨诸神等。殷人经常对它们施以禘祭。禘祭四方神的如:

> 帝于东方曰析,风曰协,橐年。
> 帝于西方曰彝,风曰彝,橐年。
> 帝于北方曰夗,风曰役,橐[年]。
> 帝于南方曰岂,风[曰]尸,橐年。(合 14295)

禘祭风神的如:

> 帝风,九犬。(合 21080)
> 辛未卜,帝风,不用,雨。(合 34150)

禘祭川神的如:

> 勿帝于渮。(合 14363)

"渮",水名。《说文》:"渮,水。出赵国襄国之西山,东北入寖。"对于这些神灵,殷人除了禘祭之外,还常常施以燎祭。如:

> 燎于云。(合 13400)
> 燎帝史风牛。(合 14226)
> 其燎十山,雨。(合 33233 正)
> 既川燎,有雨。(合 28180)
> 燎于西,弗保。(合 40571)
> ……

"帝"字，甲骨文作 禾、乘 等形。《金文诂林》引清末金石学家吴大澂《字说》曰："许书帝古文作 帛，与鄂不之 帛 同意。象华蒂之形……蒂落而成果，即草木之所由生，枝叶之所由发，生物之始，与天合德，故帝足以配天。"① 郭沫若先生认可这一观点，并引王国维"象花萼全形者"之说，指出："知帝为蒂之初字，则帝之用为天帝义者，亦生殖崇拜之一例也。帝之兴必在渔猎牧畜已进展于农业种植以后，盖其所崇祀之生殖已由人身或动物性之处而转化为植物。古人固不知有所谓雌雄蕊，然观花落蒂存，蒂熟而为果，果多硕大无朋，人畜多赖之以为生。果复含子，子之一粒复可化而为亿万无穷之子孙。所谓韡韡鄂鄂，所谓绵绵瓜瓞，天下之神奇更无有过于此者矣。此必至神者之所寄，故宇宙之真宰，即以帝为尊号也。"② 郭沫若此说影响颇大。但也有不同的意见，如徐中舒先生认为，"帝"字"象架木或束木燔以祭天之形，为禘之初文，后由祭天引申为天帝之帝及商王称号"。③ 又释"禘"曰："卜辞禘不从示，象架木或束木以燔，并于其上加横画一或二以表示祭天。禘祭初为殷人祭天及自然神，四方之祭，其后亦禘祭先公先王。禘由祭天而引申为天帝之帝，又引申为帝王称号。帝字多从 Ħ，作 禾，禘则多从 口 作 乘，但亦通用。"④ 又，叶玉森释"帝"与"燎"字曰："禘与燎并祭天之礼，禘必用燎，故帝从燎。"⑤ 燎字的甲文形式是：

---

① 吴大澂：《字说》，转引自周法高主编《金文诂林》第1册，香港中文大学出版社1975年版，第48页。
② 郭沫若：《释祖妣》，见《郭沫若全集》考古编第一卷，科学出版社1982年版，第54页。
③ 徐中舒主编：《甲骨文字典》，四川出版集团、四川辞书出版社2006年版，第7页。
④ 徐中舒主编：《甲骨文字典》，四川出版集团、四川辞书出版社2006年版，第22—23页。
⑤ 叶玉森：《殷契钩沉》乙卷，见叶正渤《叶玉森甲骨学论著整理与研究》，线装书局2008年版，第31页。

※、※。徐中舒先生释之曰："※象木柴交积之形，旁加小点，象火焰上腾之状，下或从火，会燔柴而祭之意，作※者或省小点作※，致与※（即甲文木字——引者注）字形混。"①

总结禘、燎二字的共同之处，约有三点：

1. 均可用于对自然神祇的祭祀；
2. 造字均从木形；
3. 均指燔柴而祭。

这是一个很值得注意的现象，从中我们可以得到一种启示，即就字形而言，帝字的产生与束柴以祭的祭祀活动有关。据此可以推测，帝观念的形成可能与祭祀活动的内化和观念化有关。丁山释甲文"示"字曰："设杆祭天。"② 胡光炜认为："示象木表，所以代神，与帝同意。"③ 有人据此释"示"为象"燎柱"之形，认为："该字的主要部分是一竖，表示燎柱，而示字上方的一短横为指示符号，和帝字中捆绑的树枝上方的一短横同义，表示祭祀的对象在天上。"④ 徐中舒先生指出："丁象以木表或石柱为神主之形，丁之上或其左右之点画为增饰符号。卜辞祭祀占卜中，示为天神、地祇、先公、先王之通称。"⑤ 我们不知道禘、燎等字中的"※"（木）是否就是"示"那样的木表，但可以想象并可以肯定的是，二字所从之木都是用来束柴以燔，以祭上面的神灵的。就此意义而言，它与"示"是有相通之处的。

---

① 徐中舒主编：《甲骨文字典》，四川出版集团、四川辞书出版社2006年版，第1110页。
② 丁山：《甲骨文所见氏族及其制度》，科学出版社1956年版，第3页。
③ 转引自徐山《雷神崇拜——中国文化源头探索》，上海三联书店1992年版，第22页。
④ 转引自徐山《雷神崇拜——中国文化源头探索》，上海三联书店1992年版，第23页。
⑤ 徐中舒主编：《甲骨文字典》，四川出版集团、四川辞书出版社2006年版，第11页。

这至少可以给人们这样一些印象：

1. 对于不同的神灵可以用同样的方法祭祀；
2. 对于不同的祭祀可以用同样的道具来完成。

这些"不同"之中的"相同"，是最容易给人以启发的东西。当这些祭祀活动（人神沟通的特殊方式）不断内化到人们的观念中去，并促使人们借助于"不同"之中的"相同"而进行从个别到一般、从具体到抽象的思维活动时，一种新的观念便会产生，一种凌驾于诸神之上的统一神便会形成。徐中舒说："卜辞祭祀占卜中，示为天神、地祇、先公、先王之通称。""通称"二字很说明问题，对殷人而言，自然诸神、地祇、先公、先王是各自不同的神灵，但它们都可以用一个"木表"或"石柱"来表示，说明殷人已经发现了不同诸神之中所存在的同一性。当人们企图用一个有代表性的符号（如木杆）来表达这种"同一性"时，人们同时也就为"新的观念"进行了命名。帝范畴应该就是这样形成的。它是具体诸神的抽象，是对诸神之同一性的把握，是哲学意义上的共相和一般。因此，它不具备具体的神性，在殷卜辞中才见不到对它的祭享。《礼记·礼运》有云："夫礼之初，始诸饮食。其燔黍捭豚，污尊而抔饮，蒉桴而土鼓，犹若可以致其敬于鬼神。"意思是说，祭祀起源于向神灵献饮食，大约只要燔烧黍稷和用手撕下猪肉供神享食，凿地为穴当作水壶，而用手掬水献神，敲鼓作乐，这样就可以把人的愿望和敬意传达给神了。由于"帝"仅仅是一种观念中的共性，不需要饮食，所以也就不必要对它敬献饮食了。

三　地上王权的折射与帝观念

对同一性的认识，对共相的体知，仅仅为帝观念的形成提

第一章 祖与帝

供了思维方面的依据，如果没有殷商社会的现实基础，至上神帝还是不会产生的。因而，帝观念的形成还与地上王权的折射有关。可以说，地上王权的式样为殷人充实思维形式得到的共相提供了经验的材料，从而使这种共相由观念的抽象变成了"观念的具体"——宗教意义上的至上神。诚如恩格斯所说：

> 一个上帝，如果没有一个君主，永不会出现。支配许多自然现象，并结合各种互相冲突的自然力的上帝的统一，只是外表上或实际上结合着各个因利害冲突互相抗争的个人的东洋专制君主的反映。①

商汤灭夏，建立商朝，确立了商族在方国联盟中的领导权。殷商最高统治者称"王"，甲骨文中"王"字作𠂤、𠄏等形，徐中舒先生认为："象刃部向下之斧形，以主刑杀之斧钺象征王者之权威。"② 商代王权很大，王者常常自称"一人"或"余一人"，据胡厚宣先生考证，在早期卜辞中，殷王常常自称"一人"③，如盘庚（约前1395—前1382年）或小辛（约前1381—前1361年）时期的卜辞中有这样的记载：

> 壬申，叀一人贞不艹。（合21893）

"艹"即执，大意是说，"壬申日占卜，殷王自己亲自问卜，问不要抓什么人吧"。辞中的"一人"系殷王自称。又如武丁时期的卜辞：

---

① 《马克思恩格斯通信集》第1卷，生活·读书·新知三联书店1957年版，第53页。
② 徐中舒主编：《甲骨文字典》，四川出版集团、四川辞书出版社2006年版，第32页。
③ 胡厚宣：《重论"余一人"问题》，见四川大学历史系古文字研究室编《古文字研究》第六辑，中华书局1981年版，第15页。

> 癸酉卜，贞旬业祟，不于一人□。（合4979）

"业"通"有"，"祟"即灾害。意思是说，"十日之内若有灾祟，不会对殷王武丁有什么祸吧"。到了殷王祖庚（约前1280—前1274年）或祖甲（约前1273—前1241年）时期的卜辞，殷王自称"余一人"。①

> 乙巳卜，王曰，贞余一人亡灾。
> 乙巳卜，王曰，贞余一人具又灾。（上海博物馆藏片）

"亡"即"无"，"又"通"有"。意思是，"乙巳日占卜，殷王说，贞问我一个人没有什么灾祸吧，又问我一个人会有什么灾祸吧"②。"余一人"的称呼同样见于文献记载：

> 在《汤誓》曰："余一人有罪，无以万夫。万夫有罪，在余一人。"（《国语·周语》）
> 尔尚辅予一人，致天之罚，予其大赉汝。（《尚书·汤誓》）

汤为殷商开国之君，如果《国语》的记载属实，则从商汤开始，就把自己看成是老子天下第一了。商代后期，死去的王在甲骨卜辞与古文献中有时又称为帝、王帝。王与上帝相对应，又称为下帝。上帝与王同为帝，于是王与一切人都对立起来，成了人上之人。再让我们透过《尚书·盘庚》篇，看看统治者对自己权力的认识：

---

① 胡厚宣：《重论"余一人"问题》，见四川大学历史系古文字研究室编《古文字研究》第六辑，中华书局1981年版，第17—18页。
② 参见胡厚宣《重论"余一人"问题》。按，本节内容多参考了胡先生此文。

> 勉出乃力，听予一人之作猷。(《尚书·盘庚上》)

"猷"，段玉裁据《尔雅·释诂》解作已，止。意思是，你们要付出全部力量，是作是止，听我一人的。

> 暨予一人猷同心。(《尚书·盘庚中》)

"暨"，与。"猷"，谋。意谓与我的谋划要同心。据此，殷王强调任何人不许偏离王的决定，另有他念他行。

> 明听朕言，无荒失朕命。(《尚书·盘庚中》)

"荒"，废。"失"，当读为佚，轻忽之意。即一切听我的，不可忽视我的命令。

> 尔惟自鞠自苦，若乘舟，汝弗济，臭厥载。(《尚书·盘庚中》)

"惟"，只。"鞠"，究。"臭"，朽。意思是说，不听我的就是你们自找苦吃，如同乘舟，上了船，过不去，坐船待毙。不仅如此，殷王还宣布，不听命于我就要受到惩罚，直至把一切违抗者杀死。"我乃劓殄灭之，无遗育，无俾易种于兹新邑。"(《尚书·盘庚中》)，"劓"，割鼻子。"殄"，灭绝。"育"读为胄，指后代。即我要把你们统统杀死，使你们灭种，断子绝孙，不得繁衍。可见殷王是操有生杀大权的。

殷人的上帝观念，就是对这种地上王权的观念化和神化。这有如古希腊哲学家色诺芬所嘲弄的，"假如牛、马、狮子有手，并且能够象人一样用手做画和塑像的话，它们就会各自照自己的模样，马画出和塑出马形的神像，狮子画出或塑出狮子形的神象了"①。殷代统治者利用自己的抽象能力，按照自己的需要和自己的样式制造了上帝的权威和形象，然后又把它当作整个人世间的主宰。但由于统治者不仅拥有对它的创造权，同时还拥有对它的解释权和沟通权，所以所谓上帝对俗世的主宰，不过是王者变相地对自我加以神化，而使自己具有了神的性质，成为"余一人"，承天继祖罢了。

四　方国联盟的政体与帝观念

卡西尔曾经指出，人类在把自己的目光从地上转向天国的时候，"不可能就忘记了其在地上的需要和利益。如果人首先把他的目光指向天上，那并不是为了满足单纯的理智好奇心。人在天上所真正寻找的乃是他自己的倒影和他那人的世界的秩序"②。殷商统治者把自己的影子折射到天上，也"并不是为了满足单纯的理智好奇心"，其目的乃是在于维系其在方国联盟中的统治地位。

殷商王朝，并不像后来的秦汉大一统的王朝，而是由许多方国组成的联盟，商族是公认的盟主。这种体制可能源于原始社会的部落联盟，从文献中看，夏朝就属于这种联盟体制。《吕氏春秋·用民》曰："当禹之时，天下万国，至于汤而三千余国……"《逸周书·世俘解》曰：武王克商，"遂征四方，凡憝国九十有九国，……凡服国六百五十有二"。由甲骨卜辞确知，商代确实存在着众多的"方"，或称"丰"（邦）。田野考古发现，湖北黄陂县

---

① 北京大学哲学系外国哲学史教研室编译：《古希腊罗马哲学》，商务印书馆1961年版，第46页。

② 〔德〕恩斯特·卡西尔：《人论》，甘阳译，上海译文出版社1985年版，第62页。

第一章　祖与帝

滠口公社叶店大队的盘龙城，已查明是一座商代古城。北京大学历史系考古教研室商周组编著的《商周考古》认为，这个遗存就是一个方国的城池。[①] 方国联盟的形成可能与争战有关，摩尔根在论阿兹忒克军事联盟时指出："这一联合可说是他们从前互相争斗的结果。"[②] 商代方国联盟的形成也大体如此，如鬼方（商时的方国）和商的结盟，可能是武丁和鬼方三年作战的结果。[③]

方国联盟不仅是前一时期方国间相互斗争的结果，又随着斗争形势的发展而变化，所以它只是在某段时间内保持相对稳定的共同体。商汤灭夏，代夏而为盟主，建立了以商为统治核心的方国联盟，在这种新的形势下，如果仍一味地高扬本氏族的祖先神地位，把它作为联盟政治的上层建筑，恐怕是不合时宜的。每一个方国，都曾经是一个家族统治集团，都有着自己光荣的奋斗史，都有着值得夸耀的祖先神，而且这些祖先神灵与殷之祖先神都曾建立了密切的关系。《尚书·盘庚中》云：

> 古我先后既劳乃祖乃父，汝共作我畜民。汝有戕则在乃心，我先后绥乃祖乃父。乃祖乃父乃断弃汝，不救乃死。兹予有乱政同位，具乃贝玉。乃祖乃父，丕乃告我高后曰："作丕刑于朕孙。"迪高后丕乃崇降弗祥。

这是商王盘庚在迁殷时告诫王族以外的诸族民众的话，大意是说，从前我们的先王和你们的祖辈父辈共同辛劳，你们现在都

[①] 北京大学历史系考古教研室商周组编著：《商周考古》，文物出版社1979年版，第61页。

[②] 〔美〕路易斯·亨利·摩尔根：《古代社会》，杨东莼、马雍、马巨译，商务印书馆1977年版，第214页。

[③] 林沄：《甲骨文中的商代方国联盟》，见四川大学历史系古文字研究室编《古文字研究》第六辑，中华书局1981年版。

是我的善良的民众。如果你们有作恶的念头在心中出现，我们的先王就会告诉你们的祖辈父辈，你们的祖辈父辈就会抛弃你们，不挽救你们的死亡之灾。现在那些乱政的大臣，执掌权柄，只知道聚敛财货，他们的先祖先父便竭力要求我们的先王说："快些用严厉的刑法给我的子孙吧！"从而引导先王，大大地把不祥降给他们。这里有三点值得注意：

1. 殷先祖与诸族之先祖曾经共同辛劳；
2. 如果有谁违背殷统治者，其先祖知道后就会抛弃他们；
3. 如果有谁受到惩罚，也是其先祖请求殷先王降下的。

可见诸族之先祖与殷先王一样，同是神灵世界中的祖神，他们共同阴摄着世间的政治，操纵着世间子孙的命运。因此盘庚说："兹予大享于先王，尔祖其从与享之。"（《尚书·盘庚上》）意即我大祭先王，你们的祖先也会一同跟着受祭的。

其实，从殷商王朝的政治结构中也不难发现，殷人意识形态中的这种秩序，不过是现实政治秩序的观念化罢了。只是在它观念化之后，又反过来成了支配现实政治秩序的依据。据今人晁福林考证，在殷商统治阶层曾经十分活跃的"贞人"（进行占卜活动的人），实际上就是诸方国部族势力在王朝中的代表。他们多数为各自部族的首领，有自己的属地和经济力量。如卜辞中有不少贞人的人名同时又是地名、部族名。[①] 由卜辞可知，殷代前期，这些贞人并不是殷王所属的唯命是从的官吏，他们的地位往往很高，可以通过占卜表达自己的意志。在这样的政治结构中，要想维系殷人的盟主地位，单靠把祖先崇拜作为社会意识形态的核心内容，显然是行不通的。必须有一个与统治者有特殊关系，而又凌驾于祖先神之上的神灵来作为人间统治

[①] 晁福林：《试论殷代的王权与神权》，《社会科学战线》1984年第4期。

的天上依据，才能更好地维系方国联盟式的政治统治，"帝"或"上帝"则是很好的神选。于是它便被建构成了世界的操纵者、人类生活的统治者。但由于它本来只是一种观念的抽象物，不是有特指的具体的神灵，所以，在殷人的精神世界中，它除了在支配自然神灵的作用方面显得很有权力外，至于社会政治领域里的事情，人们仍然习惯于向自己的祖先神求助。而且，虽然"帝"或"上帝"也已被赋予了一定程度的社会属性，但它还未被赋予至善的德性。因而在卜辞中，这个至上神如同一个没有理性的魔王，喜怒无常；降灾降祸，也没有一定的规律，殷人只能靠神秘的占卜去贞问它的意旨。

总之，殷商时期的至上神"帝"，是殷人的思维抽象能力借助于人间王权的摹本，以及方国联盟的政治需要创造出来的。由于它的"共相"本质，它被赋予了极大的权能；但由于它的非具体性，它几乎得不到人们的祭祀。

上帝观念的形成，是人类认识史上的一大进步，为人们重新认识这个世界建立了新的思维依据。虽然它被层层神秘的面纱包裹着，充满了恶魔般的力量，但透过其所固有的高度概括性，极大地丰富了人们的空间认识，使人们在风、雨、雷、电、山、河、大地等具体的自然现象之中发现了一致性和同一性。这是人类对自然规律和宇宙本质的最早体知方式，是人类建构客体世界的重大收获。

五 祖帝之关系

在殷人的精神世界中，祖先神与天帝的关系较为复杂，不同时期，由于不同政治环境的需要，二位神灵的地位也常常发生变化，以至于今天的研究者们在这个问题上意见很不一致。但总起来说，祖先神与帝神作为二元神，常常处在一种矛盾的关系中。

首先，从祖先神与帝神产生的先后看，祖先神是早于帝神的资深神灵，它脱胎于图腾崇拜，是人之主体自觉历程中较早形成的一种意识。帝神则不然，它脱胎于众神崇拜，是人们对客体的认识达到一定阶段之后才产生的一种抽象认识，因而帝神与祖先神是有区别的。

其次，从帝神与祖先神分别与人的关系看，祖先神源于人类固有的血缘关系，它虽然是神，却同时也被看作氏族群体中的一员。与此相反，帝神与人没有这种血缘关系，它是诸神，尤其是自然诸神之抽象化的产物。人们对它并没有亲切之感。由卜辞看，它与人是有距离的，如人们从不行祭于它。这种距离却愈衬托出祖先神的亲切，虽然祖先神也偶降灾祸，但在超验的神界中，它毕竟是唯一与人间保有血缘关系的最可信赖的神灵。所以，在卜辞中，祖先神除了与山川、四方诸神具有同样的功能之外，还起到后者所不能起的作用。比如，我们就没有发现殷人向山川及四方诸神卜问战争之事的记载。如果说后者的职权所及曾使它们在自然界的行云布雨方面一展神威；那么，祖先神的魅力却是与它对社会人事之吉凶祸福的关切密不可分的。陈梦家先生说：

> 殷人的上帝或帝，是掌管自然天象的主宰，有一个以日月风雨为其臣工使者的帝廷。上帝之令风雨、降福祸是以天象示其恩威，而天象中风雨之调顺实为农业生产的条件。所以殷人的上帝虽然也保佑战争，而其主要的实质是农业生产的神。先公先王可上宾于天，上帝对于时王可以降祸福，示诺否，但上帝与人王并无血缘关系。人王通过先公先王或其它诸神向上帝求雨祈年，或祷告战役的胜利。①

---

① 陈梦家：《殷虚卜辞综述》，中华书局1988年版，第580页。

第一章　祖与帝

这种现象表明，在殷人的精神世界中，祖先神与帝神是有相当区别的。这种区别恰恰反映了主体与客体，即人与自然的矛盾。我们曾经把祖先神崇拜看作人类对自我本质的一种特殊体认（详前），帝神的形成则反映了人类对客体（通过超验的形式）世界之统一性的认识。就人是世界的一部分而言，人和祖先神是统一于帝的；就人（通过祖先神）是认识世界的主体而言，他又表现出极强的独立性。这表明，人类在对主体及客体的自觉中，已不断远离了人与自然的边缘地带（图腾），而逐渐接近了主体的本质（靠祖先神呈现）和客体的本质（靠帝神呈现），只不过对本质的体认和描述是借助于超验神的形式而进行的罢了。

最后，从祖先神、帝神与殷商政治的关系看，二者在不同时期或不同的政治形势下，所起的作用是不同的。如前所述，殷代的政治统治是以部族间的方国联盟为基础的，统治这样一个联盟，欲使远方的邦国都来朝觐进贡，必须缓和部族矛盾，统一思想认识，建立谁都能接受的信仰系统。从卜辞看，武丁时期和武丁以后各期，殷人的上帝崇拜和祖先神崇拜往往呈现此消彼长之势，其规律是，王朝越兴盛，上帝崇拜愈热烈；相反，则祖先神地位愈显赫。如武丁时期，殷王朝的政治、军事力量达到了空前强盛的阶段，《孟子·公孙丑》云："武丁朝诸侯，有天下，犹运之掌也。"《诗经·商颂·玄鸟》云：

> 商之先后，
> 受命不殆，
> 在武丁孙子。
> 武丁孙子，
> 武王靡不胜。
> 龙旂十乘，

> 大糦是承。
> 邦畿千里，
> 维民所止，
> 肇域彼四海。
> 四海来假，
> 来假祁祁。
> ……

与这种空前的强盛相表里，武丁时期第一期卜辞中反映出的上帝权威比祖神似乎显赫，地位似乎也高。这个时期代表方国、部族势力的贞人，其地位也较突出。这种现象在武丁以后便有了较大变化，一直到帝辛，殷王为了加强殷部族的种族统治，强化王权，打击由贞人所代表的其他部族方国的势力，十分强调祖先神崇拜。为了抬高祖先神，他们采取了打击上帝的办法，到殷朝末期，祖先神的地位似乎已经超过了上帝，祖先神崇拜取代上帝崇拜而成为王朝至上的崇拜。[①] 这也说明，在殷人的观念中，祖先神与帝神是不同的二元神。如果说殷人所崇拜的祖先神，是与王者有血缘关系的王族守护神和王权在天上的代表，那么帝神则显然是诸方国共同崇拜的对殷王统治有制约作用的诸方国的共同代表。两种崇拜的此消彼长，不过是方国联盟内部的政治斗争在天国的反映罢了。

---

① 参见沃兴华《论殷周时代的上帝崇拜与祖先神崇拜》，见华东师范大学中国史研究所《中国史学集刊》第一辑，江苏古籍出版社1987年版，第397页。

第二章

德与天

孔子曰:"周因于殷礼,所损益可知也。"(《论语·为政》)周到底"因"了"殷礼"中的哪些东西?《周书》中有一篇《大诰》,是记载周公诱劝诸侯支持并参与东征之事的[1],其中透露了不少周人的传统观念,从中可以窥知殷周思想的连续性。在这篇诰文中,周公为了说服诸侯,搬出了三张王牌:一张是天帝,一张是文王,一张是龟卜。

三监反叛,周公很害怕,认为这是"天降割于我家","割",孔安国《传》:"害也。"即上帝把大祸降给了我们的国家。于是用"文王遗我大宝龟"进行占卜,问征讨叛乱的事,结果"朕卜并吉",即得到的都是吉利的兆象。于是周公说:

> 已!予惟小子,不敢替上帝命。天休于宁王,兴我小

---

[1] 武王伐纣后,余年即死。太子成王年幼,武王弟周公旦"屏成王而及武王……履天子之籍"(《荀子·儒效》),三监(被武王派去监视纣王之子武庚的人)"乃流言于国,曰:公将不利于孺子"(《尚书·金縢》),并联合武庚进行反叛。周公率兵东征,三年乃克。

>邦周。宁王惟卜，用克绥受兹命。今天其相民，矧亦惟卜用。呜呼！天明畏，弼我丕丕基。（《周书·大诰》）

"替"，废。"宁王"即文王。"用"，因而。"绥"，緌之假借字，继承。"矧"，又。"弼"，帮助。意思是说，我是文王的儿子，不敢废弃上帝的命令，上天嘉奖文王，使我们小小的周族兴盛起来。文王又通过占卜，继承了上帝授予的大命。现在上帝命令臣民帮助我，我用占卜了解了上帝的这番用意。你们应该敬畏，帮助我把统治加强起来。从周公的劝诱中可以发现，在当时的"多邦"之中至少流行着这样的信仰：天帝崇拜、祖先（如文王）崇拜和龟卜迷信。这也就是上面所说的"三张王牌"。而它又恰恰是殷商社会所盛行的。可见，周公东征之前，殷与周在思想观念方面是有许多一致之处的。这就是孔子所谓的"因"，周公的"损益"便是在此基础上进行的。

周公对"殷礼"的"损益"，有其现实政治的原因，如总结殷商灭亡的教训，巩固业已取得的胜利果实等。此外还有其社会历史的基础和思想历史的渊源。在《大诰》一文中记载了反对周公东征者的两点理由：其一，"艰大，民不静"；其二，"亦惟在王宫、邦君室，越予小子考翼，不可征"。"越"，语中助词。"考"，长辈。"翼"，敬。第一条文献的意思是说东征困难太大，劳民伤财，民心会受惊扰。这固然是反对东征的一个理由，但恐怕不是最根本的理由。最根本的理由乃是第二条，即那些发动叛乱的人有的就出在王宫里面和邦君的家中，并且还有不少是邦君的长辈，所以不该去征讨。这的确是一个难题，三监都是文王之子，武王派出的大员，周公之弟。现在提倡"元恶大憝，矧惟不孝不友"的周公又要诛灭他们（《尚书·康诰》），许多诸侯在思想上是想不通的。他们反问周公："王害不违卜？"（《尚书·康诰》)"违卜"就是违背上帝的命令。这在有着浓厚天帝信仰的时代是不可思议的。它表明在周人的传统观念中,家族血缘关系有着超乎寻常的重要性。固然,殷人也并非不重视家族血缘关系,但相对而言,他们似乎更迷信占卜。《尚书·洪范》载殷遗臣箕子向武王传授的治国大法"稽疑"中,谈到了"龟筮共违于人"时的情况及应对办法,但没有谈到"违卜",说明殷人是不"违卜"的。可见殷周作为两个发源于不同文化圈的集团(考古学已证明了这一点),其社会结构及与之相应的传统观念又是有所不同的。这是周公损益"殷礼"的社会历史前提。

就思想传统而言,周族历史上曾多次辗转迁徙,或"自窜于戎狄之间"(《国语·周语》),或"去豳,度漆、沮,逾梁山"[①],为求生存,历尽艰辛,因而养成了一种忧患意识。传说文王拘羑里而演《周易》[②],《易·系辞传》云:"作《易》者其有忧患乎?当殷之末世与周之盛德邪?当文王与纣之事邪?"周公在平叛定国的过程中,继承了这种思想传统,为图周祚之"永终"(《周书·金縢》),积极主动地反思历史,对殷人思想进行了一系列"损益"。

那么,周公是如何"损益"殷礼的呢?《庄子·天下篇》有句话叫"以天为宗,以德为本",可以借来概括周初的思想特征。

第一节 以德为本

一 释"德"

"德"的观念产生于何时,学界说法不一,有人认为它是周

---

① (汉)司马迁:《史记》,中华书局1982年版,第114页。
② (汉)司马迁:《史记》,中华书局1982年版,第3300页。

人的发明,有人说商已有之。尝试论之,周公提出德的问题,目的无非有二:一是总结殷商灭亡的教训,警诫周族统治者;一是论证周人代殷而为天下宗主的合理性。前者是讲给统治者自己听的,后者是讲给被统治者和被征服者听的。要想让这两种人都能接受,如果只拿周人固有的或临时发明的东西进行说教,对周族内部尚可,对被统治者,特别是殷商旧族,显然是不合适的。因此,周公所大力提倡的"德",一定是在殷周之际诸邦国均已认可的某一具有政治含义的概念的基础上改造而成的。

甲骨文中有"徝"字,作⟨⟩形,从彳从⟨⟩(直),有不少专家把它厘定为德字。如徐中舒先生说:"甲骨文徝字又应为德之初文。"[①]"徝"字在甲骨文中主要用作"循行察视"之意。查周金文,德字初文也写作⟨⟩,后增加一个"心"符作⟨⟩形。金文中有民字,作⟨⟩、⟨⟩形,恰似德字中"直"的倒写。郭沫若先生认为金文民字"横目而带刺,盖盲其一目以为奴征"[②]。释民为奴隶。今人王培德不同意郭沫若的说法,他认为:

"⟨⟩"字作目下一竖,当有视物之意。如果考之文献,则孟子所引古《泰誓》"天视自我民视"可以相合了。天在上,民在下,所以目在上,竖在下,略似直字倒置。由此我们知道民字不可解为"盲其一目以为奴征"。《吕刑》:"王曰,呜呼! 敬哉,官伯族姓,朕言多惧,朕敬于刑,有德惟刑。今天相民,作配在下。"《尔雅·释诂》:"相,视也。""今天相民",即今天视民也。民字之所以为民,取意

---

① 徐中舒主编:《甲骨文字典》,四川出版集团、四川辞书出版社2006年版,第168页。

② 郭沫若:《十批判书》,东方出版社1996年版,第40页。

第二章　德与天

"天之所视"也。①

按王说较为可信。与民字相关，"直"字目上一竖，有上视之意，上视，视上帝及祖先神也。殷统治者无事不卜而求诸神命，出行当然也要问卜。"徝"在甲骨文中有循行察视之意，实为依帝命而出行巡视也。依帝命出行，表明出行是必要的和合理的。考诸甲骨文，殷王的出行多与征伐有关，如：

庚申卜，彀贞，今春王徝伐土方。（合6399）

"土方"为殷之方国，"徝伐土方"就是依照上帝的命令讨伐"土方"。诚如刘泽华先生所说："殷代德的观念受敬上帝、遵祖思想的支配，所以，德首先是一个宗教观念，当然也包含人事。"② 周公正是在这个概念的基础上损益"殷礼"，以丰富德的内涵的。他大讲"以德配天"，同时又讲"天之元德"，仍然包含了遵从天帝之命的意思。只不过周公侧重的是"遵从"（人的行为），殷人侧重的是"帝命"罢了。然而，这个侧重点的转移，却是一个不小的变革，它使人们的努力方向由猜度一个没有理性的天帝之命转而指向对自身行为的认识和把握。金文中德字从心便表明了这一点。

德有遵从之意，那么这种遵从的行为有没有道德的意义呢？有专家认为这种意义似乎是不存在的。如王培德指出：

酒德、凶德、暴德、桀德、受德、逸德均无道德意义。

---

① 王培德：《〈书〉传求是札记（上）》，《天津师大学报》1983年第4期。
② 刘泽华：《先秦政治思想史》（上），天津人民出版社2019年版，第38—39页。

桀纣之行而称德，表明周初德字只当作一种"行为"或"作为"的意思来使用。单一个德字，既可表示善行，也可表示恶行。所以《周书》里德字前面往往加上各种修饰词，以便知道是什么行为。如除上引者，还有明德、敏德、容德、义德等各表示一种有一定含义的行为。凡单用一个德字，多数只作"行为"解。如"敬德"不是崇敬道德，而是警惕行为。①

王先生的说法很有道理，但只表达了问题的一个方面。要想搞清楚这个问题，必须把"德"这种"行为"与行为施与的对象一并考察，才能全面地了解其实质。即如殷代，德是指遵从上帝的命令，如果上帝是一个具有道德属性的至上神，则对它的遵从也必然包含道德的意义，反之亦然。上章我们曾经表明殷人心目中的上帝如同一个没有理性的魔王，喜怒无常，降祸降福，没有什么规律，因而也就无法说清它究竟是善还是恶。但是，对于一个至上神，当人们怀着复杂的心情去贞问它，或去顺应它的命令时，一定又会带着一种美好的期望。当人们不断地把这种美好的期望与至上神联系起来，并一点一点地赋予至上神时，它的道德的意义便会渐渐地产生出来。后来的周公在重塑德观念时，便是以至上神（天）为参照对象的。

其实，在周初的一些典籍中，我们也不难发现一些例子，证明德字具有道德的意义。成书于殷周之际至西周初年的《周易》一书中有几段爻辞如，《讼》六三："食旧德，贞厉，终吉。"高亨先生注曰："窃谓食借为蚀。《说文》：'蚀，败创也。'食旧德，谓亏损其故日之德行也。食旧德则危难至，危难

---

① 王培德：《〈书〉传求是札记（上）》，《天津师大学报》1983年第4期。

至则知惕惧，知惕惧则可无败。故曰，食旧德，贞厉，终吉。"①这里的德字如果只有行为的意思，就无法理解亏损旧日的行为何以会"贞厉，终吉"了。又如，《恒》九三曰："不恒其德，或承之羞，贞吝。"这句话曾被孔子引用过。②如果德只作没有道德意义的行为解释，那么"不恒其德"就不能必然得出"或承之羞"即招致羞耻的结论。因此，德字并非仅仅如王培德所说"只当作一种'行为'或'作为'的意思来使用"，它同时还含有道德的意义。

二　周公对德的新认识

那么，周公是如何"损益""殷礼"，重塑德的观念的呢？

首先，"损"殷人对祖先神的盲目依赖性，"益"之以对祖先神的效法，使祖先神由权威型守护神变为具有道德榜样作用的守护神。与殷人一样，周人也盛行祖先崇拜，也十分重视祭祀先公先王，《诗经·周颂·清庙》有云：

　　於穆清庙，
　　肃雍显相。
　　济济多士，
　　秉文之德。
　　对越在天，
　　骏奔走在庙。
　　不显不承，
　　无射于人斯。

---

① 高亨：《周易古经今注》，中华书局1984年版，第178—179页。
② 子曰："南人有言曰：'人而无恒不可以作巫医。'善夫！""不恒其德，或承之羞。"子曰："不占而已矣。"（《论语·子路》）

这是周初统治者在宗庙之中祭祀文王时所唱的赞美诗,大意是说:

> 在那庄严深沉的清庙中,
> 助祭的人儿严肃恭敬。
> 参祭的人群队列齐整,
> 缅怀着文王的伟绩丰功。
> 遥对着先王在天的神灵,
> 人们在庙中狂热地疾行。
> 沐浴着来自天上的灵光,
> 仰望不已,永无止境。

可见周人对于祖先的崇拜同样是严庄与热烈的。但与殷人不同的是,周人在崇拜自己的先祖时,更多地彰显的是祖神的道德榜样作用。如:

> 惟乃丕显考文王,克明德慎罚……(《尚书·康诰》)

"惟",只。"乃",你。"丕",大。这是周公说给他的弟弟康叔封的话,意思是说,只有你那英明的父亲文王,能够崇尚德教,慎用刑罚。

> 厥亦惟我周太王、王季,克自抑畏。文王卑服,即康功田功。徽柔懿恭,怀保小民,惠鲜鳏寡。(《尚书·无逸》)

"太王",即古公亶父,文王的祖父。"王季",古公亶父的儿子,文王的父亲。"抑畏",谦虚小心。"康功",平整道路。"徽",

第二章　德与天

善良。这是说，我们周族的太王、王季做起事来能够谦逊谨慎。文王也曾从事过卑贱的劳作，如整修道路，耕种田地等。他心地仁慈，态度和蔼恭慎，使老百姓安居乐业，并把他的恩惠施及那些鳏寡孤独、无依无靠的人。

> 维此王季，
> 因心则友。
> 则友其兄，
> 则笃其庆，
> 载锡之光。
> ……
> 维此王季，
> 帝度其心，
> 貊其德音。
> 其德克明，
> 克明克类，
> 克长克君。
> ……（《诗经·大雅·皇矣》）

"因"，姻。"姻心"，亲热之心。"庆"，福。"锡"，赐。"貊"，通漠，广大。这是一首赞扬文王的父亲王季的诗，说他是一个对朋友热心、对兄长敬爱的人。他使周邦福禄广厚，享受着上天的恩赐。他甚合天帝的心意，美名四播，能分明是非，能区别好坏，能为人楷模，能为民君王。可见，在周公和以他为首的周族统治者心目中，他们的先公先王不像殷先祖那样，具有神威，令风令雨，降福降佑。相反，他们靠着自己的德行和楷模作用怀远柔近，成就王业。因此，周族的先公先王是道德的

49

化身，统治者效法的榜样。与"殷礼"相比，这是一个很大的转变，它使祖先神的权威转化为价值判断的标准，行为准则的样式。既美化了祖先，又为统治者确立了统治依据。

  周公的这一"损益"，是政治宗教思想的一种变革，一方面它是对祖先崇拜这一原始宗教形式的利用；另一方面又是对这一原始宗教形式的改造。就"利用"而言，周公依然采取了祖先崇拜这一宗教形式，把具有血缘关系，具有民族凝聚力的先公先王的政治、社会作用突出了出来，既符合现实的政治需要，又能满足人们的习惯和心理。就"改造"而言，周公采取了较为理性的态度，对祖先崇拜这一宗教形式中较为神秘的成分进行了必要的削弱，改殷人在祖先神面前一味被动地祷告和乞求为对祖先神的积极效法，加强了人的主观能动性。同时由于效法对象的道德化，也使"效法"祖先神的行为本身道德化了。

  其次，"损"殷统治者之"诞淫厥泆"，"益"之以"明德慎罚"，使祖先神的榜样作用与统治者的统治行为统一起来。周初统治者都经历了殷周之际的历史巨变，深知殷朝灭亡的教训，也极想总结这一历史教训，他们一再强调要以殷为鉴。如周公曾对他的弟弟说：

> 封，予不惟若兹多诰。古人有言曰："人，无于水监，当于民监。"今惟殷坠厥命，我其可不大监，抚于时。（《尚书·酒诰》）

"监"，视、戒，与鉴义通。这是叫康叔封把臣民当作镜子，吸取殷商灭亡的历史教训。周公因此提出了"明德慎罚"的政治主张，即前引"惟乃丕显考文王，克明德慎罚"。文王是这样的伟大，作为他的子孙，也要效法他的崇高的行为，"绍闻衣德

第二章 德与天

言，往敷求于殷先哲王，用保乂民"（《尚书·康诰》）。"绍"，继。"衣"，同依，依照。"敷"，普遍。"乂"，治。意即继承文王的传统，因循他的德教，广泛寻求殷商先哲的统治之术，来畜养治理臣民。周公还特意提到用刑的问题：

> 敬明乃罚。人有小罪，非眚，乃惟终，自作不典，式尔，有厥罪小，乃不可不杀。乃有大罪，非终，乃惟眚灾，适尔，即道极厥辜，时乃不可杀。（《尚书·康诰》）

"眚"，反省、悔过的意思。"式尔"，故意那样做。"灾"，通哉。"适"，偶尔。"辜"，罪。周公的意思是说，执行刑罚也是体现德政的重要方面，千万要慎重，人犯有小罪，如果不是偶然的过失，而又怙恶不悛，明知故犯，他的罪虽小，却不可不杀。相反，人有大罪，如果是出于无心的过失，偶然犯法，又不是惯犯，并且又能交代自己的罪行，这样的人就不可杀。除此之外，周公还认为，作为一个君主，自觉履行应尽的职责，也是必备的德行之一。《周书·无逸》说：

> 周公曰："呜呼！继自今嗣王，则其无淫于观、于逸、于游、于田，以万民惟正之供。无皇曰：'今日耽乐。'乃非民攸训，非天攸若，时人丕则有愆。"

"嗣王"，指成王。"皇"，汉石经作"兄"，即况。"攸"，所。"训"，典式，榜样。"时"，是，这。"愆"，过错。意思是说，继承先王的君主，不可沉迷于台榭、安逸、游玩、田猎之乐，要认真从事治理人民的政务。万不可认为"今天先享受享受再说"，这样就不是万民的榜样，就不是顺从天意了，这样的人就

51

是犯了大错误。祖先神是统治者的道德榜样，统治者就应该是"率土之滨"的道德表率。《周书·召诰》载曰：

> 其惟王位在德元，小民乃惟刑用于天下，越王显。上下勤恤，其曰：我受天命，丕若有夏历年，式勿替有殷历年，欲王以小民，受天永命。

"越"，发扬光大。"恤"，忧意。国王作为一国之主，应该成为道德上的表率，让人民有所效法，这样才能光大君主的德行。君臣上下勤劳忧恤，共同关心国家大事，才能使国运长久。周公反复强调统治者要"明德"，并不单单是他同情被统治者的命运，其无非是为了周朝统治的"受天永命"，即永葆统治权。刘泽华指出："周人把德看作君主个人品行，既含有对王的意志行为的某种规范意义，同时又认可了王对德的垄断特权。唯王可以'以德配天'，恰恰表明，这一时期人们关于德的认识尚未能从天命的神秘权威中解脱出来。"[1] 其实，我们倒不如说这正是周公的用心所在，即自觉地把德与天命挂上钩，以便加强德的神学依据和政治作用。这就是——第三，"损"殷人上帝崇拜中的非理性因素，"益"之以"天若德元"，使天成为人们道德行为的终极标准。关于这一点我们将在本章第二节中讨论。

三 德的内涵

以上三点，是周公损益"殷礼"，重塑德观念时重点思考的三个方面，也是构成德之内涵的重要组成部分。这三个方面都与政治有关，因此有人称周初的"德"是一个政治概念，这是

---

[1] 刘泽华主编：《中国传统政治思维》，吉林教育出版社1991年版，第72页。

第二章　德与天

正确的。但由于这一概念与对统治者的自我行为约束有关，所以又含有伦理的成分。从《诗》《书》等周初文献看，德的内容是相当广泛的，刘泽华从十个方面对此进行了总结。他说：

> 周公所说的"德"，内容极广，在当时看来，一切美好的东西都可包括在德之中。归纳起来有如下十项：1. 敬天；2. 敬祖，继承祖业；3. 尊王命；4. 虚心接受先哲之遗教，包括商王先哲的成功经验；5. 怜小民；6. 慎行政，尽心治民；7. 无逸；8. 行教化，"惠不惠，懋不懋"（《康诰》），"惠"，爱，"懋"，勉，大意是，用爱的办法引导教育那些不驯服的人，勉励那些不勤快的人使之勤勉；9. "作新民"，（《康诰》）重新改造殷民，使之改邪归正；10. 慎刑罚。[①]

这十个方面几乎都与政治有关。《周书·洛诰》中载有成王的一段话，我们不妨把它看作周初统治者对德的内容的概括。据《史记·周本纪》记载，《洛诰》作于周公还政成王之后[②]，从该篇内容看，此说可从。新都洛邑建成后，周公曾请求成王到新都洛邑举行祭祀和继位大典，然后主持政务。成王在回答周公的请求时说：

> 公，明保予冲子。公称丕显德，以予小子扬文武烈，奉答天命，和恒四方民，居师，惇宗将礼，称秩元祀，咸秩无文。惟公德明光于上下……

[①] 刘泽华：《先秦政治思想史》（上），天津人民出版社2019年版，第48页。
[②] "成王在丰，使召公复营洛邑，如武王之意。周公复卜申视，卒营筑，居九鼎焉。曰：'此天下之中，四方入贡道里均。'作《召诰》《洛诰》。"见（汉）司马迁《史记》，中华书局1982年版，第133页。

"明",勉励。"冲子",幼子,成王谦称。"烈",事业。"答",配。"惇",厚。"元祀",大祀,指祭祀文王。意思是说,公啊,你努力辅佐我这个年幼无知的人,要我发扬光大文王和武王的事业,遵奉上天的命令,很好地治理四方小民,并驻于新都洛邑,厚待宗族,礼遇诸侯,按照一定的规矩大祀文王。虽然礼节繁杂,但都要进行得有条不紊。你的大德可以与日月相比……这段文字,可以看作成王对周公平时对自己进行"政治思想教育"的内容所作的归纳和总结。即:

1. "扬文武烈";
2. "奉答天命";
3. "和恒四方";
4. "居师";
5. "惇宗将礼";
6. "称秩元祀"。

其中需要特别说明的是"居师"和"惇宗将礼"。从周初的政治形势看,"居师"可能与宗法制及对殷遗民的统治有关。居师即在洛邑居住。周、召二公对营建洛邑都非常重视,亲自占卜、勘察、指挥、监工。建成后又力劝成王在那里举行大典。周公在受命留守洛邑后又拜手稽首曰:

王命予来承保乃文祖受命民,越乃光烈考武王弘朕恭。孺子来相宅,其大惇典殷献民,乱为四方新辟,作周恭先。曰其自时中乂,万邦咸休,惟王有成绩。(《尚书·洛诰》)

"惇典",镇守。"献民",众民。"乱",率。"辟",君。这是说,王命我承担治理你祖父文王从上天那里接受下来的小民的任务,和光大你尊严的父亲的遗训大法。你来洛邑视察宫室宗

第二章　德与天

庙的基地，很好地镇守殷的民众，为四方的新君谨慎地处理政务，作后代国君的先导。我曾说，如果能够居住在这国中洛邑治理天下，诸侯国也就能够治理好了。这样王的大功便告成了。可见，首都作为国家的中心、民众的宗仰、诸侯的依归，它的意义是十分重大的，这也是统治殷商遗民及四方诸侯的需要，《周书·多士》载周公代成王向殷民发表的演说中说："今朕作大邑于兹洛，予惟四方罔攸宾，亦惟尔多士攸服奔走，臣我多逊。"意思是说，现在我在这个叫作洛的地方建造一座大城，是因为四方诸侯无处朝贡，也是为了你们服务王事、奔走效劳的方便，你们要顺从地臣服我们。周公一再强调成王居洛的重要性，也正是出于这些原因。

"惇宗将礼"即厚待宗族，礼遇诸侯。这是讲德与宗法的关系。东征胜利之后，周公曾实行分封诸侯的政策。荀子所谓"立七十一国，姬姓独居五十三人"（《荀子·儒效》）。这种分封是建立在完善的宗法制基础之上的。宗法制即嫡长子继承制，在这种制度中，周王既是全国的共主，又是宗族上的天下大宗。诸侯对周王来说是小宗，但在所封国内居于大宗的地位，因而具有在封国内作共主的权威。大宗与小宗之间，既是一种隶属关系，又是一种宗族关系，小宗反对大宗是犯上，大宗压制小宗是不敬德。因此周公十分强调"惇宗将礼"。在《康诰》中他提出孝与友，可以看作对这个问题的具体化。其曰：

元恶大憝，矧惟不孝不友。子弗祗服厥父事，大伤厥考心；于父不能字厥子，乃疾厥子。于弟弗念天显，乃弗克恭厥兄；兄亦不念鞠子哀，大不友于弟。惟吊兹，不于我政人得罪，天惟与我民彝大泯乱。曰：乃其速由文王作罚，刑兹无赦。（《尚书·康诰》）

55

"憝",奸恶。"祗",敬。"字",爱。"鞠子",稚子。"吊",至。大意是说,那种罪大恶极的人,也是不孝顺、不友爱的人。做儿子的不恭敬地按照他父亲的要求做事,就会使他的父亲大为伤心;于是做父亲的就不会疼爱他的儿子,反而讨厌他的儿子。做弟弟的不思虑上帝的权威,这样的人就不会恭敬地对待他的兄长;做兄长的不为他幼小的弟弟缺乏教养而哀痛,对他弟弟的态度就会很不友好。民众到了这种不孝不恭不慈不友的地步,若还不到我们这里来认罪,上帝赐给我们的统治民众的大法,便会遭到严重的破坏。周公认为,对这样的人就应该按照文王制定的刑法,严加惩罚,不要手软。

周公讲这段话时,心情一定很复杂,因为在他率兵东征时,被剪除者中就有他的骨肉兄弟。也许正是受了这样的刺激,周公才十分郑重地把孝友问题大大地突出出来。《诗经》中有不少歌颂兄友弟恭的诗,《常棣》,据说为周公所作①:

  常棣之华,
  鄂不韡韡。
  凡今之人,
  莫如兄弟。
  ……(《诗经·小雅·常棣》)

今译的意思是:

  常棣树的花儿竞相开放,

---

① 参见(西汉)毛亨传,(东汉)郑玄笺,陈才整理《毛诗笺》,商务印书馆2023年版,第345页。

第二章　德与天

　　花萼与花蒂同系在一条根上。
　　看这世间的众人，
　　有谁比兄弟的情义深长。
　　……

《诗》的后几节哀婉动人，不知周公在写作该诗时是否想起了被自己流放的兄弟。但就思想、政治及社会结构三者的统一而言，周公提倡孝友和"惇宗将礼"，的确是高明的做法。

　　总结以上论述，我们可以把德的内容大致概括为四个方面：

　　1. 对天的态度，同化殷人的天神信仰，抛弃殷人观念中天帝的非理性特征，赋予它以至善的特性，以作为德的宗教依据（详下一节）。

　　2. 对祖先的态度，同化殷人的祖神信仰，抛弃殷人观念中祖先神的神秘性特征，赋予祖先神以道德榜样的形象，以作为统治者效法的楷模。

　　3. 对民的态度，反思夏殷先哲圣王建国立业的成功经验，借鉴殷纣"诞淫厥泆"的失败教训，强调明德慎罚，宽民保民。

　　4. 对自己的态度，追怀周先祖艰苦卓绝的创业历程，强调敬德，无逸，孝友。

　　从德的这几方面内容可以看出，这个时期对人的认识较殷商是有很大进步的，人们正在不断地一点一点地摆脱神灵世界对人的世界的束缚。虽然他们的每一种行为都还有来自神界的证据，但证据不等于支配力，它只不过是以一种曲折的形式，或者说以更符合当时人心态的形式肯定了人的道德行为的合理性。这是对殷人人与祖先神一体化思维方式的改造。在周人这里，人与祖先神的统一不完全是靠着祖先神所具有的神秘力量和它对氏族集团的积极守护，以及人们对它的祈求祷告来完成的；而是靠着人的道德行为来完成的。这就把人生命运的主动权部分地转移到了主体自我的手中，为春秋时期理性的觉醒准备了前提。

四　德的演化

周公对德观念的新认识，对中国思想史和政治史产生了深远的影响。只是随着时代的发展，人们对它的诠释和发挥的侧重点也随之而有所变化。春秋时期，德主要还是用来评价统治者的政治行为，如《左传》中的例子：

  德不失民。（襄公三十一年）
  德以治民。（僖公三十三年）
  德以施惠。（成公十六年）
  德以柔中国。（僖公二十五年）
  德立刑行。（宣公十二年）
  德，国家之基也。（襄公二十四年）
  德远而后兴。（昭公四年）

《论语》中的例子：

  为政以德。
  道之以德。
  ……

这些都与治国治民有关。战国时期，德的这层含义依然存在，齐宣王问孟子曰："德何如，则可以王矣？"（《孟子·梁惠王上》）"可以王"显然是政治问题。中国历史上的历代统治者都

第二章　德与天

善于用道德、德治粉饰自己的统治,任何一个朝代的开国君主也都要标榜自己是因德行而有天下。

春秋时期,德除了继续作为一个政治概念而存在外,它的伦理意义也得到了发展,而且随着周天子的式微,它也从统治者的理论垄断中解放了出来,成为一个具有普遍意义的包含了更丰富内容的概念。从这一时期的文献看,人们常常把德与礼联系起来考察。《左传》有云:"礼乐,德之则也。"(僖公二十七年)而由于"孝,礼之兴也","敬,礼之兴也","礼所以观忠信仁义也",所以孝敬仁义忠信便也都成了德的具体内容,如曰:"孝敬忠信为吉德"(文公十八年)。这是对西周德观念的丰富和发展。

孔子十分重视对德的伦理意义的阐发,《论语》中载有不少孔子论德的言论:

> 子张问崇德口辨惑,子曰:"主忠信,徙义,崇德也。"(《论语·颜渊》)
> 樊迟从游于舞雩之下,曰:"敢问崇德?……"子曰:"善哉问!先事后得,非崇德与?"(《论语·颜渊》)

"崇德",即提高品德。孔子认为,以忠诚信实为主,唯义是从,先付出劳动然后获得,这些都算是提高品德。

孔子还对败坏品德的行为进行了批判:

> 子曰:"巧言乱德。"(《论语·卫灵公》)
> 子曰:"乡愿,德之贼也。"(《论语·阳货》)

"乡愿",据孟子的解释是:

59

> 何以是嘐嘐也？言不顾行，行不顾言，则曰，古之人，古之人。行何为踽踽凉凉？生斯世也，为斯世也，善斯可矣。阉然媚于世也者，是乡原也。(《孟子·尽心下》)

杨伯峻先生把这段话译为："[好好先生批评狂放之人说]'为什么这样志气高大呢？实在是言语不能和行为相照应，行为也不能同言语相照应，就只说古人呀，古人呀。'[又批评狷介之士说]'又为什么这样落落寡合呢？'[又说]'生在这个世界上，为这个世界做事，只要过得去便行了。'八面玲珑，四方讨好的人就是好好先生。"① 孟子又解释"德之贼"说：

> 非之无举也，刺之无刺也，同乎流俗，合乎污世，居之似忠信，行之似廉洁，众皆悦之，自以为是，而不可与入尧舜之道，故曰德之贼也。(《孟子·尽心下》)

意思是说，这种人，要指摘他，却又举不出什么大错误来；要责骂他，却也无可责骂他，他只是同流合污，为人好像忠诚老实，行为好像方正廉洁，大家也都喜欢他，他自己也以为正确，但是与尧禹之道完全违背，所以说他是贼害道德的人。可见，孔子是把花言巧语和和事佬儿看成是对道德的败坏和贼害的。他不无忧虑地叹道："吾未见好德如好色者"(《论语·卫灵公》)，"德之不修……是吾忧也"(《论语·述而》)。因而他特别重视"崇德""知德""据于德"。

孔子对德的论述，摆脱了狭隘的政治观念，使它逐渐发展成为一个与每一个人的行为均有关系的指称善良品行、高尚品

---

① 杨伯峻译注：《孟子译注》，中华书局1984年版，第342页。

格的伦理概念。从此之后，德的内涵便主要由这些伦理意义的成分而构成。

第二节 以天为宗

一 天与帝

在周初，"天"是对至上神的称谓。天字，甲骨文中已有，罗振玉、王国维据《说文》，释天为"颠顶"。《说文》："天，颠也，至高无上。从一，大。"王国维说："古文天字本象人形……是天本为人颠顶，故象人形……所以独坟其首者，正特著其所象之处也。"① 或谓甲骨文中的天字只表示人体的制高点的上面，还没有至上神的意义，如陈梦家先生说："卜辞的天没有作上天之义的，天之观念是周人提出来的。"② 郭沫若先生甚至认为："凡是殷代的旧有的典籍，如果有对至上神称天的地方，都是不能信任的东西。"③ 于是出现了这样两个问题：

1. 周人为什么要提出天以替代殷人的至上神帝；
2. 周人是如何建构自己的至上神——天的。

先讨论第一个问题。

---

① 王国维：《释天》，见王国维撰《观堂集林》，朝华出版社2018年版，第244—245页。

② 陈梦家：《殷虚卜辞综述》，科学出版社1956年版，第581页。

③ 郭沫若：《先秦天道观之进展》，《郭沫若全集》历史编第一卷，人民出版社1982年版，第321页。今人陈来认为："甲骨卜辞即使未发现'天'字或未发现以'天'为上帝的用法，至少在逻辑上，并不能终极地证明商人没有'天'的观念或以'天'为至上神的观念。"（见陈来《古代宗教与伦理：儒家思想的根源》，生活·读书·新知三联书店1996年版，第162页）杨按：陈来先生的观点可另备一说。就目前的研究而言，人们固然"不能终极地证明商人没有'天'的观念或以'天'为至上神的观念"，但可以证明殷人至上神观念与周人至上神观念的不同。本节就是从这种意义上来界定和理解周人之"天"的。

殷商时期，岐周作为殷商的重要属国，他的领导人是很受王朝重视的。武乙三十四年，周王季来朝，武乙曾予以丰厚的赏赐。文丁四年，又命王季为殷牧师。到文王，即为纣的三公之一，成为商朝的重臣。因此，周族统治者对于殷商宗教是十分熟悉的。不仅如此，他们还常常参预殷商王朝的一些宗教活动，并对殷商的至上神帝乃至祖先神也都保持着信仰，周原考古发现的甲骨文中，就有记载周人祭祀殷人祖先、祈求保佑的卜辞。可以说，那个时期，周人的宗教习惯与殷人应该是没有什么太大的区别的。武王伐纣和周公分封之后，这种习惯也并没有完全被抛弃，这从《尚书》中的《周书》中可以略见一斑。《周书》中帝字约33见，例如：

>　　乃命于帝庭。(《金滕》)
>　　惟帝不畀。(《多士》)
>　　惟时上帝不保。(《多士》)
>　　惟帝降格于夏。(《多方》)
>　　帝钦罚之。(《立政》)
>　　……

周人的这些观念与殷人是基本一致的。其实，就是在他们改上帝为天之后，至上神的这种意义也依然存在，如：

>　　天大雷电以风。(《金滕》)
>　　天降威。(《大诰》)
>　　天休于宁王。(《大诰》)
>　　天降命。(《酒诰》)
>　　天降丧于殷。(《酒诰》)

第二章 德与天

天休滋至。(《君奭》)

天降时丧。(《多方》)

天降疾。(《顾命》)

这些例子都表明，周人对至上神的信仰与殷人是有相通性的。所以在《周书》中，帝与天常常在这个意义上互用。但是，岐周偏居西方，有着悠久的民族历史和独特的文化传统，因而在宗教信仰方面也有着区别于殷人之处。具体而言，就是表现在对龟卜和筮占的不同态度上。

占卜是殷商文化的特色之一，但人们在讨论这个问题时，往往忽略了一个方面，即筮占。据文献记载，筮占至迟产生于殷代，《世本·作篇》载"巫咸作筮"，巫咸是商王太戊时的大臣。《尚书·洪范》中记有殷遗臣箕子对卜筮的论述，如曰："择建立卜筮人，乃命卜筮……"卜筮即龟卜与筮占，说明殷商时期卜筮是同时存在的，这在殷商考古中已得到证明。① 这种宗教习惯在岐周社会中也同样存在，但由于各自的地理环境和生活背景不同，殷周对卜与筮的重视程度也不一样。殷人作为邦国盟主，地域广阔，财物丰足，又有各国进贡，所以有条件较多地运用比较贵重的甲骨进行占卜。据李学勤先生的研究，殷墟的卜甲多来自贡纳，有的龟种产于南方，个别的甚至来自南洋地区。这是偏居西方的周人所无法得到的，因而他们更多地利用筮占，"文王的演《易》或即由于此故"②。

筮占，虽然以筮草为道具，但实际上是用数来推衍，这个

---

① 参见张亚初、刘雨《从商周八卦数字符号谈筮法的几个问题》，《考古》1981年第2期。

② 李学勤：《周易经传溯源——从考古学、文献学看〈周易〉》，长春出版社1992年版，第152页。

数很可能与古代天文学有关。《易传》中有一段论筮占的文字，是对东周筮法的总结，但未必没有保留西周乃至以前的信息。其曰：

> 大衍之数五十，其用四十有九，分而为二，以象两；挂一，以象三；揲之以四，以象四时；归奇于扐，以象闰；五岁再闰，故再扐而后卦。

据已故著名易学家杨柳桥先生的研究，"大衍之数"，即天地自然圆方勾股互为因果之数。其曰："我国古人垂数：于'作八卦'也，托始之庖牺；于'立周天历度'也，亦托始于庖牺，并非偶然而谓之也。盖《周易》之与《周髀》皆我国古代文化之硕果，实有密切联系者也。大衍之数，实有通于衍矩之数者也。"[①] "以象四时""以象闰""再闰"显然是指着天文说的。《周易》爻辞中有不少有关天文的记载，如《乾》九五"飞龙在天"，闻一多先生综合诸家之说，认为《周易·乾》所谓"飞龙在天"乃"春分之龙"，"或跃在渊"乃"秋分之龙"，与占星之术有关。[②] 这表明《周易》中的天文学史料是与古老的星象乃至星占术联系在一起的，这是很有意思的现象。现代研究表明，卜者在上古时代的地位很高，他们不仅为帝王占卜，还是当时最有学问的宗教家和科学家，掌握着最先进的科学知识如天文、历算、数学等。[③] 先周时期的历代君王都精通卜筮，如文王演《易》，如果没有精湛的天文、历算及数学方面的知识作基

---

① 杨柳桥：《周易绎传》上卷，天津社会科学院出版社1993年版，第56页。
② 闻一多：《周易义证类纂》，见《闻一多学术文钞：周易与庄子研究》，巴蜀书社2003年版，第49页。
③ 金景芳：《易学四种》，吉林文史出版社1987年版，第145页。

第二章 德与天

础，是很难想象的。

周人对天文学的重视，还与他们重视农业生产的传统有关。据史书记载，周先人是从事农业的专家，世代在尧、舜、禹的部落联盟中担任农官，如《国语》有云：

> 昔我先王世后稷，以服事虞夏。及夏之衰也，弃稷弗务，我先王不窋用失其官，而自窜于戎翟之间，不敢怠业，时序其德，纂修其绪，修其训典，朝夕恪勤，守以敦笃，奉以忠信，奕世载德，不忝前人。（《国语·周语》）

"后"，君。"稷"，官名，即农管。"翟"，通狄。意思是说，周先人在尧、舜、禹时代一直是担任农官的，部落联盟解体后，在夏后氏的排斥下，丢掉了农官之职，逃难于戎、狄（西北少数民族聚居地）之间，但仍谨守祖先的事业，勤于耕种，发展农业。可见重视农业生产是周人始终保持和发扬的优良传统。《史记》中也记载了周之先人"虽在戎、狄之间，复修后稷之业，务耕种，行地宜"[①]。

先周时代的农业生产，一是仰赖天时，二是依靠人力。前者是人力所不能左右的，但可以认识，先周天文学的发展就是在农业生产中仰观天象的结果。后者主要靠人的自觉和理性的自我约束。周人对祖先道德榜样作用的提倡，正是这种自觉地自我约束的优良传统的具体体现。

重视筮占的传统与重视农业的传统，共同养成了周人对天之观察、思考、认识和崇拜的传统，它同时又塑造了周人浓厚的理性精神。筮与卜不同：

---

① （汉）司马迁：《史记》，中华书局1982年版，第112页。

其一，钻龟取象，其裂痕是自然成文，而卦象是手数蓍草之数，按规定的变易法则推衍而成。前者出于自然，后者靠人为的推算。其二，龟象形成后，便不可改易，卜者即其纹，便可断其吉凶。但卦象形成后，要经过对卦象的种种分析，甚至逻辑上的推衍，方能引出吉凶的判断，同观察龟兆相比，又具有较大的灵活性和更多的思想性。①

因此，与龟卜相比，筮占更具有理性色彩。同时，农业生产对天的依赖性，成就了周人对自然界有规律的季节性变化等方面的知识，加强了其对天的理性把握。把这种思维方式推之于宗教，则周人的宗教也体现出较为理性的色彩，如上节所指出的对殷人祖先崇拜观念的改造，和下面将要讨论的对殷人至上神的改造等，都是很好的说明。

当然，我们这样说，丝毫不意味着殷人没有筮占或不重视农业。如前所述，"巫咸作筮"，筮源于殷。但作为邦国盟主，殷统治者拥有自己的卜筮集团，君王除在极重要的事情上亲予占卜外，恐怕是很少拿出时间来像文王演《易》那样钻研卜筮的，殷末的君王尤其如此。兼之古人又有重龟不重筮的习惯（"龟重，威仪多；筮轻，威仪少。"《仪礼·士丧礼》），所以，殷商时期真正精通并掌握着与先进的星占天文学有关的占卜知识的恐怕是贞人集团，而不是殷之君主本身。换句话说，殷王作为最高统治者，是靠一个庞大的宗教机构去运作自己的旨意的，他自己并不或很少亲自参与知识的学习和创造。因此，他们不太可能提出任何有悖于自己的宗教传统的东西。与此相反，周族统治者不仅亲自精研筮算，还保持着重视农业的传统，对

---

① 朱伯崑：《易学哲学史》上册，北京大学出版社1986年版，第5页。

第二章　德与天

天有着比殷统治者多得多的直接体认。因此，他们在接受殷人至上神信仰的同时，再加以适合于自己的认知结构、思想传统、宗教习惯的改造，是完全有可能的。

其实，就文字本身而言，帝与天的关系也是很明显的。前引王国维释卜辞中的天，谓大象人形，二即上字。上字在甲骨文中有时用作上帝的省称。殷人认为，与地上的君王（下帝）不同，上帝是住在天上的神灵，故而对诸神的祭祀多用燔火使烟上腾之法。天字从人从上，本指人头顶的上边，人头顶的上边就是天。因此，帝、上、天就空间的意义言是相通的。而且帝在上边，实是以天为其栖居之所，周人以天言帝，不仅没有辱没帝的神明，且连帝的老巢也一并崇拜了。

二　天的作用

周人是如何建构自己的至上神天的呢？

第一，抛弃殷人至上神观念中上帝作用的广泛性，把天的权威重点局限在"命哲、命吉凶、命历年"三个方面，突出了至上神在社会人事方面的特殊作用。《周书·召诰》曰：

> 今天其命哲、命吉凶、命历年。

"命哲"就是命哲王，或者赐大命于明智的人。如"天乃大命文王"（《尚书·康诰》），即天于是降大命给文王。"天迪从子保"（《尚书·召诰》），即天让那些深知天命的人来作导师。《君奭》曰：

> 公曰：君奭，我闻在昔成汤既受命，时则有若伊尹，格于皇天。在太甲时，则有若保衡。在太戊时，则有若伊

67

陟、臣扈，格于上帝。巫咸乂王家。在祖乙时，则有若巫贤。在武丁时，则有若甘盘。率惟兹有陈保乂有殷，故殷礼陟配天，多历年所。

"格"，升。"乂"，治理。"率"，大抵。这是周公说给召公的话，大意是，我听说过去成汤接受上天的大命后，便有伊尹辅佐他，使他得以升配于天。在太甲时，有保衡；太戊时又有伊陟和臣扈分别辅佐他们，使他们得以升配于上帝。祖乙时有巫贤，武丁时有甘盘。正是这些老成之人帮助治理殷国，才使殷之诸王享受配天的祭祀，殷的统治才得以长久。可见，在周公看来，历代圣明的君主，都是接受上天的命令来做统治人间的工作的，辅佐他们的聪明的大臣，也是上天有意给安排好了的。

"命哲"还有一层意思，是指只有哲人才能通晓上天的大命，接受上天的大命，禀承上天的大命做事。《周书·大诰》中说：

王曰："呜呼，肆哉，尔庶邦君越尔御事。爽邦由哲，亦惟十人迪知上帝命。"

"爽邦"即使国家政治清明。这是说，要把国家治理好，就必须依靠圣明的人，而只有十个圣明的人了解上帝的旨意。这十个人，据说是文母、周公、太公、召公、毕公、荣公、太颠、宏夭、散宜生、南宫括[①]，足见天命的难知。这实际上是用天命的神秘难知反衬受命者的神明。

"命吉凶"指天降祸福：

---

① 参见王世舜、王翠叶译注《尚书》，中华书局2012年版，第176页。

第二章 德与天

> 今天降戾于周邦。(《尚书·大诰》)
> 天降丧于殷,殷既坠厥命。(《周书·君奭》)
> 受天之祜。(《诗经·大雅·下武》)
> 受天百禄。(《诗经·小雅·天保》)
> ……

周公认为,人间的一切吉凶祸福,都是上天命令降下来的。

"命历年"指上天决定帝王统治时间的长短和人的年寿。如"皇天上帝改厥元子兹大国殷之命"(《尚书·召诰》),"元子"即天子,意谓皇天上帝更改了殷国的大命,不再让它统治天下。又如:

> 我不可不监于有夏,亦不可不监于有殷。我不敢知曰,有夏服天命,惟有历年;我不敢知曰,不其延。惟不敬厥德,乃早坠厥命。我不敢知曰,有殷受天命,惟有历年;我不敢知曰,不其延。惟不敬厥德,乃早坠厥命。今王嗣受厥命,我亦惟兹二国命,嗣若功。(《尚书·召诰》)

这是说,我不能不以夏朝的历史为鉴戒,也不能不以殷朝的历史为鉴戒。我不敢说知道,夏接受上天的大命,能够经历长久;我也不敢说知道,他们不能经历长久。我不敢说知道,殷接受上天的大命,能够经历长久;我也不敢说知道,他们不能经历长久。我只知道由于不认真行德,他们才早早地失去了天命;现在成王承受了上天赐与的大命,我希望能够借鉴夏殷兴亡成败的教训,继承他们的大功。

周初统治者赋予上天的这三大权能,殷人的帝观念中也都有。但周人把这三个方面特别突出出来,说明他们对至上神的

69

认识和把握是紧紧围绕着社会政治这个中心来进行的。这就不同程度地摆脱了殷人帝观念中表现出来的自然崇拜的特征，为进一步赋予至上神以道德的内涵打下了基础。

三 天的道德意义

第二，抛弃殷人至上神观念中的非理性因素，赋予天以道德的意义，以作为"命哲、命吉凶、命历年"的客观依据。如前所述，殷人的至上神作用很大，无所不能，但没有什么规律，人们不知道它降祸降福的标准是什么，依据是什么。因而在它面前，人们除了小心翼翼地占卜，以体察其神秘的意义外，一无所为，十分被动。周人与之不同，他们赋予天以至善的特性，使天成为世间王权的监察者。

《尚书》中有"天德"一词，《吕刑》说"惟克天德"，"天德"指上天立下的道德准则。周人认为，上天立下了这个准则，人的行为就要以它为标准，上天监察世间统治的好坏，也拿这个标准去衡量，衡量过关的，就可以配天。如曰："天惟纯佑命则"（《尚书·君奭》），即天只帮助有道德的人。"惟天不畀不明厥德"（《尚书·多士》），即只有天不会把大命赐给那些不努力实行德教的人。而文王是一个"明德"的君王，所以上帝把大命降给他：

> 惟乃丕显考文王，克明德慎罚，……惟时怙冒闻于上帝，帝休，天乃大命文王殪戎殷，诞受厥命越厥邦厥民。（《尚书·康诰》）

"怙"，故。意思是说，文王崇尚德教，慎用刑罚，他的美名被上帝知道了，上帝非常高兴，就命令他灭掉殷，代殷接受上天的大命，来统治它的国家和臣民。周初统治者认为，在文王受命之前，夏殷先代哲王的受命，也是因为他们在道德上很符合天的意志。如：

> 自成汤至于帝乙，罔不明德恤祀，亦惟天丕建，保乂有殷。殷王亦罔敢失帝，罔不配天其泽。（《尚书·多士》）

这是说从成汤到帝乙，无不努力地施行德教，谨慎地祭祀上天，因此上天便予以大力的支持，以安治殷国。在《尚书·无逸》中，周公回忆道：

> 呜呼！我闻曰：昔在殷王中宗，严恭寅畏，天命自度，治民祗惧，不敢荒宁。肆中宗之享国七十有五年。其在高宗，时旧劳于外，爰暨小人。作其即位，乃或亮阴，三年不言。其惟不言，言乃雍。不敢荒宁，嘉靖殷邦，至于小大，无时或怨。肆高宗之享国五十有九年。其在祖甲，不义惟王，旧为小人。作其即位，爰知小人之依，能保惠于庶民，不敢侮鳏寡。肆祖甲之享国三十有三年。

这是周公教育成王，反思殷人历史时说的一段话。中宗即大戊，高宗即武丁，祖甲即武丁的儿子帝甲。三位都是殷代历史上有名的君王。周公认为，他们之所以能够在位多年，乃是由于他们以天命为标准，严格要求自己，不敢贪图安乐，了解小民疾苦，把国家治理得很好。他们的这些好行为上闻于帝，帝就保佑他们，不给他们降下灾祸。

做好事能上闻于帝，做坏事也能上闻于帝。《尚书·酒诰》中说：

> 我闻亦惟曰:"在今后嗣王酗身,厥命罔显,于民祗保越怨,不易,诞惟厥纵淫泆于非彝。用燕丧威仪,民罔不盡伤心。惟荒腆于酒,不惟自息乃逸。厥心疾很,不克畏死。辜在商邑,越殷国灭,无罹。弗惟德馨香祀,登闻于天,诞惟民怨,庶群自酒,腥闻在上,故天降丧于殷。"

这是说殷朝末期的君王,不去完成上帝的命令,一味沉迷于酒乐之中,纵欲无度,使臣民无不感到痛苦伤心。但他们仍不思悔改,乃至于酒肉的腥味冲到天上,被上帝闻到了,上帝就把亡国的大祸降下来,使他们成为短命的君王。就如《尚书·无逸》中所说:"自时厥后,立王生则逸。生则逸,不知稼穑之艰难,不闻小人之劳,惟耽乐之从。自时厥后,亦罔或克寿,或十年,或七八年,或五六年,或四三年。"即殷代后期的君王,生下来就贪图安逸,不了解种田的艰难,不了解种田人的辛苦,只是陶醉在安乐之中,饮酒取乐度日。因而,他们的寿命都不长,执政的时间,有的十年,有的七八年,有的五六年,有的则只有三四年。这就是所谓的殷鉴,周公谆谆告诫周初统治者,一定要汲取殷人的这些教训,做到"明德""疾敬德"。只有这样,才能永葆"周祚","王其德之用,祈天永命""受天永命"。即只有根据道德行事,才能祈求天命的长久,才能从上天那里接受永久的大命。

周公自觉地纳德于天,提出"天德""天若德元"的命题,是认识史上的一大进步。一方面,由于天的至善性,使天由殷人不可捉摸的至上神变成了可理解的、可效法的至上神。它的权威也由以粗暴干涉的方式来体现,变成了以为统治者的行为立法的形式来体现。因此,它的神性便与它的价值判断功能结合、统一在了一起。另一方面,由于天的至善性要通过统治者的德政来体现，所以统治者对天的信仰也就以自觉地"明德慎罚"，宽民保民的形式体现出来。这就大大加强了主体的行为自觉，提高了人的主观能动性。可以说，一个"德"字，把王由外在力量（至上神）的支配者变成了外在力量的配合执行者。

四 天与祖先、时王的关系

第三，改殷人至上神观念中的祖、帝之二元性，在周先祖与天神之间建立亲情关系，进而建立时王与天的亲情关系。首先，密切始祖与天神的关系，在二者之间建立直接的血缘联系。殷人的祖神与上帝是二元的，两者之间没有血缘关系，殷后裔所作史诗《商颂》中说"天命玄鸟，降而生商"，说明殷始祖只与玄鸟有血缘关系，天帝不过是起一种命令的作用罢了。周人不是这样，《诗经·大雅·生民》云：

> 厥初生民，
> 时维姜嫄，
> 生民如何？
> 克禋克祀，
> 以弗无子。
> 履帝武敏歆，
> 攸介攸止。
> 载震载夙，
> 载生载育，
> 时维后稷。

大意是说，周族是由始祖姜嫄祈祷祭祀神灵后，踩了上帝的拇指印，在神灵的佑护下怀孕，生下后稷。《诗经·鲁颂》也说：

"赫赫姜嫄，其德不回，上帝是依，无灾无害，弥月不迟，是生后稷。"即姜嫄光明伟大，品德纯正，上帝凭依在她身上，使她平平安安地怀孕，十个月后，生下了后稷。可见，在周人的观念中，他们的始祖和上帝是有着直接的血缘关系的。

其次，密切时王与天神的关系，提出"天子"的概念。既然祖先神与上帝有直接的血缘关系，祖先的后代子孙当然也就是上帝之子，即天子。康王时代的《大盂鼎》《麦尊》《邢侯簋》和彝器铭文中，已经出现"天子"一词，但同时又有"王"的称号。如"丕显文王，受天有大命……故天异临子，法保先王……盂用对扬王休"（《大盂鼎》），"天子"和"王"同铭。之后铜器铭文中的流行语"扬王休"逐渐被"扬天子休"所代替。这表明，西周初期或稍晚，"天子"观念已开始形成。由于周王是天之子，所以他死后，灵魂也会回到天上去，在帝左右。《诗经·大雅·文王》云："文王在上，於昭于天。周虽旧邦，其命维新。有周不显，帝命不时。文王陟降，在帝左右。""在上"，指文王的神灵在天上。"文王陟降"，指文王的神灵能升能降。"在帝左右"，指文王常在上帝的身边。《诗经·大雅·江汉》云：

> 厘尔圭瓒，
> 秬鬯一卣。
> 告于文人，
> 锡山土田。
> 于周受命，
> 自召祖命，
> 虎拜稽首，
> "天子万年"。

第二章　德与天

> 虎拜稽首，
> "对扬王休"。
> 作召公考：
> 天子万寿。
> 明明天子，
> 令闻不已。
> 矢其文德，
> 洽此四国。

这是一首称赞周宣王的诗，诗中直接用"天子"称呼周宣王。在祖先、时王与天之间建立血缘关系，是一个很高明的做法，既强化了祖先神的地位，又突显了天神信仰，更加强了周王统治的神圣性，并在神灵世界中实现了人与天的合一。

周人思想观念的这一变革，对中国思想史的发展影响巨大。殷商时期的祖先崇拜和上帝崇拜，在神灵的世界中以超验的形式反映了人与自然的矛盾。周人纳德于天，在祖神、时王与天神之间建立血缘关系，改殷人祖、帝二元为周人的祖、天一元，从而消解了人与自然的对立，代之以人与社会（天命的具体映现——命哲、命吉凶、命历年）的统一。统一的前提是德，谁有德，天就同谁统一在一起。春秋时期"皇天无亲，惟德是辅"的命题，就是这一传统思维的结果。由于这种统一，后来即使天概念发生了种种分化，人与天也再没有在思维世界中发生对立，相反，而是以合一的形式贯串了中国哲学史的始终。而且，这种合一与周人所谓的"以德配天"在思维方式方面有其内在的逻辑关系，其主流的特征乃是透过主体的修养顺应天命或天道。

五　天不可信

第四，抛弃殷人信仰中的盲从性，以理性的态度，提出"天不可信""惟人"的观点。以德配天的思维方式，虽然并不忽视天的作用，但十分强调人的主观努力，这就必然动摇人们对天的依赖。既然天命转移的根据是人的行为，那么人只要把握好自己的行为，也就等于把握住了天命。

> 周公若曰："君奭，弗吊，天降丧于殷，殷既坠厥命。我有周既受，我不敢知曰厥基永孚于休。若天棐忱，我亦不敢知曰其终出于不祥。呜呼！君已曰时我。我亦不敢宁于上帝命，弗永远念天威。越我民罔尤违，惟人。"（《尚书·君奭》）

"弗吊"，不善。"孚"，符。"休"，美。"棐"，辅助。"忱"，诚。"不祥"，不长久。大意是说，殷王由于做了坏事，被天灭亡，我们周族才继之接受了大命。但我不敢说这份基业会永远沿着好的方向发展。虽然天是诚心地辅助我们，但我不敢说我们的事业会长久。我们千万不可安于上天的命令而忽视它的威罚，民众是不会无缘无故地产生不满情绪的，一切都在人为。可见，周公认为周族基业能否长久，在人不在天。因此，周公指出：

> 在我后嗣子孙，大弗克恭上下，遏佚前人光在家，不知天命不易。天难谌，乃其坠命，弗克经历，嗣前人恭明德。在今予小子旦非克有正，迪惟前人光，施于我冲子。……天不可信，我道惟宁王德延，天不庸释于文王受命。（《尚书·君奭》）

"遏",绝。"佚",弃。"谌",诚信。"正",表率。"释",弃。这是周公担心其后代子孙,不能敬天理民,失掉前人的光荣传统,不知道获得天命的艰难。周公认为,天命是难于长久的,不小心便会失掉。上天是不能依赖的,只有努力发扬文王的光荣传统,使之长久地保持下去,上天才不会舍弃文王所受的大命。在这里,周公最忧患的是嗣王不知道天命的奥秘,所以一再强调"天难谌""天不可信"。

周公提出"天不可信"的命题,是不是对天命的怀疑呢?不是!周公所怀疑的不是天,而是后世子孙能否牢牢地把握住天命。周公强调"天不可信",正是为了让后世子孙"迪知天威",谨慎自守,以使"天不庸释于文王受命"。

总之,周初统治阶级在"损益"殷人至上神观念的过程中,建构了"以德为本,以天为宗"的宗教思想,使天与人靠着德统一起来。德成了沟通天人的桥梁,成了天人共同遵循的原则。这就使至上神的天威在社会政治领域得到了充分的发挥,人的力量也在德教的自我约束中参与了天命的运作。天作为有理性的人格神,由殷人猜度(卜)的对象变成了可认识可理解的对象;人作为天命的执行者,也从对天的盲目信从中解脱出来,靠着自我的主观能动性,努力主宰着自我("惟人"),以企与天命永远合一。这一思维方式的变革,其影响是十分深远的,孔子讲"为仁由己"就是顺着这个思路发展而来的。

六 天观念的分化

春秋时期,人们对天的认识开始发生分化,一方面,传统天命观还很有势力,受到不少人的维护;另一方面,随着周天子的式微和人们对自然的认识水平的不断提高,一部分人开始怀疑天命,更有一部分人对天发出怨言。从《左传》等文献看,这个时期，天之"命哲、命吉凶、命历年"的传统观念仍颇有市场，如：

> 天未绝晋，必将有主。（僖公二十四年）
> 天生季氏，以式鲁侯。（昭公三十二年）
> 天其殃之也，其将聚而歼旃。（襄公二十八年）
> 成王定鼎于郏鄏，卜世三十，卜年七百，天所命也。（宣公三年）
> 天降之灾。（庄公十一年）
> 国之存亡，天也。（成公十六年）
> 善之代不善，天命也。（襄公二十九年）

这些都是从人格神的意义上来理解天，与周初的天命思想没有什么区别。但是，这个时期，传统的天命观念也开始发生分化，最明显的例子便是"天道"观念的产生。考诸《左传》，天道观念的产生可能与古代天文学和星占术的发展有关，如：

> 九年，春，宋灾……晋侯问于士弱曰："吾闻之，宋灾，于是乎知有天道。何故？"对曰："古之火正，或食于心，或食于咮，以出内火。是故咮为鹑火，心为大火。陶唐氏之火正阏伯居商丘，祀大火而火纪时焉。相土因之，故商主大火。商人阅其祸败之衅必始于火，是以日知其有天道也。"（襄公九年）

"火正"是古代设置的专门观测大火星的神职人员，任务是根据大火星的出没来向人们颁布农时节令。据《左传》杜预注，鹑火星昏在南方，时值春季，可以放火烧山，进行播种。大火星

第二章　德与天

伏在日下，夜不得见，时值秋季，草木枯黄，则禁止放火，以防火灾。① 宋人的祖先曾主持火正，因此宋人积累历年观察的经验，发现大火星的出没与火灾及时令季节的变化存在着一种有规律的联系，春季火灾较少，秋季火灾较多。因而他们认为自己"知其有天道"。很显然，这种对天的认识是一种科学的认识，后来的规律之天就是由此发展而来的。

春秋时期，值得注意的还有怨天骂天的思潮，其实，我们倒不如说这是周初天命观的必然结果。周公挖空心思地把理性因素注入至上神的信仰中，虽然是为了"祈天永命"，但他不知道理性是信仰的大敌，当人们对受命者的行为产生怀疑、怨憎时，必然会把矛头对准发号施令的天。

春秋末到战国时期，人格神的传统观念又一次发生分化，其具有道德属性的部分，被孟子内化到人性中去，作了人性善的根据；其具有支配意义的部分，被淡化了神学色彩，而成为带有必然性的命运之天（参见本书第四章）。

---

① 李学勤主编：《春秋左传正义》，十三经注疏标点本，北京大学出版社1999年版，第866—869页。

第三章
仁与礼

春秋时期，周天子式微，但在名分上仍然是诸侯们的共主，仍然受到尊重。因此，在社会意识领域，天命神学、宗法伦理思想都还占有一定的地位。但是，随着春秋霸业的兴盛，社会经济的变革，思想界出现了许多新思潮，各国思想家都从不同角度提出一些与传统观念有差异乃至相反的概念、命题。如疑天、怨天、恨天、骂天思想的产生和与之相联系的民本思想的兴起，与自然科学的发展有密切关系的阴阳观念的出现，以及天道观念的形成与发展等，都从不同侧面打击着西周以来的思想传统。可以说，这个时代，一方面社会政治被野心勃勃的霸主们扰得混乱不堪，表现出一种无序的状态（相对于西周政治而言）；另一方面思想观念被一些有远见的思想家和新兴势力的代言人，解释得面目全非，表现出一种反思传统和反传统的倾向。面对这个异说蜂起、新见迭出的时代，孔子着眼于社会的基本结构，通过诠释"仁""礼"等范畴，积极地回应了传统天命观的分化带来的社会问题和人生困惑。

第三章　仁与礼

第一节　仁学逻辑

一　仁观念的产生

仁字，有人认为甲骨文中已出，但刘蔚华先生指出："查遍《殷墟书契前编》，所谓'仁'并不真象仁字。"[①] 此表明就目前的材料而言，尚无法证明殷商时期已经存在"仁"的概念。

今文《尚书》中仁字一见，《金縢》曰：

予仁若考，能多材多艺，能事鬼神。

这是周公在武王得了重病后祭告上天，祈求祖先神的灵魂保佑武王，发愿自己代替武王去死时写在典册上的一句祝词。"若"作而，"考"与孝通。意思是说，我有仁德，并且孝顺，什么才能都有，可以很好地侍奉鬼神，因而愿代武王去死。这里仁孝连用，说明二者关系密切。但由于《金縢》的写作时间至今没有定论[②]，所以，我们还不敢断言西周时期"仁"的概念已经产生了。

《诗经》中仁字两见：

叔于田，
巷无居人。
岂无居人？
不如叔也，

[①] 刘蔚华：《论仁学的源流（上）》，《齐鲁学刊》1982年第1期。
[②] 参见王世舜、王翠叶译注《尚书》，中华书局2012年版，第159页。

> 洵美且仁。(《诗经·国风·叔于田》)
> 卢令令，
> 其人美且仁。(《诗经·国风·卢令》)

这是两首歌颂青年猎人风采的诗，前者是说叔这个人长得漂亮，品行也好，整个巷子里没有一个堪与媲美者。后者是说黑狗项铃丁零零地响，年青猎手漂亮又仁慈。① 因此，学者们一般认为，仁的概念最早出现于春秋初期。但这个概念的内涵是什么，尚难于断定。

《左传》和《国语》中仁字出现的频率开始增加，前者约33见，后者约24见，多与人的德行及统治者的政治统治联系在一起使用。如《国语》中说：

> 夫义所以生利也，祥所以事神也，仁所以保民也。不义则利不阜，不祥则福不降，不仁则民不至。古之明王不失此三德者，故能光有天下而和宁百姓，令闻不忘。(《国语·周语》)

"保"，养也。"仁所以保民"是说仁是用来畜养老百姓的，统治者不仁，老百姓就不会来接受统治者的统治。这是从政治行为的意义上运用仁概念，它与周初统治者所强调的德字意义颇近。说明仁与德有相通之处，二者都是对统治者提出的一种行为要求。如《左传》中的例子：

---

① 关于这两首诗的含义，经学史上有不同的说法，如《毛诗序》认为二诗分别是为讽刺郑庄公从弟共叔段招致祸乱，及齐襄公好用田猎而作。

第三章　仁与礼

> 亲仁善邻，国之宝也。（隐公六年）
>
> 度功而行，仁也。（昭公二十年）
>
> 能以国让，仁孰大焉？（僖公八年）
>
> 出门如宾，承事如祭，仁之则也。（僖公三十三年）
>
> 是故闲之以义，纠之以政，行之以礼，守之以信，奉之以仁。（昭公六年）
>
> 不仁，失其所与。（僖公三十年）
>
> 小所以事大，信也；大所以保小，仁也。背大国，不信；伐小国，不仁。（哀公七年）

这些都是从政治方面强调统治者要用仁来保国、保民，搞好与他国的关系。"亲仁善邻，国之宝也"是说，亲近有仁德的人，与邻邦搞好关系，是国家的法宝。这与"德，国家之基也"（《左传》襄公二十四年）的说法较为接近。"能以国让"讲的是宋桓公的两个儿子谦让君位的故事。宋桓公病重，议立后嗣，太子兹父（即后来的宋襄公）力请立他的庶兄目夷（即子鱼），说他年长，又有仁德，应该继承君位。目夷推让说，太子兹父既然能够把国君的位置让出来，说明他的仁德是何其之大，自己是比不上的。兄弟二人都把仁作为当国王的条件，应当与西周以来"惟德是辅"的传统观念有关，是对这一观念的发展。"出门如宾，承事如祭，仁之则也"，这句话曾被孔子引用，"出门如见大宾，使民如承大祭"（《论语·颜渊》），孔子用"使民"解释"承事"，指出所承之事就是治理百姓。而《左传》曰"德以治民"（僖公三十三年），孔子也说"道之以德"（《论语·为政》），都表明仁和德与治理百姓、管理国家的政治活动、政治行为有关。

春秋时期，仁除了与统治者的政治行为联系在一起使用外，

83

还常常用来形容人的德行。如曰：

> 背施（恩）无亲，幸灾不仁，贪爱不祥，怒邻不义……（《左传》僖公十四年）

"幸灾"是在别人发生危难时，不但不帮助，反而高兴，看热闹。《左传》认为，这种幸灾乐祸，是不仁的表现。又如：

> 元，体之长也；亨，嘉之会也；利，义之和也；贞，事之干也。体仁足以长人，嘉德足以合礼，利物足以和义，贞固足以干事。（《左传》襄公九年）

这段话在历史上影响很大，曾在《易传·文言传》中重复出现。"体仁"就是垂范仁德，"长人"是指为人首长。意思是说，一个人如果能垂范仁德，便可以做众人的首长。可见，仁有道德修养的意义。又如：

> 弗纳于淫，仁也。（《左传》庄公二十二年）

"淫"，指过度。不过度放纵自己，就是仁。这个时期，仁也常常与孝亲、爱亲的观念结合在一起。如：

> 不背本，仁也；不忘旧，信也；无私，忠也；尊君，敏也。仁以接事，信以守之，忠以成之，敏以行之，事虽大，必济。（《左传》成公九年）

"不背本"指不废弃先人的职事，这是范文子评价楚国俘虏钟仪的话。据载钟仪被郑人俘获后献给晋侯，晋侯问他的身世，他回答说是乐官。晋侯问他会不会奏乐，他回答说，这是先人的职责，岂敢从事于其他！范文子认为，钟仪在谈话中举出先人的职官，是不忘本，是仁。又如：

为仁者，爱亲之谓仁。（《国语·晋语》）

这些表明，春秋时期，仁的观念与孝亲敬祖的宗法观念是密不可分的。① 它说明仁是从德范畴中分化出来的，是德观念的净化与发展，即它摆脱了德观念中祭天敬祖的神学成分，成为一个纯粹的指说人际关系、人的品行的道德德目。也许正是由于这一点，常常以梦见周公自居的孔子才把仁作为自己思想的核心。

二 仁学逻辑的起点

孔子思想的核心是仁，是没有争议的。仁是什么，却分歧很大。产生分歧的主要原因，是由于人们对孔子仁学的定义看法不一致。有人说仁是"爱人"，有人说仁是"克己复礼"，有人说仁是"己欲立而立人，己欲达而达人"，等等。孔子是否有意识地为仁下过定义，或下过什么样的定义，这个问题还可以继续研究，本节只想通过《论语》中百余次对仁的论述，揭示孔子仁学的内在逻辑。

孔子仁学的逻辑起点就是宗法制。《论语》中记载有子的话说：

---

① 本段内容的部分观点参考了刘蔚华先生的论文《论仁学的源流（上）》，《齐鲁学刊》1982年第1期。

> 其为人也孝弟，而好犯上者，鲜矣。不好犯上，而好作乱者，未之有也。君子务本，本立而道生。孝弟也者，其为仁之本与！（《论语·学而》）

这段话虽是小孔子十三岁的有子说的，但基本上反映了孔子的思想。意思是说，一个能孝顺父母、敬爱兄长的人，却喜欢触犯上级，这是绝对没有的；不喜欢触犯上级，却喜欢造反，这也是绝对没有的。君子最重视问题的根本，这个根本确立了，为人之道也就产生了。孝顺父母，敬爱兄长，就是仁的根本。在这里有两点值得注意：其一，为什么为人能做到孝悌就不会犯上作乱？其二，为什么孝悌是仁的根本？要想解决这两个问题，必须从西周宗法制谈起。

宗法制，即嫡长子继承制，这一制度在殷商晚期已见端倪，到西周时期已发展得十分完善。按照这种制度，王死后，他的权力由嫡长子继承，庶子则分以"土田附庸"，另立为宗。举例来说，武王死后，嫡长子成王继位，幼子唐叔虞另外分邦建国，成为晋国的始祖。诸侯也是这样，郑武公死后，嫡长子寤生（庄公）继位，其弟共叔段被封以京为采邑。在这种宗法关系中，成王与唐叔虞，郑庄公与共叔段，既是君臣关系，又是长幼、嫡庶、大小宗的关系。通过这种干上生枝，枝上又分枝的办法，从天子到同姓诸侯，诸侯到卿大夫，卿大夫到士，士到庶人，统统都用血缘纽带连接了起来。经过这样的层层分封，便形成"王及公、侯、伯、子、男、甸、采、卫大夫，各居其列"（《左传》襄公十五年），"王臣公，公臣大夫，大夫臣士……"（《左传》昭公七年）的等级。在这种由血缘亲疏决定的等级序列中，除王具有绝对的权力外，其余的每一个等级都是上一个等级的臣仆，同时又是下一个等级的主人。

第三章 仁与礼

这种严密的宗法等级制度，在春秋时期依然受到维护。《左传》载：

> 师服曰：吾闻国家之立也，本大而末小，是以能固。故天子建国，诸侯立家，卿置侧室，大夫有贰宗，士有隶子弟，庶人工商，各有分亲，皆有等衰。是以民服事其上而下无觊觎。（《左传》桓公二年）

师服是晋国的大夫，他认为，国家的建立，本大末小，这样才能巩固。所以天子建立诸侯国，诸侯建立采邑，卿设置侧室，大夫有贰宗，士有隶子弟，庶人、工、商各有亲疏，都有不同的等级。这样，百姓才心甘情愿地事奉上面，而没有什么非分的想法。不难想象，在这样一个以血缘纽带为基础的等级严密的社会中，"孝弟"的作用将会是多么的大。君臣既可能是父子关系，又可能是长幼关系，还可能是大小宗的关系。一个人如果在"孝弟"方面做得很出色，那他是绝不会犯上作乱的。难怪从周公开始就十分注重孝的问题：

> 元恶大憝，矧惟不孝不友。（《尚书·康诰》）
> 为人子者，患不孝，不患无所。（《左传》襄公二十三年）
> 且子惧不孝，无惧弗得立。（《左传》闵公二年）
> 违命不孝，弃事不忠。（《左传》闵公二年）
> 见有礼于其君者，事之如孝子之养父母也。（《左传》文公十八年）
> 君义，臣行，父慈，子孝，兄爱，弟敬，所谓六顺也。（《左传》隐公三年）
> 弟子入则孝，出则弟。（《论语·学而》）

第一段引文是周公说给康叔的话，在他看来，不孝于父母，不友于兄弟是诸种罪恶中最大的罪恶，是"刑兹无赦"即没有宽赦余地的罪恶。后面几段引文是春秋时人的话，反映了那个时期人们对"孝弟"的认识。"无所"就是没有地位，"弗得立（位）"就是得不到君王的位置。大意是说没有地位或者不能被立为嗣君，这些都不是可怕的，可怕的是不能成为一个孝子。"违命"指违背做君王的父亲的命令，这当然是不孝。"见有礼于其君者，事之如孝子之养父母"及"君义，臣行，父慈，子孝……"等都是拿父子关系比喻君臣关系，道出了等级宗法的秘密。如《礼记》所云："忠臣以事其君，孝子以事其亲，其本一也。上则顺于鬼神，外则顺于君长，内则以孝于亲，如此之谓备。"（《礼记·祭统》）有子说"其为人也孝弟，而好犯上者，鲜矣。不好犯上，而好作乱者，未之有也"（《论语·学而》），可算是参透了宗法制度的真精神。而孔子大力倡导仁，也正是从这里推论出来的。《论语·泰伯》载：

子曰：……君子笃于亲，则民兴于仁。

"笃于亲"就是用深厚的情感对待亲族。这是指宗法等级关系中的血缘亲情。孔子认为，君子只要能把这种血缘亲情发挥好，用深厚的情感对待亲族，老百姓就会兴起仁德。这一思想得到了战国时期著名思想家孟子的积极发挥。

亲亲而仁民，仁民而爱物。（《孟子·尽心上》）
亲亲，仁也。（《孟子·告子下》）
仁之实，事亲是也。（《孟子·离娄上》）
未有仁而遗其亲者也。（《孟子·梁惠王上》）

孟子把仁与事亲密切结合起来，把事条作为仁的本质（"实"），是为了彰显宗法等级制中的血缘情感，使本来等级森严的宗法制，披上亲情的迷彩服。在宗法等级中，人们没有自我，没有独立人格，只能通过宗法等级界定自己的存在。仁的提倡，虽然没有改变这种等级制度，却使它充满了人情味，起到了维护这种制度的作用，所以说"孝弟也者，其为仁之本与"！

三　仁学逻辑的展开

孝悌除了是仁学的逻辑出发点外，还是仁学逻辑展开的依据，孔子仁学的主要内容"爱人"就是由孝悌推衍出来的。

> 樊迟问仁。子曰："爱人。"……（《论语·颜渊》）

这是《论语》中一段很著名的记载，不少人据此认为"爱人"是孔子给仁下的定义，这种看法颇有局限性。应该说"爱人"是孔子仁学逻辑的必然结论，是"仁之本"的推衍与泛化。具体而言，它是从血缘亲情中外化出来的一种认识，用孟子的话讲就是"老吾老，以及人之老；幼吾幼，以及人之幼"（《孟子·梁惠王上》）。因此，这种爱是"差等之爱"，"亲亲之杀"，它的具体运作方法是"推己及人"，用今天的话说就是"将心比心"。

> 子曰：……夫仁者，己欲立而立人，己欲达而达人。能近取譬，可谓仁之方也已。（《论语·雍也》）

"能近取譬"是指人能近就己身来相譬。孔子认为，能从自己的身上取譬相喻，就是行仁的方法；自己想要有所立，也帮助别人能够立，自己想要通达，也帮助别人能够通达，就是仁。在这里，"立人"和"达人"的前提是"己"立"己"达。从这个前提推衍开去，就是"立人""达人""爱人"。"己"的提出，十分重要，它表明这种爱人的行为与"父慈子孝，兄友弟恭"的必然性行为是不一样的。后者出于对血缘亲情的认同，必须如此；前者则基于人类亲情的泛化即同情心而自觉自愿，即"己欲"。

  仲弓问仁。子曰：……己所不欲，勿施于人。（《论语·颜渊》）

在孔子看来，自己想要什么时，同时也想到别人，是仁；自己不想要什么时，不强加于别人，同样是仁。这是说，"己欲"也好，"己所不欲"也好，只要是从自己的身上取譬相喻，推行开去，就是对人的爱。很显然，这种爱与对父母兄弟的爱是不同的。我们没有见孔子说过对父母想孝就孝，不想孝就不孝，对兄长想敬就敬，不想敬就不敬的话，在这方面是不存在"己欲"和"己所不欲"的选项的，只有一条途径，就是"弟子入则孝，出则弟"。然而，对于不存在这种父子兄弟关系的人则不然，在"己欲"和"己所不欲"的两极之间存在着多条途径供人选择，你可以积极主动地凭着良好的意愿帮助别人，也可以本本分分地不伤害任何人。孔子就是要通过"仁爱"，把这两极之间贯通起来。

  孔子的"爱人"是随着血缘关系的变化而有所区别的，其中对父母的爱高于一切：

  叶公语孔子曰："吾党有直躬者，其父攘羊，而子证

之。"孔子曰："吾党之直者异于是，父为子隐，子为父隐，直在其中矣。"（《论语·子路》）

叶公一党的人，其坦白直率表现为父亲偷了羊，儿子可以告发。孔子一党的人，其坦白直率的表现是父亲替儿子隐瞒，儿子替父亲隐瞒。父子互相隐瞒，无疑是基于"父慈子孝"的血缘之爱。孔子认为，在这样的爱中，隐瞒过犯是完全可以理解的。这正如孟子所说，"不得乎亲，不可以为人；不顺乎亲，不可以为子"（《孟子·离娄上》）。

对于"爱人"中的差等性，我们还可以从孟子对墨子（约前468—前376年）"兼爱"思想的批判中得到证实。墨子也是一个极力提倡"仁者爱人"的思想家，但他所说的"爱人"与孔子所说的"爱人"有很大的差异。他把自己的"爱人"说称作"兼相爱"。

> 若使天下兼相爱，爱人若爱其身……国与国不相攻，家与家不相乱，盗贼无有，君臣父子皆能孝慈，若此则天下治。故圣人以治天下为事者，恶得不禁恶而劝爱。故天下兼相爱则治，交相恶则乱。（《墨子·兼爱上》）

墨子认为，"兼相爱"是天下太平的首要条件。相反，如果"子自爱，不爱父，故亏父而自利；弟自爱，不爱兄，故亏兄而自利；臣自爱，不爱君，故亏君而自利，此所谓乱也。虽父之不慈子，兄之不慈弟，君之不慈臣，此亦天下之所谓乱也"（《墨子·兼爱上》）。因此，他提倡"天下之人皆相爱，强不执弱，众不劫寡，富不侮贫，贵不敖贱，诈不欺愚"（《墨子·兼爱中》）。

对于墨子的"兼爱"说，孟子给予了相当激烈的批判，认为这是"无父"的"禽兽"行为。《孟子》中载有墨者夷之同孟轲的辩论，夷之的观点是"爱无差等，施由亲施"，孟子则主张"爱有差等"。孟子说："君子之于物也，爱之而弗仁；于民也，仁之而弗亲；亲亲而仁民，仁民而爱物。"(《孟子·尽心上》)意思是说君子对于万物，爱惜它，却不用仁德对待它；对于百姓，用仁德对待他，却不亲爱他。君子亲爱亲人，因而仁爱百姓；仁爱百姓，因而爱惜万物。孟子反问夷之说："夫夷子信以为人之亲其兄之子，为若亲其邻之赤子乎？"在孟子看来，人不可能爱邻居的儿子超过爱他哥哥的儿子，自然也不会爱别人的父母超过爱自己的父母。

儒家与墨家都不反对"爱人""施由于亲"，却得出不同的结论。应该说，孔孟的思想较为切近现实，毫无狂热情绪。若依墨家的观点，整个宗法等级制便会受到威胁，这是统治阶级所不能接受的，也是当时的社会条件所不允许的。

孔子虽然提倡"差等之爱"，但照他的仁学逻辑推下去，这种爱也会施及于一般的老百姓，只不过是推得越远，爱的程度越轻罢了。

> 道千乘之国，敬事而信，节用而爱人，使民以时。
> (《论语·学而》)
> 弟子入则孝，出则弟，谨而信，泛爱众，而亲仁。
> (《论语·学而》)

这里所说的"爱人""泛爱众"是包括一般老百姓的。孔子提倡省刑罚，薄税敛，也反映了对一般人的爱。

> 季氏富于周公，而求也为之聚敛而附益之。子曰："非吾徒也，小子鸣鼓而攻之可也。"（《论语·先进》）
>
> 子曰："道之以政，齐之以刑，民免而无耻；道之以德，齐之以礼，有耻且格。"（《论语·为政》）

孔子不能容忍他的学生帮助季氏聚敛财富，也反对统治者用重刑高压管理老百姓，这是对老百姓有利的。虽然孔子也许是为了缓和统治者与被统治者之间的矛盾，客观上却使被统治者得到了一定的尊重。又如在马厩失火时，孔子首先想到的是伤人了没有，而不问马。在受到隐者讥讽时，他十分感慨地说，鸟兽不可与同群，我不跟人在一起，跟什么在一起呀！他甚至咒骂起初做殉葬人偶的人断子绝孙（《孟子·梁惠王上》）。这些都反映了他对人的尊重和爱人的思想，即对人所保有的一种纯然的积极的充满激情的族类认同意识。

总之，孔子由父子之爱、兄弟之爱等血缘之爱推衍开去，提倡"泛爱众"，在当时是一个不小的进步，虽然这种爱被严密的宗法等级关系束缚着，但毕竟是对老百姓的尊严的一种重视。今人因此称孔子仁学是人道主义的人学，是有部分道理的。

四　仁学逻辑的准则

孔子的爱人是有差等的，差等的标准就是礼，礼是孔子仁学逻辑所遵循的准则。通观《论语》，孔子对仁的论述十分宽泛。

> 里仁为美，择不处仁，焉得知！（《论语·里仁》）
> 君子以文会友，以友辅仁。（《论语·颜渊》）

这是讲寻找住处和交往朋友的标准。孔子说过,"性相近也,习相远也"。人的成长及行为的变化与环境的关系很大,有什么样的环境,就有可能造就什么样的人;交什么样的朋友,就有可能受到什么样的影响,因此,择必有方,友必以仁。

> 人之过也,各于其党,观过,斯知仁矣。(《论语·里仁》)

孔子认为,人的过错往往与他所依附的势力有关,什么样的人,犯什么样的错误。能够仔细考察某人所犯的错误,就可以避免同样的过犯发生在自己身上,也就可以体认到仁的意义。所以,"三人行必有吾师焉,择其善者而从之,其不善者而改之"(《论语·述而》)。这是通过别人的经验教训来考察、造就自己。

> 巧言令色,鲜矣仁。(《论语·学而》)
> 刚毅木讷近仁。(《论语·子路》)
> 仁者其言也讱。(《论语·颜渊》)

"巧言令色"就是花言巧语,孔子认为,这种人是很少会有仁德的。相反,刚强、果决、质朴、言语不轻易出口的人,往往近于仁德。

关于仁,孔子还有各种各样的论述,这些论述虽然各有侧重,但都遵循着一条原则,那就是礼。

> 颜渊问仁,子曰:"克己复礼为仁。一日克己复礼,天下归仁焉。为仁由己,而由人乎哉?"颜渊曰:"请问其目。"子曰:"非礼勿视,非礼勿听,非礼勿言,非礼勿动。"颜渊

第三章　仁与礼

曰："回虽不敏，请事斯语矣。"（《论语·颜渊》）

这句话又见于《左传》昭公十二年："仲尼曰：古也有志，克己复礼，仁也。"颜氏是孔门高徒，南宋著名理学家朱熹曾把师徒的这一问答看作"乃传授心法切要之言"①。事实也许未必如朱熹说得那么神秘，但这的确是一个意味深长的回答。"克己"，后人常常理解为克制私欲，当然不错，但太笼统。"克己"指的是一种修养功夫，既包括克制自己的私欲，又包括提高自己的理性思维能力。在以血缘情感为基础的宗法等级制中，人与人"兼相爱"是不可能的，但爱得过分自私，也无法维护这种制度的存在。因此，必须既要亲其亲，又不要独亲其亲。在情感与等级之间达到一种和谐与平衡。在宗法制中，礼就是法，但对于人的情感世界来说，法只能起到一种外在的制约作用，要想从主观上也能产生一种与外在制约相统一的力量，那就必须采取"克己"的修养方法，使人们能从理性的高度对自己的私情予以反思和规范，进而把它引导到一个合理的方向（如推己及人）上去。所以说，仁既是从血缘情感中彰显出来的一种爱力，又是防止这种爱力无边际地扩散而违背宗法体制的主体自觉的力量（为仁由己）。因此，孔子论仁要以礼为标准，以复礼为目的。这既是孔子仁学的一大特色，又是孔子对礼学的重大发展（参见本章第二节）。孔子指出："知及之，仁不能守之，虽得之，必失之；知及之，仁能守之，不庄以莅之，则民不敬；知及之，仁能守之，庄以莅之，动之不以礼，未善也。"（《论语·卫灵公》）意思是说，聪明才智足以得到它，仁德不能保持它，就是暂时得到了，也还会失掉；聪明才智足以得到它，仁德也

---

① （宋）朱熹：《四书章句集注》，中华书局1983年版，第132页。

能保持它，但不以庄严的态度对待它，也不会得到老百姓的认可和尊敬；聪明才智足以得到它，仁德也能保持它，也能以庄严的态度对待它，但不怎么合乎礼仪，也是不完美的。可见，仁是离不开礼的。关于这个问题，《韩非子》中载有一则故事，很能说明问题：

> 季孙相鲁，子路为郈令。鲁以五月起众为长沟。当此之时，子路以其私秩粟为浆饭，要作沟者于五父之衢而飡之。孔子闻之，使子贡往覆其饭，击毁其器，曰："鲁君有民，子奚为乃飡之？"子路怫然怒，攘肱而入，请曰："夫子疾由之为仁义乎？所学于夫子者，仁义也。仁义者，与天下共其所有而同其利者也。今以由之秩粟而飡民，其不可何也？"孔子曰："由之野也！吾以女知之，女徒未及也，女故如是之不知礼也？女之飡之，为爱之也。夫礼，天子爱天下，诸侯爱境内，大夫爱官职，士爱其家，过其所爱曰侵。今鲁君有民，而子擅爱之，是子侵也，不亦诬乎？"（《韩非子·外储说右上》）

子路是孔子的弟子，追随孔子多年，自以为对老师的思想很了解，当他按照这种理解去实践时，却遭到了孔子的坚决否定。他拿出自己的私粟为挖沟的民工们做饭吃，以为这就是在践行老师教给他的仁义学说。孔子却认为，子路的行为是"过其所爱"的"侵"，是超越了自己的本分，不但无功，反而有过，大大违背了等级制中的礼。所以，派子贡去把子路开设的食堂给砸了个稀巴烂。可见，在孔子仁学的内在逻辑中，这个由宗法血缘情感推衍出来的爱人之"仁"，在其向外"立""达"的时候，必须时时回应宗法血缘中的等级存在，不能有所超越。"过犹不及",爱得太多与爱得不够同样糟糕。所以在《论语》中,孔子是从不让小人与仁贴上边的,所谓"君子而不仁者有矣夫,未有小人而仁者也"(《论语·宪问》)。

当然,把礼作为仁的准则,只是孔子仁学的一个方面,孔子还把仁作为行礼的内在动力,这一点我们将在下一节中讨论。

五 仁学与理想人格

按照仁学的逻辑体系,人们既要从血缘情感中发显爱心,推己及人;又不要使这种爱心超过一定的限度,而失掉自己的本分,造成违礼,它的分寸是很不好把握的,所以孔子从不轻易许人以仁。

> 孟武伯问:"子路仁乎?"子曰:"不知也。"又问。子曰:"由也,千乘之国,可使治其赋也,不知其仁也。""求也何如?"子曰:"求也,千室之邑,百乘之家,可使为之宰也,不知其仁也。""赤也何如?"子曰:"赤也,束带立于朝,可使与宾客言也,不知其仁也。"
>
> 子张问曰:"令尹子文三仕为令尹无喜色,三已之,无愠色。旧令尹之政,必以告新令邑,何如?"子曰:"忠矣。"曰:"仁矣乎?""未知,焉得仁。"
>
> "崔子弑齐君,陈文子有马十乘,弃而违之,至于他邦,则曰:'犹吾大夫崔子也。'违之。之一邦,则又曰:'犹吾大夫崔子也。'违之。何如?"子曰:"清矣。"曰:"仁矣乎?"曰:"未知,焉得仁。"(《论语·公冶长》)

上述问答中所涉及的人物,有的是孔门有杰出政治才能的弟子,有的是历史上享有盛名的政治家,他们因为在某些方面表现得特别出色而受到人们的尊敬。但孔子不称他们为仁。何止这些人，就连得受孔子"心法切要之言"的颜渊，也不过是"三月不违仁"罢了，至于其他则"日月至焉而已矣"（《论语·雍也》）。可见，这个仁是多么难以达到！但这并不是说历史上不曾有过仁人。从《论语》及《左传》的记载来看，孔子认为像伯夷、叔齐、微子、箕子、比干、管仲、子产这样的人都算是仁人。

伯夷和叔齐是孤竹君的两个儿子，他们的父亲死后，因互让王位，而都逃到周文王那里。武王发兵征讨商纣时，二人又拦住车马加以劝阻。周灭商后，他们以食周粟为耻，双双饿死首阳山。孔子认为，他们"不念旧恶，怨是用希"（《论语·公冶长》），"不降其志，不辱其身"（《论语·微子》），是"求仁而得仁"（《论语·述而》）。

在这些仁人之中，最令人玩味的是管仲：

> 子路曰："桓公杀公子纠，召忽死之，管仲不死。"曰："未仁乎？"子曰："桓公九合诸侯，不以兵车，管仲之力也。如其仁，如其仁。"（《论语·宪问》）

> 子贡曰："管仲非仁者与？桓公杀公子纠，不能死，又相之。"子曰："管仲相桓公，霸诸侯，一匡天下，民到于今受其赐。微管仲，吾其被发左衽矣。岂若匹夫匹妇之为谅也，自经于沟渎而莫之知也。"（《论语·宪问》）

在子路和子贡看来，齐桓公杀了他的哥哥公子纠，公子纠的师傅管仲不但不以身殉难，反而还辅保桓公，这不应该是有仁德之人的表现。孔子则认为，齐桓公多次主持诸侯间的盟会，进行维和活动，制止了战争，成就了霸业，匡正了天下，这些都是由于管仲的作用，如果没有他，我们大家都有可能沦落为落后民族的。所以，管仲是有仁德的。然而，同一个管仲，在另一个地方，孔子却讥讽他不懂礼：

> 子曰："管仲之器小哉！"或曰："管仲俭乎？"曰："管氏有三归，官事不摄，焉得俭！""然则管仲知礼乎？"曰："邦君树塞门，管氏亦树塞门。邦君为两君之好，有反坫，管氏亦有反坫。管氏而知礼，孰不知礼？"（《论语·八佾》）

这是说管仲这个人器量狭小，奢侈，又毫不懂礼。孔子为什么会对他做出如此相反的两种评价呢？这是不是一种矛盾？可以从以下三个方面来理解：第一，在孔子的仁学体系中，的确存在着矛盾，仁与礼就是一对矛盾，一方面是推己及人的爱，另一方面是对等级的维护。孔子反对过与不及，希望在二者之间进行"和"的工作（君子和而不同），也就是在保持其差别性的基础上实现二者的统一。第二，仁在有时是可以脱离礼而存在的。一个不懂礼的人，在事功的客观效果上不一定不能造出"爱人"的事实。这很可能是后儒经权说的滥觞。第三，在仁与礼之间，孔子有时确实表现出了对仁的更加重视，尤其是他利用仁范畴论证人的人格尊严时，这种倾向表现得十分突出。

六　仁学与人生境界

孔子在世时，以学问名世，被弟子尊为圣人。子贡说："学不厌，智也；教不倦，仁也。仁且智，夫子既圣矣。"（《孟子·公孙丑上》）但孔子从来不认为自己做到了仁。他说："若圣与仁，则吾岂敢。抑为之不厌，诲人不倦，则可谓云尔已矣。"（《论语·述而》）孔子的自我评价，一方面表明他的谦虚，另一方面也说明他对仁的体认较之他在答弟子问中的说法还有更深层的意义。《论语·宪问》中有句话：

> 子曰："古之学者为己，今之学者为人。"

荀子说："古之学者为己，今之学者为人。君子之学也，以美其身；小人之学也，以为禽犊。"（《荀子·劝学》）"禽犊"，杨倞注曰："馈献之物。"① 荀子以"以美其身"释"为己"，是很有意味的。它说明"为己"主要是就个人道德修养而言的。孔子说："为仁由己，而由人乎哉！"意思是说，人的道德修养主要是靠自己来完成的。但它的完成并不是一件轻松的事情，以孔子的聪明，十五岁就致力于学，三十岁便在社会上有所建树，尚且需要四十不惑、五十知天命、六十耳顺的艰苦历程，才达到七十的随心所欲而不逾矩，一般的人就可想而知了。《论语》中有几段孔子论仁的记载，不常被人注意，其实更能说明孔子仁学的深层内涵。

> 子曰："不仁者不可以久处约，不可以长处乐。仁者安仁，智者利仁。"（《论语·里仁》）
> 子曰："知者乐水，仁者乐山；知者动，仁者静；知者乐，仁者寿。"（《论语·雍也》）

"仁者安仁""仁者乐山""仁者静""仁者寿"，这些仁字表达的意义基本相同。人为什么能静、能乐、能安呢？孔子说："仁

---

① （清）王先谦撰，沈啸寰、王星贤点校：《荀子集解》，中华书局1988年版，第14页。

第三章　仁与礼

者不忧。"(《论语·子罕》)只有没有忧虑，才可以长处乐，才可以安仁而静。那么，孔子有忧吗？

  子曰："天生德于予，桓魋其如予何！"(《论语·述而》)
  子畏于匡，曰："文王既没，文不在兹乎！天之将丧斯文也，后死者不得与于斯文也；天之未丧斯文也，匡人其如予何！"(《论语·子罕》)

孔子在困于蔡，畏于匡，生命受到威胁的时候，以禀天命、继周德者自居，满怀信念，临危不乱，没有忧惧，足见他的自信。然而，孔子真的就一点忧虑也没有吗？

  子曰："民之于仁也，甚于水火。水火，吾见蹈而死者矣，未见蹈仁而死者也。"(《论语·卫灵公》)
  子曰："甚矣吾衰也，久矣吾不复梦见周公。"(《论语·述而》)

看到百姓不能行仁，他便十分着急。有好长一段时间睡觉梦不见周公，他便发出悲叹。这说明孔子也是有所忧的。孔子既忧，又不忧，这岂不是矛盾吗？是的，孔子本身就是一个矛盾体。但这一矛盾恰恰体现了孔子的精神。他所不忧的是他对信念的执着，对传统文化的认同，对自我价值（天生之德）的肯定。所以在生命受到威胁的时刻，他能表现出"唯仁者能勇""杀身成仁""匹夫不可夺志"的超人气概。他所忧的是他所信仰的东西在现实社会中得不到实施，即"道之不行"。所以每当有政客召请时，他都想出马，并向人们许下诺言："苟有用我者，期月而已可也，三年有成。"(《论语·子路》)他把自己比作待贾的美玉，子贡曰："有美玉于斯，韫椟而藏诸？求善贾而沽诸？"子曰："沽之哉，沽之哉！我待贾者也。"（《论语·子罕》）表现出一种急切的用世情怀。

孔子是一个极易投入的人，他在齐国听到韶乐，竟然美得"三月不知肉味"，慨叹"不图为乐之至于斯也"。其实，这又何尝不是孔子对人生境界的一种体认呢！

子曰："饭疏食，饮水，曲肱而枕之，乐亦在其中矣。"（《论语·述而》）

子曰："颜子居陋巷，一箪食，一瓢饮，人不堪其忧，回也不改其乐。"（《论语·雍也》）

如果说"三月不知肉味"是孔子对纯粹艺术美的身心投入，那么两段引文则是他对美与善的合一在人身上所体现出的富贵不淫、贫贱不移、威武不屈的高尚品质的赞扬。据《吕氏春秋》载：

孔子穷于陈、蔡之间，七日不尝食，藜羹不糁。宰予备矣，孔子弦歌于室，颜回择菜于外。子路与子贡相与而言曰："夫子逐于鲁，削迹于卫，伐树于宋，穷于陈、蔡，杀夫子者无罪，藉夫子者不禁，夫子弦歌鼓舞，未尝绝音。盖君子之无所丑也若此乎？"颜回无以对，入以告孔子。孔子慨然推琴，喟然而叹曰："由与赐小人也。召，吾语之。"子路与子贡入。子贡曰："如此者，可谓穷矣。"孔子曰："是何言也？君子达于道之谓达，穷于道之谓穷。今丘也拘仁义之道，以遭乱世之患，其所也，何穷之谓？故内省而不疚于道，临难而不失其德。大寒既至，霜雪既降，吾是以知松柏之茂也。昔桓公得之莒，文公得之曹，越王得之

第三章　仁与礼

会稽。陈、蔡之厄，于丘其幸乎？"孔子烈然返瑟而弦，子路抗然执干而舞。子贡曰："吾不知天之高也，不知地之下也。"（《吕氏春秋·孝行览·慎人》）

这段记载未必十分真实，但形象地道出了孔子的精神和境界。孔子"弦歌于室"，"颜回择菜于外"，以及后来的"子路抗然执干而舞"，大概就是"仁者之乐"吧。因此可以说，孔子所谓的乐是一种境界，一种美的境界、善的境界、美与善合一的境界。这种境界是靠自己（"己"）高尚、完美的人格体现出来的。"为己之学""为仁由己"中的"己"大概就是指的这种自我的完善与完美吧。

由此，我们想到了在中国思想史上宗教何以没有发达起来的问题。这很可能与儒家提倡"为己""由己"有关。在儒家看来，知识的修养，美的修养，善的修养，都要靠己——主体自身——来完成，并由内向外（推己及人）发显，去维护和建立合理的秩序。周公提出一个德字，把修养的责任大部分地落实到了人的头上，冲淡了宗教神学的意味。孔子提出一个仁字，把修养的责任以理性的方式落实到了主体自身，就基本上没有给他律性的宗教留下任何地盘。如果说，周公之落实德，还基于某种宗教式的恐惧（如怕遭天罚），那么孔子之落实仁，则完全是基于一种理性的自觉。后儒发挥孔子的思想，也基本上是围绕着这一精神展开的。如孟子把仁与心性联系起来，在人之异于禽兽的地方做文章，论证人之为人的根据。汉儒把仁称为天心，强调"仁之为言人也"和"我不自正，虽能正人，弗予为义"（《春秋繁露·仁义法》）的主体自觉。魏晋玄学大炽，但他们仍认为"仁义自是人之情性"，即并不离开人的本根谈仁。宋明时期，仁更被从本体的意义上作为生命的本质，如朱熹曰：

"天地以生物为心者也，而人物之生，又各得夫天地之心以为心者也。故语心之德，虽其总摄贯通，无所不备，然一言以蔽之，则曰仁而已矣。"①

总之，孔子的仁学，体系庞大，既简易为一种具体行为的德目，又高远为人格完美的境界。它有一个内在的逻辑，逻辑的起点是宗法等级中的血缘情爱，逻辑的展开是"爱人"，逻辑的准则是礼，逻辑的最终结果是对自我人格的体知与修炼，以达到知天命、耳顺、随心所欲不逾矩的完美境地。

第二节 礼学源流

一 周公对礼的贡献

礼的起源，是一个十分复杂的问题，它与原始人的宗教信仰、生活方式、风俗习惯等均有密切的联系。比如外国学者关于"保特拉吃"（potlatch）的讨论，就是一个鲜明的例子。所谓"保特拉吃"，是指在没有所谓的商业交易的原初社会内实行的一种友谊式的，或强迫式的赠借制度。这种制度，与原初社会的经济、法律、宗教、艺术等各种社会形态均有关系。在这种制度内，应给予者必须给予，应接受者必须接受。而接受者经过相当的时期后，仍必须予原来给予者以报酬。这种必须给予和必须接受，与必须回报的种种活动过程，都须在一个盛大的节日与公共的宴会上举行，它既具有浓厚的宗教或巫术色彩，又具有财富的、技术的或美术的竞赛意味。而这种赠与和酬报方式渐渐地就演化成了后来所谓的礼。据学者研究，在中国原

---

① （宋）朱熹：《朱子全书》（修订本）第23册，上海古籍出版社、安徽教育出版社2010年版，第3279—3280页。

第三章　仁与礼

初文化中，也大量地存在着这种现象，我们可以把它看作礼的一个来源。① 但由于史料的缺乏，中国早期的礼仪形式究竟是个什么样子，我们很难搞清楚。不仅如此，就连殷商早期的礼仪形式，也仍然存在很多谜。甲骨文中已发现了礼字的初型，对此，王国维先生在《释礼》一文中作了详细的考证。他说：

> 《说文·示部》云："礼，履也，所以事神致福也。从示从豊，豊亦声。"又《豊部》："豊，行礼之器也，从豆，象形。"……古者行礼以玉，故《说文》曰："豊，行礼之器。"其说古矣。……盛玉以奉神人之器谓之𧯛、若豊，推之而奉神人之酒醴亦谓之醴，又推之而奉神人之事通谓之礼，其初当皆用𧯛若豊二字。……其分化为醴、礼二字盖稍后矣。②

殷人信神，甲骨文中留下的材料大多与祭神问卜有关。因而，通过卜辞所了解到的殷礼也多是人神之间的礼。如第一章提到的殷人之严密复杂的祭祀先公先王的仪式，都可以说是一种固定的礼。但这并不是殷礼的全部，殷人继统法中的"兄终弟及"制，也可以说是一种礼。不过殷商后期，这种礼制也在发生着变化。例如有一片藏于大英博物馆的甲骨的刻辞就很特殊，其曰：

儿之先且（祖）曰吹　吹子曰妖
子曰　　　　　　　　子曰雀

---

① 杨向奎：《宗周社会与礼乐文明》，人民出版社1992年版，第238—249页。
② 王国维：《释礼》，见彭林编《王国维卷》，中国近代思想家文库，中国人民大学出版社2014年版，第75页。

先秦儒家哲学探源

  雀子曰壹　　　　壹弟曰启

  壹子曰丧　　　　丧子曰养

  养子曰洪　　　　洪子曰御

  御弟曰　　　　　御子曰

  子曰商。①

  这片刻辞被认定为属于武丁时代,武丁是商代的第十世第二十三任国王,处于商代后期。该片带有家谱性质的刻辞一共记录了13个人名,其中11个人为父子关系,2人是兄弟关系,从中可以看出商代的兄终弟及制向父死子继制演变的端倪。所以讨论宗法制的学者据此认为商代末期已经产生了宗法制,或者至少已处于萌芽状态中了。西周初年,统治者曾对殷礼进行过一次大的变革,传说周公制礼作乐。《左传》文公十八年载:

  季文子使大史克对曰:"先大夫臧文仲教行父事君之礼,行父奉以周旋,弗敢失队。曰:'见有礼于其君者,事之如孝子之养父母也;见无礼于其君者,诛之如鹰鹯之逐鸟雀也。'先君周公制《周礼》曰:'则以观德,德以处事,事以度功,功以食民。'作《誓命》曰:'毁则为贼,掩贼为藏,窃贿为盗,盗器为奸。主藏之名,赖奸之用,为大凶德,有常无赦,在《九刑》不忘。'"

---

①　转引自杨升南《从殷墟卜辞中的"示"、"宗"说到商代的宗法制度》,《中国史研究》1985年第3期。杨按:关于这片甲骨的真伪,学界存在不同的看法,张全海指出:"主张是伪刻的中国学者有郭沫若、胡光炜、董作宾、容庚、金祥恒、严一萍、唐兰、胡厚宣、徐中舒、陈邦怀、丁啸等先生。主张是真品的学者有陈梦家、朱德熙、马汉麟、孙海波、仪真、于省吾、饶宗颐、张秉权、张政烺、李学勤等。近年来,随着资料的丰富(如第1506片甲骨彩色照片的公布)及甲骨学研究的不断深入,越来越多的甲骨学家认为它是真品。"见张全海《殷商刻辞甲骨与档案之辨析——以〈库、方二氏藏甲骨卜辞〉第1506片甲骨为例》,《档案学研究》2009年第5期。

第三章　仁与礼

这段话中"先君周公制《周礼》"的说法，是有关周公制礼的最早记载。季文子是鲁之世家子，鲁为周公子伯禽的封国，春秋去西周未远，这个说法应该是可信的。除此之外，还有一些文献记载了周公制礼作乐的事，如《礼记·明堂位》载："武王崩，成王幼弱，周公践天子之位以治天下。六年，朝诸侯于明堂，制礼作乐，颁度量，而天下大服。"《尚书正义》引《书传》说周公"四年建卫侯而封康叔，五年营成洛邑，七年制礼作乐"[1]。《礼记》的说法与《尚书大传》虽然详略有别，但内容还是一致的。又据《史记·周本纪》，周公"兴正礼乐，度制于是改，而民和睦，颂声兴"。《淮南子·诠言训》："周公殽臑不收于前，钟鼓不解于县，以辅成王而海内平。匹夫百亩一守，不遑启处，无所移之也。"大儒陆贾在其《新语》中说："周公制礼作乐，郊天地，望山川，师旅不设，刑格法悬，而四海之内，奉供来臻，越裳之君重译来朝，故无为者乃有为也。"（《新语·无为》）等等。可以想象，周公在大行分封及还政成王的过程中，根据本民族的文化传统，结合灭殷后的新形势，在"因于殷礼"的基础上，或损或益，重新制定实行一些礼乐制度，是完全有可能的。但由于史料不足，周公是如何制礼作乐的，我们还不清楚。不过，从某些文献记载中似乎也可以发现周公制礼作乐的某些原则。《淮南子·齐俗训》云：

　　昔太公望、周公旦受封而相见，太公问周公曰："何以治鲁？"周公曰："尊尊亲亲。"太公曰："鲁从此弱矣。"周公问太公曰："何以治齐？"太公曰："举贤而上功。"周

---

[1]　（汉）孔安国传，（唐）孔颖达正义，黄怀信整理：《尚书正义》，上海古籍出版社2007年版，第531页。

公曰:"后世必有劫杀之君。"

这则记载未必十分可靠,但把"尊尊亲亲"作为周公治鲁的准则,则是与鲁国的历史史实相符合的。①"尊尊"指宗法中的等级关系,"亲亲"指宗法中的血缘关系。周公制礼作乐就是以宗法制为基础,目的也正是维护这种宗法制。从有限的材料中可以发现,周公(或曰周初统治者)制礼作乐有两大特征:一是纳德于礼,一是对礼之重要组成部分——乐的新认识。

如前所述,周公十分重视德,在制礼的过程中,他首先考虑到的也是这个德。如上引季文子的话:"先君周公制《周礼》曰:'则以观德,德以处事……'"此外如《周书》中关于"明德慎罚"的论述,也透露了德与礼的关系。西周时期,礼是一种政治行为,"明德慎罚"也是一种政治行为,二者之间存在着某种相通性,如西周中晚期诗作《诗经·大雅·民劳》云:

> 民亦劳止,
> 汔可小息,
> 惠此京师,
> 以绥四国。
> 无纵诡随,
> 以谨罔极,
> 式遏寇虐,
> 无俾作慝,

---

① 李启谦:《结合鲁国社会的特点认识和评价孔子的思想》,《齐鲁学刊》1987年第6期。

第三章　仁与礼

敬慎威仪，
以近有德。

《诗》中讲"敬慎威仪，以近有德"是很有深意的。"威仪"是礼的组成部分，诗人认为严肃谨慎，端正举止，严守礼节，就能够与德接近了。这样的例子在《诗经》中还有不少，如"抑抑威仪，维德之隅"（《诗经·大雅·抑》），朱熹《诗集传》引郑氏曰："人密审于威仪者，是其德必严正也。故古之贤者道行心平，可外占而知内，如宫室之制，内有绳直，则外有廉隅也。"[①] 礼的目的是使人的行为规范化，德正是规范化的行为所要力求达到的目标。因此，二者是一体之两面，即"内有绳直"和"外有廉隅"。

春秋时期，人们仍然从德与礼的关系方面认识礼。《左传》云：

君子是以知桓王之失郑也，恕而行之，德之则也，礼之经也。己弗能有而以与人，人之不至，不亦宜乎？（隐公十一年）

管仲言于齐侯曰，臣闻之，招携以礼，怀远以德，德礼不易，无人不怀。（僖公七年）

苍葛呼曰，德以柔中国，刑以威四夷。（僖公二十五年）

"恕"，照孔子的解释，就是"己所不欲，勿施于人"。"则"指准则。"经"指常规。《左传》认为，按照恕道办事，是德的准则，礼的常规。"招携"即招抚，一般是指对于有二心的国家的

---

① （宋）朱熹集撰，赵长征点校：《诗集传》，中华书局2017年版，第311页。

做法。"怀"与"柔",指用德行来凝聚、笼络大家。管仲认为,对于有二心的国家或边远的国家,按着德与礼去安抚,就没有不归顺的了。这里礼与德的作用略有差异,但其实质仍然是一致的。

周公纳德于礼,是思想史上的一个进步,它使人对神,人对社会,人对人的行为活动,由一种外在的规定形式逐渐转化为一种内在的德性自觉,从而削弱了礼仪活动中的神秘成分。当然,这一形式的真正净化是在孔子纳仁于礼之后才完成的(详后)。

乐是古代礼仪活动中的一个重要组成部分,周公制礼,十分重视礼与乐的关系。《乐记》中有一段话,很能说明问题:

> 乐者为同,礼者为异。同则相亲,异则相敬。乐胜则流,礼胜则离。合情饰貌者,礼乐之事也。礼义立,则贵贱等矣;乐文同,则上下和矣。(《礼记·乐记》)

这段话不一定很古,但它所反映的思想则一定有其渊源。周公制礼的准则是"尊尊亲亲",制礼的目的是"尊尊",作乐的目的是"亲亲"。在以宗法等级制为制礼背景的社会中,反映"亲亲"的乐与反映"尊尊"的礼,二者之间的关系毫无疑问是相当密切的。《国语》中记伶州鸠云:"夫政象乐,乐从和,和从平……"(《周语下》)《论语》中记有若的话说:"礼之用和为贵。"而"和"正就是乐的功能。这种"和"不仅仅是指礼仪活动中的音乐形式,还特指礼仪活动所内含的或所应有的精神。《左传》文公七年记晋郤缺对赵宣子的话说:

> ……《夏书》曰:"戒之用休,董之用威,劝之以九

歌，勿使坏。九功之德皆可歌也，谓之九歌。六府、三事、谓之九功。水、火、金、木、土、谷，谓之六府。正德、利用、厚生，谓之三事。义而行之，谓之德礼。无礼不乐，所由叛也。若吾子之德莫可歌也，其谁来之？盍使睦者歌吾子乎？"

这段话也是在说礼和乐的关系，郤缺认为，乐是礼中应有之物，礼与乐的通融是由德来完成的。《孟子·公孙丑上》引子贡之言曰："见其礼而知其政，闻其乐而知其德。"《逸周书·度训》中也说："众非和不众，和非中不立，中非礼不慎，礼非乐不履。"《说文》释礼为履，这里又认为礼之履由乐来完成，而乐的实质又是"和"，所以可以说礼之履由"和"来完成，实际上就是礼之用和为贵。

周公对殷礼的改造，是思想史上的巨大变革。纳德于礼，实际上是在主体与客体（社会）之间建立了一种牢固的统一性。德是主体活动的准则，礼是主体活动的具体样式。样式总要根据一定的准则去展开，准则又总要通过一定的样式来实现。二者的统一就是主体与由主体组成的社会的统一。在这种统一中，乐的作用是不可忽视的，它既表现出调和的功能，又昭示着人与社会（以等级的样式呈现）的依赖关系，使森严的等级披着温情的面纱，激励着人们在等级关系的复杂矛盾中竭力保持着统一和平衡。中国思想史上的哲学家十分重视矛盾的统一性，极力维护统一性，防止斗争和转化，或许与此不无关系。

二 春秋时期的礼

春秋时期，中国社会经历着又一次大变革。随着生产力的发展，经济关系不断发生着变化，旧的社会体制不断受到冲击。

旧有的礼制在某些方面已显得不适应时代变化的需要，而与之相适应的新礼制又尚未建立起来。不少思想家把这个时期称作"礼坏乐崩"的时代。但从社会发展史的角度看，"礼坏乐崩"不应该成为贬义词，"礼坏"，坏的是跟不上时代需要的那一部分的礼；"乐崩"，崩的也是跟不上时代需要的那一部分的乐。考察春秋时期的史料，在礼制方面，基本上存在三种情况。

其一，旧的传统礼制还有相当大的市场，还被不少政治家、思想家当作判断是非的标准。拿鲁国来说，《左传》载：

> 二年春，晋侯使韩宣子来聘，且告为政而来见，礼也。观书于大史氏，见《易象》与《鲁春秋》曰："周礼尽在鲁矣，吾乃今知周公之德与周之所以王也。"（昭公二年）

虽然我们不明白《易象》与周礼究竟是什么样的关系，但"尽在鲁"的周礼则一定是周公制定的周礼无疑。鲁国十分重视这个传统，培养了一大批知礼之士，如"先大夫臧文仲教行父事君之礼"，行父就是季文子。文公六年载，"秋，季文子将聘于晋，使求遭丧之礼以行"（《左传》文公六年），这里所求的一定是古礼。同时也说明当时已有了藏之官府的礼仪条文，不然就无求可言了。还是这个季文子，曾批评齐侯说："齐侯其不免乎，己则无礼而讨于有礼者……"（《左传》文公十五年），"有礼"和"无礼"，评定的标准也一定是周礼。当时来鲁国学礼问乐的人很多，如吴国的季札来"问周乐"，齐国的晏婴在边境狩猎时，也"因入鲁问礼"（《史记·鲁世家》）。由于求学者纷纷来到鲁国，也促使鲁国更加讲求礼乐。大贵族孟僖子就"病不能相礼，乃讲学之"（《左传》昭公十四年）。这些都说明在这个时期，周礼的影响还很大，还左右着很多人的思想意识，使他们站在这一传统立场上品评人物，判断是非曲直。

其二，新的社会关系不断形成，与传统礼制发生冲突，造成了很多社会混乱现象。本来，传统的礼乐文化是为了维护宗法等级差别，并在这种差别中保证等级与权力、财富的基本一致。但随着王室的衰微，权力和财富开始在诸侯乃至卿大夫之间进行重新分配，因此，等级身份与实际拥有的权力和财富发生了分离，如"季氏富于周公"（《论语·先进》）。于是"政由方伯""礼乐征伐自大夫出""陪臣执国命"等现象相继出现。从传统的礼制看，这是不能容忍的违礼行为。但事实就是这样，连周王室为了保存住它名存实亡的虚位，也不得不在行动上作出种种让步。如《左传》僖公二十八年载："晋侯召王，以诸侯见，且使王狩。"君应臣招，屈尊前往，无疑是违背周礼的，但王室要仰仗齐桓、晋文等霸主的庇护，并求得他们在日常生活用品方面的供应，也只好这样做。可见，在这个时期，礼制是屈从于势力的，谁的势力大，谁就可以按着自己的愿望随便地改变礼。而任何人的势力又都是以经济作后盾的，因此也可以说，谁拥有雄厚的经济基础，谁就可以拥有违反传统礼制的特权。

当然，这种"违反"，也可以解释成对传统的突破。从史实看，它也的确是一种突破。但这种突破，只能理解为权力和财富的再分配。因为它并没有从根本上动摇封建的宗法等级制度本身，只是在这种形式内部的人与人之间进行了转移而已。因此，它不可能真正导致思想观念方面的变革。这个时期在有关礼的认识方面，除了对违礼加以谴责，和对某些具体的情形作些修补外，并没有产生出更多全新的礼仪形式和观念。

其三，但是，这种情况也不是绝对的，它至少启发人们对礼的作用及礼仪的形式等问题进行重新的思考。

对礼的作用的认识，如：

> 夫礼，国之纪也。(《国语·晋语》)
> 夫礼，所以整民也。(《左传》庄公二十三年)
> 夫礼，国之干也。(《左传》僖公十一年)
> 礼，政之舆也。(《左传》襄公二十一年)
> 夫礼，王之大经也。(《左传》昭公十五年)
> 礼，经国家，定社稷，序民人，利后嗣者也。(《左传》隐公十一年)

这些都是从政治的角度论礼，把礼看成立国、为政的根据。可以看出，这个时期的礼论，已较少涉及祭鬼敬神的宗教信仰内容，表明人们对礼的认识，已从殷周祭祖祭天的宗教形式中逐渐解放出来，开始用理性的目光去审视现实社会政治问题了。由于这种认识的深化，人们对礼的内容和形式问题也开始加以区分。

> 子大叔见赵简子，简子问揖让周旋之礼焉。对曰："是仪也，非礼也。"(《左传》昭公二十五年)

在传统的周礼中，"揖让周旋"是礼的重要组成部分之一。如《仪礼·觐礼》云："使者不答拜，遂执玉，三揖。至于阶，使者不让，先升，侯氏升听命，降，再拜稽首，遂升受玉。"这是讲诸侯见天子之礼，秋见曰觐。在传统的礼仪规范中，这种觐见形式尽管只是一种形式，但也是违背不得的。春秋时期，王室与诸侯之间，连这种形式也几乎不被遵守了。于是，有头脑的人开始思考礼的实质，是它的形式，还是它的功用？子大叔

第三章 仁与礼

区分礼和仪，就是对这个问题的深入探讨。他认为，"揖让周旋"只是一种形式，一个空壳子，这种没有内容的空壳子是没有什么价值的。那么，什么是礼呢？子大叔说：

> 夫礼，天之经也，地之义也，民之行也。天地之经，而民实则之。则天之明，因地之性，生其六气，用其五行。气为五味，发为五色，章为五声。淫则昏乱，民失其性，是故为礼以奉之，为六畜、五牲、三牺，以奉五味；为九文、六采、五章，以奉五色；为九歌、八风、七音、六律，以奉五声；为君臣上下，以则地义；为夫妇外内，以经二物；为父子、兄弟、姑姊、甥舅、昏媾、姻亚，以象天明；为政事、庸力、行务，以从四时；为刑罚、威狱、使民畏忌，以类其震曜杀戮；为温慈、惠和，以效天之生殖长育。民有好、恶、喜、怒、哀、乐，生于六气。是故审则宜类，以制六志。哀有哭泣，乐有歌舞，喜有施舍，怒有战斗。喜生于好，怒生于恶，是故审行信令，祸福赏罚，以制死生。生，好物也；死，恶物也。好物，乐也；恶物，哀也。哀乐不失，乃能协于天地之性，是以长久。……礼，上下之纪，天地之经纬也，民之所以生也。（《左传》昭公二十五年）

在这段议论中，子大叔谈到了作礼的依据和礼的作用等问题。他认为，礼是"则天之明，因地之性"而制作出来用以防止昏乱、防止"民失其性"的一系列规范。六畜、五牲、三牺是用来因应五味的；九文、六乐、五章是用来因应五色的；九歌、八风、七音、六律是用来因应五声的；君臣上下，依据的是地义；父子、兄弟等社会人伦关系法象的是大明；政事之类，依据的是四时；刑罚之类，依据的是天地间的震曜杀戮；温慈之

115

类，依据的是天的生生之象……因此，周旋揖让不是礼，而是一种外在的空洞仪式。真正的礼，是天地的经纬，人民生存的根据。子大叔的这种认识，在当时是相当深刻的，可以说是从哲学的意义上论证了礼的本质。

三　孔子对礼的新认识

孔子是众所周知的春秋末期的礼学大师。三十岁就因对礼的研究而在社会上享有盛名。他曾对礼学发展的历史下过一番苦功夫，并发现了其中的一些规律。他说：

> 殷因于夏礼，所损益可知也；周因于殷礼，所损益可知者。其或继周者，虽百世，可知也。（《论语·为政》）

孔子认为，礼学发展的规律就是因、损、益。但是，由于时代的久远，文献的不足，敏而好古如孔子者，也不得不发出感叹："夏礼吾能言之，杞不足征也。殷礼吾能言之，宋不足征也。文献不足故也，足则吾能征之矣。"（《论语·八佾》）不过，孔子认为周礼是"因"夏殷之礼而有所"损益"，是综合了二者的长处。因此，虽然夏殷之礼不足征，周礼还是可从的。他说："周监于二代，郁郁乎文哉，吾从周。"（《论语·八佾》）"监"，根据。意思是说，周礼是根据夏殷之礼制作出来的，何等的丰富多彩，我遵从周礼。

《论语》中涉及礼的文献凡七十五条，有不少是与赞扬、提倡和维护周礼有关的。如祭神之礼，过去天子、诸侯、大夫、士各有祭祀的范围，不允许人们超越自己的等级而乱祭。春秋时期发生了祭祀不按等级的现象，孔子对此十分不满，他说："非其鬼而祭之，谄也。"（《论语·为政》）"鬼"，一般指死去的祖先。孔子认为，不是自己应该祭祀的鬼神，却去祭祀它，这是献媚。又如："季氏旅于泰山，子谓冉有曰：'女弗能救与？'对曰：'不能。'子曰：'呜呼，曾谓泰山不如林放乎？'"（《论语·八佾》）"旅"，祭名。泰山在鲁国境内，古时天子当祭天下名山大川，诸侯则祭山川之在其境内者。季氏不过是鲁国的大夫，旅于泰山，不惟僭越于鲁侯，还僭越了周天子。因此孔子讽刺他说：难道泰山神还不如林放吗？按林放，鲁人，曾问礼的本质于孔子。上引这段话的本意是说，倘若泰山神能像林放那样聪明，它是不会接受季氏的谄祭的。又如关于告朔之礼。《论语·八佾》中载："子贡欲去告朔之饩羊。子曰：'赐，尔爱其羊，我爱其礼。'""告朔"，是古代的一种礼制，指每年秋冬之交，周天子把第二年的历书颁给诸侯。历书的内容包括这一年有无闰月，每月的初一（即朔）是哪一天等。因之叫"颁告朔"。诸侯接受了历书，藏于祖庙，每逢初一，便杀一只活羊祭于庙，然后回到朝廷听政。春秋末期，礼坏乐崩，许多诸侯并不按传统规矩办事，子贡甚至连"告朔"的"饩羊"也想免掉，于是遭到了孔子的嘲讽。又如，三年守丧之礼，也是周礼中的一项规定，孔子的弟子宰我认为，"三年之丧，期已久矣。君子三年不为礼，礼必坏；三年不为乐，乐必崩。"因而指出："旧谷既没，新谷既升，钻燧改火，期可已矣。"（《论语·阳货》）孔子因此斥之为"不仁"。

在《论语》中，上面这些嘲讽，还算是较轻的，还有一些现象是孔子所忍无可忍的。孔子谓季氏"八佾舞于庭，是可忍也，孰不可忍也？"（《论语·八佾》）"八佾"是古代天子所特用的一种音乐舞蹈形式。仅有用四佾资格的鲁大夫季氏竟然也在自己的庭院中演奏八佾之舞，孔子认为，这简直不像话到了极点。

以上这些材料，都是孔子维护周礼的证明，足见他是十分尊重传统的。不仅如此，为了纠正这种僭越非礼的行为，孔子还提出了一套"正名"的对治方法。《论语·子路》篇载：

> 子路曰："卫君待子而为政，子将奚先？"子曰："必也正名乎！"子路曰："有是哉，子之迂也！奚其正？"子曰："野哉，由也！君子于其所不知，盖阙如也。名不正，则言不顺；言不顺，则事不成；事不成，则礼乐不兴；礼乐不兴，则刑罚不中；刑罚不中，则民无所错手足。故君子名之必可言也，言之必可行也。君子于其言，无所苟而已矣。"

孔子讲"正名"，是针对卫国的现状说的，但也反映了他的一般看法。当时卫国发生了一件争夺君位的政治事件，卫国的国君灵公，不喜欢太子蒯聩，蒯聩因此逃避在外。后来卫灵公死了，卫国的君位由蒯聩的儿子辄继承。九年以后，蒯聩借晋国之兵的保护，准备回国，却遭到了辄的阻拦。"这件事比较复杂"[1]，父子二人，一个是受命的君主，一个是君主的父亲。他二人谁的做法对呢？对此，《公羊传》和《穀梁传》的看法就不相同。《公羊传》认为，"父有子，子不得有父"，辄以子拒父，是违礼。《穀梁传》认为，"其弗受，以尊王父也"，辄不接受他的父亲，是因为要遵从他祖父的命令。孔子对这个问题没有作出正面的回答，只是提出了"正名"的主张。"正名"就是正名分，孔子认为，正名分是很重要的，名分不正，人们就无法用语言指谓它，刑罚也就无法兴起，老百姓就会茫然不知所措。

---

[1] 冯友兰：《中国哲学史新编》上，人民出版社1998年版，第158页。

第三章 仁与礼

那么，如何正名呢？《论语·颜渊》篇载齐景公与孔子的对话曰：

> 齐景公问政于孔子，孔子对曰："君君，臣臣，父父，子子。"公曰："善哉！信如君不君，臣不臣，父不父，子不子，虽有粟，吾得而食诸？"

君、臣、父、子，这些不同的称谓是名。君君，即君要与自己的名分相称而有君的样子；臣臣，即臣要与自己的名分相称而有臣的样子；父父，即父要与自己的名分相称而有父的样子；子子，即子要与自己的名分相称而有子的样子。这就叫正名。可见，所谓正名，就是正等级，你在哪个等级上，就应该有与那个等级相称的名分，不然，如季氏本在鲁大夫的那个级别上，却僭用天子一级的乐舞，就是名不正。由此，我们想到了《易传》中"当位""不当位"的观念，如云："列贵贱者存乎位，齐小大者存乎卦。"（《系辞传上》）"位"是对贵贱等级地位的指谓。"当位"指的是阳爻居阳位，阴爻居阴位。"不当位"指的是阳爻居阴位，阴爻居阳位。《易传》认为，当位是好的，不当位是不好的，甚至是凶险的。其实，当位不当位，就是指的名分的正不正。当位即名实相符，名分合理；不当位即名实不符，名分不合理。孔子维护周礼，就是要维护宗法社会中的等级秩序及与之相应的等级名分。在这一点上，他是毫不让步的。哪怕是遵守一种形式，他也决不马虎。如他因为自己曾做过几天大夫，就按当时的礼制而不肯步行走路。①

---

① "颜渊死，颜路请子之车以为椁。子曰：'才不才，亦各言其子也。鲤也死，有棺而无椁。吾不徒行以为之椁。以吾从大夫之后，不可徒行也。'"（《论语·先进》）

但是，孔子对周礼也并不是一味采取顽固保守的态度。他是钻研过礼学史的人，深知"损益"的道理。对于周礼的某些方面的变革，他还是赞成的。如：

> 子曰："麻冕，礼也；今也纯，俭。吾从众。拜下，礼也；今拜乎上，泰也。虽违众，吾从下。"（《论语·子罕》）

"麻冕"是一种礼帽。按照传统的礼制，这种帽子当用麻布料织成。孔子时代的人都用丝料，这样较为节俭，孔子认为可以接受这种做法。"拜下"，指臣子对君主的行礼方式，指先在堂下磕头，然后升堂再磕头。孔子时代的人免去了堂下的磕头，直接升堂磕头。孔子认为这是不能接受的，即使违反时兴的做法，他也要照老礼儿办。可见孔子对周礼的变通是有一定的标准的，这就是，只要不违反等级制度，作些修改也未尝不可；但若违反了等级制度，那就坚决不予服从。这说明，孔子对待周礼的态度，仍然是遵从了"尊尊亲亲"的原则。当然，孔子在举贤才以及君臣关系等方面，也有不少新的认识。如孔子认为出身贫贱的学生仲弓"可使南面"（《论语·雍也》），这是与宗法制中的世卿世禄制相矛盾的。又如孔子说："邦有道，谷。邦无道，谷，耻也。"认为国家有道时可以做官拿俸禄，但国家无道时，还做官拿俸禄，就是耻辱。孟子因此称他为"可以仕则仕，可以止则止"的"圣之时者"（《孟子·公孙丑上》）。这种观点与传统的礼学也是不一致的，反映了孔子礼学的时代特色。

孔子礼学的突出特点，是他对礼的本质的论述和纳仁于礼。《论语·八佾》中载林放问礼的本质，孔子回答说：

> 大哉问！礼，与其奢也，宁俭；丧，与其易也，宁戚。

这段话的意思是说,就一般的礼而言,与其铺张浪费,宁可朴素俭约;就丧礼说,与其仪文周到,宁可尽情悲哀。可见,孔子是不太重视面面俱到的礼仪形式的。这说明,礼的本质,并不是礼的具体操作形式,而是礼所要达到的目的。如果仅仅局限于形式,就不符合礼的本来意义了。所以孔子说:"礼云礼云,玉帛云乎哉!乐云乐云,钟鼓云乎哉!"(《论语·阳货》)基于这种认识,孔子提出了"绘事后素"说。

> 子夏问曰:"'巧笑倩兮,美目盼兮,素以为绚兮',何谓也?"子曰:"绘事后素。"曰:"礼后乎?"子曰:"起予者商也,始可与言《诗》已矣。"(《论语·八佾》)

"巧笑倩兮,美目盼兮,素以为绚兮"几句诗,引自《诗经·卫风·硕人》,本意是说漂亮的脸笑起来多么美,黑白分明的眼睛流转得多么媚,洁白的底子上画着花卉。[①] 孔子把这几句诗理解为"绘事后素"。"绘事"指作画,"素"指白色的底子,"绚"指文采。意指绘画要以白色的底子为基础。子夏由此悟出"礼后"的道理,得到了孔子的肯定,说明礼作为一种仪式(绚),是有其前提和基础的(素)。对于两者的关系,孔子常常用"质"与"文"这对范畴来诠释。他说:

> 质胜文则野,文胜质则史。文质彬彬,然后君子。(《论语·雍也》)

"质"就是上文所说的"素","文"就是上文所说的"绚",即

---

① 译文参见朱伯崑《先秦伦理学概论》,北京大学出版社1984年版,第26页。

礼节仪式。孔子认为，朴实的方面表现得太多，没有礼仪文采约束，就未免显得粗野；礼仪文采的方面表现得太多，没有朴实的基础，就未免显得虚浮。只有把二者合理地结合起来，才能成为一个君子。《论语·颜渊》中载：

> 棘子成曰："君子质而已矣，何以文为？"子贡曰："惜乎！夫子之说君子也。驷不及舌。文犹质也，质犹文也。虎豹之鞟犹犬羊之鞟。"

"鞟"即皮革。这段话的意思是说，礼仪形式和朴实的基础这两个方面，对君子来说都是不可或缺的，就好比兽皮一样，如果把两张皮的毛全拔去，就分不出哪张是虎豹的皮，哪张是犬羊的皮了。因此，对一个人来说，美好的素质和合理的行为都是不可偏废的。孔子提出礼的本质和礼的形式及二者的统一问题，是有其合理性的。沿着这条思路深入下去，孔子对传统礼学进行了深刻的加工，这就是纳仁于礼。《颜渊》篇载颜氏问仁，孔子对曰：

> 颜渊问仁。子曰："克己复礼为仁。一日克己复礼，天下归仁焉。为仁由己，而由人乎哉！"颜渊曰："请问其目。"子曰："非礼勿视，非礼勿听，非礼勿言，非礼勿动。"

《论语》中八载弟子问仁于孔子，孔子的回答均是对症救偏之辞。颜氏在孔门诸弟子中最为出色，居于陋巷，箪食瓢饮，不改其乐。孔子称他"三月不违仁"，可以说在"质"的方面是没有什么问题的了。但孔子怕他质多文寡，所以叫他从"非礼勿视，非礼勿听，非礼勿言，非礼勿动"这四个方面下功夫，以达到质与文的内在统一。在这里，孔子实际上解决了两个问题，即把什么作为礼的本质，和行礼的自觉性问题。孔子认为，礼的本质就是仁。在前引林放问礼的本质的对话中，孔子曾说"丧，与其易也，宁戚"。"戚"者，悲哀之意。丧葬中的悲哀均发乎亲亲之情和爱人之心。在这种礼仪中，孔子认为与其仪式周到，不如确实打心眼儿里很悲痛，说明礼节仪式是不如亲亲之情即仁爱之心更重要的。亲亲之情是宗法血缘的必然产物，但如果人们都一味地拘泥于亲亲之情，那社会也将不成其为社会。所以必须由礼来调和它，节制它。礼是用来让人们以合理的方式抒发亲情的一种节文，它的基础是血缘亲情，它的产生是由于血缘亲情的厚薄远近关系，"亲亲之杀，尊贤之等，礼所生也"（《礼记·中庸》）。用"绘事后素"和"文质彬彬"的说法形容之，则血缘亲情是素、是质；调和它的礼是绚、是文。孔子说"人而不仁如礼何"，讲的就是文而无质。文而无质，文也就成了空洞的文；礼而不仁，礼也就成了形式的礼。所以礼必须牢固地建立在亲亲的基础之上，宁"戚"不"易"。

由于仁是礼的本质，而"为仁由己"，所以行礼的自觉性问题也就不言而喻了。这就是孔子把礼的本质与礼的自觉性二者统一于仁的妙用。既解决了人的行为（礼）的根据，又解决了人的行为的动力（由己）。只要人们在这两方面勤下功夫，因于仁而合于礼，就能在社会上站住脚，这是孔子仁学的最终目的——立人。

> 不学礼，无以立。（《论语·季氏》）
> 兴于诗，立于礼，成于乐。（《论语·泰伯》）
> 不知礼，无以立也。（《论语·尧曰》）

"立"就是在社会上站住脚。这是孔子区别于春秋时期其他思想家如子产之流的一个显著特点。后者讲礼,重点在经国家,序人民;孔子讲礼,重点在做人。当然,孔子的礼学,政治色彩也还不少,但当礼与仁结合在一起以后,礼的价值便与人的价值统一起来了。因此,它实际上是指人以正当的名分,在社会上找到合理的位置,而与社会和谐一致。从这个意义上说,仁与礼的统一,就是人与社会的统一。

孔子人与社会统一的思想,是对周公"尊尊亲亲"思想的重大发展。如前所述,由于周公对天命思想的怀疑,使他的致思重点开始由神向人倾斜,"尊尊亲亲"是他倾斜的方向和原则。但是,在周公那里,"尊尊亲亲"的思维模式,仍然笼罩着神秘的宗教色彩,如他把地上的王说成天子,实际上是用天作"尊尊"的最后根据。在这种宗教氛围中,人伦与社会的统一是靠神灵来完成的。而在孔子这里,这种宗教色彩就完全消失了。孔子的"尊尊"是纯然的社会等级中的尊尊;孔子的"亲亲",也是纯粹的社会等级中的亲亲。从认识论上讲,我们可以把它叫作理性思维的净化。即在思维图式中剔除了宗教神秘因素,综合了现实社会因素,达成了一种新型的人与社会的关系。这种思维的发展图式是:

| 由天帝而来的政治 | 天
尊尊
等级
社会
礼 | 由祖德而来的伦理 | 祖
亲亲
血缘
人伦
仁 |

第三章　仁与礼

```
必│              │必
然│              │然
性↓             ↓性
```

四　孟、荀对礼的新发展

孔子之后，儒学发生了分化，各派学者根据自己对孔子思想的理解，重点发展了孔子思想的某一个方面。思孟一派的学者重点发挥了孔子的仁学思想，对礼的论述则显得比较单薄。如孟子曾直言不讳地说："诸侯之礼，吾未之学也。"（《孟子·滕文公上》）因此，在《孟子》一书中，他侈谈仁政，却很少言礼。但这并不是说孟子对礼没有思考，他对礼的认识有两点值得注意：一是礼与心的关系，一是经与权的关系。关于礼与心的关系，孟子指出：

> 辞让之心，礼之端也。（《孟子·公孙丑上》）
> 恭敬之心，礼也。（《孟子·告子上》）
> 仁义礼智，非由外铄我也，我固有之也，弗思耳矣。（《孟子·告子上》）
> 仁义礼智根于心。（《孟子·尽心上》）

孟子认为，礼是人心固有的至善的本性之一，它不是外在的规范，也不是从外部强加于人的东西，而是植根于人心的，只要人能把这个"根"扩而充之，就能在社会中合乎规范地生活。孟子的礼论是与他的人性论和仁政思想分不开的，是他的人性论和仁政思想的组成部分。孔子结合仁与礼，使人与社会的关系在主体的自我修养（克己）中达到了统一。孟子又进一步，把这种统一的根据具体地落实到人的良知良能——心中，从而建立了仁礼统一的实践基础。关于此点，在性论一节中我们将深入讨论。

关于经与权的关系，《孟子》载：

> 淳于髡曰："男女授受不亲，礼与？"孟子曰："礼也。"曰："嫂溺，则援之以手乎？"曰："嫂溺不援，是豺狼也。男女授受不亲，礼也；嫂溺援之以手者，权也。"（《离娄上》）

孟子认为，男女之间不亲自接递东西，这是礼的规定，但当嫂子失足落水时，就必须伸手去拉，这是权。如果这个时候仍固守礼制，不去伸手救人，便与禽兽无异了。这说明，在做人方面，照礼行事，有时还不是最根本的，最根本的是爱人。这一点是与孔子的仁学思想一脉相通的。又如孟子以舜"不告而娶"为大孝：

> 万章问曰："《诗》云：'娶妻如之何？必告父母。'信斯言也，宜莫如舜。舜之不告而娶，何也？"孟子曰："告则不得娶。男女居室，人之大伦也。如告则废人之大伦，以怼父母。是以不告也。"（《孟子·万章上》）

"怼"，怨。按照传统的礼制，婚姻之事，必须遵从父母之命，才算合礼。但孟子认为，舜之父暴虐，母顽嚣，常存害舜的心。如果告而后娶，必不得娶。不告而娶，虽然于礼制有所不符，却成全了人伦之道，避免了"无后"的大不孝，是完全可以理解的。

孟子的经权论，是孔子礼学的深化和明确化。孔子在当时

第三章　仁与礼

的情况下，在某些方面已表现出了变通的思想，如"麻冕，礼也；今也纯，俭，吾从众"。但孔子只是开了个变通的端始，还没有从理论上进行解释。孟子的经权论，是他的性善论的逻辑展开，其所权变的，往往是与人的爱心相符合的东西。从这个意义上说，孟子虽然谈礼的话不多，但较孔子还是有所发展的。这主要得益于他对人之自身认识的深化和思维水平的提高。

孔子之后，在礼学方面最有研究的要数荀子。与孟子重点发展了孔子的仁学思想不同，荀子则重点发展了孔子的礼学思想。与孔孟的礼学思想相比，荀子的礼学有如下一些特点。第一，关于礼的产生问题。孔子认为礼源于"亲亲之杀，尊贤之等"，即源于差等之爱和宗法等级。荀子并不反对它们之间的关系，如曰："礼者，贵贱有等，长幼有差，贫富轻重皆有称者也。"（《荀子·富国》）但荀子认为这些等级，是礼所应该维护的东西，而不是礼的源原。什么是礼的起源呢？他说：

> 礼起于何也？曰：人生而有欲，欲而不得，则不能无求，求而无度量分界，则不能不争。争则乱，乱则穷。先王恶其乱也，故制礼义以分之，以养人之欲，给人之求。使欲必不穷乎物，物必不屈于欲，两者相持而长，是礼之所起也。（《荀子·礼论》）

> 势位齐，而欲恶同，物不能澹则必争，争则必乱，乱则穷矣。先王恶其乱也，故制礼义以分之，使有贫富贵贱之等，足以相兼临者，是养天下之本也。（《荀子·王制》）

这是说，礼源于人们的欲望纷争，由于人们有欲望，有纷争，所以必须用礼来规范，以使人群达成一个合理的存在形式。荀子的这一认识，较之孔子是有所进步的，他从社会的形成过程论礼，虽然个别说法（如"先王恶其乱"）还显得偏颇，但思维路线还是比较正确的。如曰："百技所成，所以养一人也。而能不能兼技，人不能兼官，离居不相待则穷，群而无分则争。穷者患也，争者祸也。救患除祸，则莫若明分使群矣。"（《荀子·富国》）礼是避免纷争的，而"制礼以分之"的结果是"明分使群"，即人的社会分工与合作。这无疑是说礼的起源与人的分工合作有密切关系。"明分使群"是人类特有的存在方式，荀子沿着这一思路，论证了人之为人的本质。他说：

> 人之所以为人者，何已也？曰：以其有辨也。饥而欲食，寒而欲暖，劳而欲息，好利而恶害，是人之所生而有也，是无待而然者也，是禹、桀之所同也。然则人之所以为人者，非特以二足而无毛也，以其有辨也。今夫狌狌形笑，亦二足而无毛也，然而君子啜其羹，食其胾。故人之所以为人者，非特以其二足而无毛也，以其有辨也。夫禽兽有父子而无父子之亲，有牝牡而无男女之别。故人道莫不有辨，辨莫大于分，分莫大于礼，礼莫大于圣王。（《荀子·非相》）

人之所以为人，在于人的能分、能辩，在于人的讲礼、行礼，以礼规范社会。这实际上等于是说，人之所以为人，在于人的伦理性（有亲），在于人的社会性（能分），在于人的理性（能辩），而不在于人的生理欲望等自然性。这是十分了不起的观点。

第二，基于以上的认识，荀子对礼的作用的论述也很有特色。他说：

第三章　仁与礼

　　礼者，治辨之极也，强国之本也，威行之道也，功名之总也。王公由之，所以得天下也；不由，所以陨社稷也。故坚甲利兵不足以为胜，高城深池不足以为固，严令繁刑不足以为威，由其道则行，不由其道则废。(《荀子·议兵》)

　　故绳者，直之至；衡者，平之至；规矩者，方圆之至；礼者，人道之极也。然而不法礼，不足礼，谓之无方之民；法礼，足礼，谓之有方之士。礼之中焉能思索，谓之能虑；礼之中焉能勿易，谓之能固；能虑能固，加好之者焉，斯圣人矣。(《荀子·礼论》)

"极"，最高。"不足礼"，不重视礼。"无方"，不走正道。"勿易"，不变。荀子认为，礼是治理国家的总纲，同时又是人之行为的规矩和做人的根本原则。他用"表"形容礼说："水行者表深，使人无陷；治民者表乱，使人无失。礼者，其表也，先王以礼表天下之乱，今废礼者，是去表也。"(《荀子·大略》)"表"，标志。在荀子看来，礼就是先王为老百姓立的把握份位的标志。孔子曾经提出"立"的问题，说"不学礼，无以立"。为什么不学礼就不能立？荀子的论述可以说是作出了回答。这是对孔子礼论的丰富和发展。与孟子把"为仁由己"的主观自觉性彻底化和扩大化，把人与社会的统一根植于人心不同，荀子是把孔子思想中的社会性的一面给彻底化，把人与社会的统一给植根于社会的存在方式之中了。

　　第三，礼与法。荀子虽然生在赵国，但十六岁就求学稷下，后来又三为祭酒，吸收了当时各家思想的精华，尤其是法家关于法的思想。他常常礼法连称，礼法并举，这是孔孟之所无，而为荀子所特有的。

> 隆礼至法则国有常。(《荀子·君道》)
>
> 治之经，礼与刑。(《荀子·成相》)
>
> 礼义者，治之始也。(《荀子·王制》)
>
> 法者，治之端也。(《荀子·君道》)
>
> 君人者，隆礼尊贤而王，重法爱民而霸，好利多诈而危。(《荀子·大略》)

这是讲礼法各自的作用。荀子所说的法，主要指法度、法制。他说："故圣人化性而起伪，伪起而生礼义，礼义生而制法度。"(《荀子·性恶》) 从这段话看，荀子是认为礼比法更根本的。如说"隆礼，虽未明，法士也"(《荀子·劝学》)，是说人们只要爱好礼仪，其行为自然合法。在这里，荀子吸收法家关于法的思想，是为了丰富礼的规范性作用。

第四，对与宗教活动有关的礼的新认识。在古代礼仪中，有很大一部分内容是与祭祀活动有关的。荀子并不否认这一事实，他说："礼有三本：天地者，生之本也；先祖者，类之本也；君师者，治之本也。……故礼上事天，下事地，尊先祖而隆君师，是礼之三本也。"(《荀子·礼论》) 在这三本中，事天、事地、尊祖都与祭祀活动有关。但荀子并不把它们看得很神秘，如他指出："雩而雨，何也？曰：无何也，犹不雩而雨也。日月食而救之，天旱而雩，卜筮然后决大事，非以为得求也，以文之也。故君子以为文，而百姓以为神。"(《荀子·天论》) 雩是一种求雨的方式。在荀子看来，下雨不是靠雩求来的，出现了怪异的自然现象而行祭祀，或卜筮以决大事，并不是因为这样做能得到想要的东西，不过是一种文饰罢了。老百姓不懂得这层道理，才误以为是神事。他又说："祭者，志意思慕之情也，忠信爱敬之至矣，礼节文貌之盛矣。苟非圣人，莫之能知也。圣人明知之，士君子安行之，官人以为守，百姓以成俗。其在君子，以为人道也；其在百姓，以为鬼事也。"(《荀子·礼论》)祭祀祖先只是借以寄托哀思罢了，这是人道，并不是真有什么鬼。可见，荀子对与宗教活动有关的礼仪活动的认识是十分理性的，是对孔子思想中理性主义成分的彻底化。

先秦礼学发展到荀子，达到了顶峰，荀子的礼学，把孔子礼学中的理性主义贯彻到底，避免了孟子的主观唯心主义倾向，影响了中国政治思想二千余年。

第四章
性与命

战国是春秋时期各种复杂社会派别间斗争的继续。由于铁器的使用，生产力得以长足发展，更加破坏了春秋时期业已老化的生产关系和上层建筑。适应这种变化，各国兴起变法之风，魏用李悝为相，楚用吴起为令尹，秦用商鞅为左庶长……形成了一个变革的时代潮流和一种轰轰烈烈的发展趋势。这些国家也在这场大兼并战中脱颖而出。春秋以来社会上出现的新势力与旧势力的斗争因此渐渐也见出了分晓。与这种社会政治形势的巨变相适应，在思想界也展开了百家争鸣，许多思想家出于本阶级的立场，限于本人的知识结构和认识水平，都从自以为合理的角度对时代提出了种种预测和展望。这个时期的哲学也沿着春秋时期展开的思路，走到了它的时代顶峰。就儒家哲学而言，最能表现这个顶峰的是"性"与"命"这对范畴。

第一节　人性自觉

一　生与性

性字，不见于甲骨文和金文。《尚书》中性字二见：

第四章 性与命

> 非先王不相我后人，惟王淫戏用自绝。故天弃我，不有康食。不虞天性，不迪率典。(《西伯戡黎》)
>
> 王先服殷御事，比介于我有周御事。节性，惟日其迈。王敬作所，不可不敬德。(《召诰》)

"虞"，度。"不虞天性"，有人解释为不考虑天的性情。① 这种理解是否反映了《尚书》的本意，还有待进一步的研究。"节性"，傅斯年引《吕氏春秋·重己》的话："……五者圣王之所以养性也，非好俭而恶费也，节乎性也"，证明"节性"是节生、养生的意思。②

《诗经》三百篇，性字仅三见，并出现在同一首诗中。《诗经·大雅·卷阿》曰：

> 伴奂尔游矣，
> 优游尔休矣。
> 岂弟君子，
> 俾尔弥尔性，
> 似先公酋矣。
> 尔土宇昄章，
> 亦孔之厚矣。
> 岂弟君子，
> 俾尔弥尔性，
> 百神尔主矣。
> 尔受命长矣，

---

① 王世舜、王翠叶译注：《尚书》，中华书局2012年版，第129页。
② 傅斯年：《性命古训辨证》，广西师范大学出版社2006年版，第28页。

> 茀禄尔康矣。
> 岂弟君子,
> 俾尔弥尔性,
> 纯嘏尔常矣。

据说这首诗是周王出游卷阿时,诗人(或谓即召康公)陈诗答王的歌。①"岂弟",和气,亲近貌。"岂弟君子",即和气可近的君子。"俾",使。"尔",指王。"弥",终,尽。"性",傅斯年引金文"永令弥厥生,万年无疆"的材料,训性为生。傅先生指出:"此章本为祝福之语,所谓'俾尔弥尔性'者,即谓俾尔终尔之一生,性固不可终,则此处之性字必为生字明矣。"傅斯年更参之以徐中舒《金文嘏辞释例》,断言:"从此可知弥生即长生,从此可知《诗三百》中不特无论性之哲学如阮氏所附会者,即性之一字本亦无之也。"②傅斯年先生的这一说法是可信的。"俾尔弥尔性"即你的生命会长久。性指生命。

《左传》《国语》中性字多见。傅斯年考察认为:"《左传》、《国语》中之性字,多数原是生字,即以为全数原为生字,亦无不可也。从此可知性之一观念在《左传》、《国语》时代始渐渐出来,犹未完全成立,至于性之一字,彼时绝无之,后世传写始以意加心字偏旁,而所加多不惬当。"③傅斯年此说极具启发意义,颇有道理,但也未免绝对。例如:

> 今宫室崇侈,民力凋尽,怨讟并作,莫保其性。(《左传》昭公八年)

---

① 程俊英译注:《诗经译注》,上海古籍出版社1985年版,第549页。
② 傅斯年:《性命古训辨证》,广西师范大学出版社2006年版,第34、35页。
③ 傅斯年:《性命古训辨证》,广西师范大学出版社2006年版,第44页。

第四章 性与命

> 吾闻抚民者，节用于内，而树德于外，民乐其性，而无寇仇。(《左传》昭公十九年)
>
> 夫小人之性，衅于勇，啬于祸，以足其性而求名焉者，非国家之利也。(《左传》襄公二十六年)
>
> ……

依傅斯年的看法，上面三条材料中的性字，应该作生解。当然，在这几句话中，训性为生，未尝不可以读通。尤其是前两例，作生解似乎更妥当。但这是否意味着性字的产生原本就与生字的关系极为密切、有着相通之处呢？如第三例中的性字，作生解可，作本能欲望意义上的性解也未尝不可。"足其生"应当是指满足其生存需要。人的生存需要往往与人的生存欲望密切相关，而人的生存欲望也可以说就是人的食色之性。又如：

> 天生民而立之君，使司牧之，勿使失性。……天之爱民甚矣。岂其使一人肆于民上，以从其淫，而弃天地之性。必不然矣。(《左传》襄公十四年)
>
> 夫礼，天之经也，地之义也，民之行也。天地之经，而民实则之。则天之明，因地之性，生其六气，用其五行。……民有好、恶、喜、怒、哀、乐，生于六气……哀乐不失，乃能协于天地之性，是以长久。(《左传》昭公二十五年)

傅斯年引《周易·系辞传》"天地之大德曰生"，释"天地之性"为"天地之生"。其实，如果考虑到生性二字的同源性和相通性，作生作性都说得过去。不过如果细细体会，似乎作性更接近原意。因为生字多是就发生的意义而言的，性字则多是就发生时所禀赋的材质而言的。拿"则天之明，因地之性，生其六气，用其五行"这几句话来说，"六气"，杜注"谓阴、阳、风、雨、晦、明"，可见"六气"指的是"天之明"；"五行"即金、木、水、火、土。《国语·鲁语》曰"地之五行，所以生殖"，《左传》昭公三十二年"……故天有三辰，地有五行"，可见"五行"指的是"地之性"。这个性字，显然是指地的生殖本性。而且，"好恶喜怒哀乐"在汉代被称为六情，以与五性对应，也说明"天地之性"的性作本性解更为适宜。

生与性的同源性和相通性说明，人们起初是从发生学的意义上来认识人的本性问题的。就发生言，谓之生（引申为生存、养生），就生而具有的材质言，谓之性。如孔子曰："性相近也，习相远也。"意思是说，人们刚刚生下来时彼此禀受的天赋材质是没有什么差别的，只是由于环境和习染的不同，才造成了各自的差别。这种认识，有一定的合理性，看到了人与人之间所具有的同一性（性相近）。但这个同一性是什么，孔子没有进一步说明。子贡说："夫子之言性与天道，不可得而闻也。"（《论语·公冶长》）大概就是抱怨孔子没有把这个人所共有的同一性讲出来吧。不过，从子贡的话中我们似乎可以体会到，这个时期，在悄悄地兴起着一股论性的思潮。不然，子贡就不会暴露这种遗憾了。

二 世硕等人的人性论

的确是这样，孔子之后，出现了一批以讨论人性而著名的人物，如世硕、宓子贱、漆雕开等。他们的材料部分地保留在《孟子》一书中。《告子上》引孟子的弟子公都子的话说：

公都子曰："告子曰：'性无善无不善也。'或曰：'性可以为善，可以为不善，是故文武兴则民为善，幽厉兴则民好暴。'或曰：'有性善，有性不善，是故以尧为君而有象，以瞽瞍为父而有舜，以纣为兄之子且以为君，而有微子启、王子比干。'今曰'性善'，然则彼皆非与？"

公都子话中的"或曰"指的是谁，《孟子》书中没有说明，东汉人王充所著《论衡·本性篇》中的一段记载弥补了这一不足。其曰：

周人世硕，以为人性有善有恶，举人之善性，养而致之则善长；恶性，养而致之则恶长。如此则性各有阴阳，善恶在所养焉。故世子作《养书》一篇。宓子贱、漆雕开、公孙尼子之徒，亦论情性，与世子相出入，皆言性有善有恶。

按照王充的说法，公都子话中的第一个"或曰"，可能是指世硕；第二个"或曰"，可能是指宓子贱、漆雕开等人。据《汉书·艺文志》记载，世硕："世子二十一篇，名硕，陈人也，七十子之弟子。"宓子贱："宓子十六篇，名不齐，字子贱，孔子弟子。"漆雕开："漆雕子十三篇，孔子弟子漆雕启后。"公孙尼子："公孙尼子二十八篇，七十子之弟子。"《论衡》与《汉书》的记载，可信程度有多大，尚无法确知。但这至少说明，孔子之后，在分化了的儒家诸派中，曾经展开过对人性的讨论。

世硕认为，人的本性，可以使它善良，也可以使它不善良。周文王、周武王当政，老百姓就趋向善良；周幽王、周厉王当政，老百姓就趋向横暴。这是说，人既有向善的可能性，也有向恶的可能性，关键在于是什么样的统治者引导他们。可见，世硕并不承认善恶是与生俱来的东西，人们向善、向恶的主要根据是主体之外的社会政治环境和君王的榜样教化。

与世硕的看法不同,宓子贱等人认为,有些人本性善良,有些人本性不善良。以尧这样的圣人为君,却也有像这种不好的兄弟;以瞽叟这样恶毒的人为父,却也有舜这样的好儿子;以纣这样残暴的侄儿为君王,却也有微子启、王子比干这样仁义的王叔。这是说,人或善良,或不善良,是本性固有,与生俱来的。有人天生善良,有人天生不善良。但这种天生,又不是出于遗传,因此,即使像父子这样的血缘关系,也可以本性不同。这种观点,看到了人与人之间的差别性,可以说是对世硕把人性的善恶全部归咎于政治环境作用的观点的纠正。但它也走向了另一个极端,即把人与人的差别归之于人的天生固有,这同样是片面的。

世硕等人,《汉书》记为孔门后学,他们对人性的论述,反映了孔子之后、孟子之前,儒家内部对人性问题的关注与观点。虽然他们的看法有所不同,但都是对孔子人性论的发展。孔子提出了人性的问题,却没有给人性一个确定的说法。世硕等人从善、恶两个方面对人性展开研究,说明他们已经认识到了人性的价值及其与社会道德伦理之间的关系。尽管他们各自的结论都很片面,但他们所开拓的人性研究的方向,却是影响深远的。可以说自此之后,中国历代思想家讨论人性问题,都基本上没有摆脱"善恶"的思维模式。

以善恶论人性,反映了人们对自我认识的不断深化。孔子透过仁礼范畴,主张人与社会的统一,统一的前提是人的自觉,即"为仁由己"和"克己复礼"。但孔子并没有回答"为仁由己"和"克己复礼"是如何可能的问题。换句话说,孔子所强调的这个"己"究竟是个什么性质的"己"?它有没有"为仁""复礼"的内在质素?人性论的研究实际上就是要回答这个问题。世硕认为，人的本性有向善、向恶的两种可能性，发展哪一种可能性，要看当政者是一个什么样的人。这是把人能否"为仁""复礼"的根据交给了统治者的教化。宓子贱等人认为，善恶是与生俱有的东西，有的人天生而善，有的人天生而恶，不以环境和统治者的好坏为转移。这是把人能否"为仁""复礼"的根据交给了人的天赋。世硕和宓子贱等人对社会善恶现象之根据的这种揭示，发展了孔子对人的认识，同时也在一定程度上背离了孔子的原意，尤其是宓子贱等人的观点。孔子主张"性相近"，强调的是人生之性的同一性，宓子贱主张或善或恶与生俱有，强调的则是人性中的差别性。后来孟子从人与动物的区别，人的类的意义上研讨人性，才又避免了这种差别性，而回到了孔子的同一性。

这个时期，因讨论人性而著名的学者还有告子。告子主张"生之谓性"，认为人性好比杞柳，仁义好比杯盘，把人的本性纳于仁义，就好比用杞柳制成杯盘。他又拿水作比喻，认为人性好比急流的水，从东方开缺口，便向东方流；从西方开缺口，便向西方流。他因此得出结论说，人性本来没有善恶的分别，就像水没有东流西流的固定方向一样。他还提出"仁内义外"说，指出"仁，内也，非外也；义，外也，非内也"（《孟子·告子上》）。什么是"仁内"呢？他解释道："吾弟则爱之，秦人之弟则不爱也，是以我为悦者也。故谓之内。"意思是说，我的弟弟，我便爱他，秦国人的弟弟，我便不爱，这是因为我们之间的关系决定了我甘愿这样做。我爱我的弟弟，出于我的本心，所以，仁是内在于我的。所谓"义外"，告子解释说："长楚人之长，亦长吾之长，是以长为悦者也，故谓之外也。"这里的第一个长字作动词，谓尊敬长者。意思是说，我尊敬楚人的长辈，也尊敬我的长辈，因为他们都年长，我才尊敬他们，这种尊敬，不是由于我的内心，而是由于对象之长，所以义是外在的。综合告子的论述，可以发现，告子对人性的认识，有两方面内容，一是"生之谓性"，无所谓善恶；一是"仁内义外"。"生之谓性"说有些类似于世硕的观点，告子以水为喻，指出"决诸东方则东流，决诸西方则西流"，实际上也是强调了客观引导的重要作用。但告子把仁德等看作和食色一样的东西，属于人的本性，如曰："食色，性也；仁，内也。"这是世硕所没有的。告子把仁与吃饭穿衣的本能混同为一，属于自然人性论。孟子就是抓住告子的这一弱点来反驳告子的。

三　孟子对告子的批判

孟子是战国时期讨论人性问题的大家，他分析了在他之前和与他同时的诸家的观点，尤其批判了告子的学说，在此基础上，建立了自己的性善论。孟子对告子的批判主要集中在"生之谓性"和"仁内义外"两个方面。《孟子·告子上》载：

> 孟子曰："生之谓性也，犹白之谓白与？"曰："然。""白羽之白也，犹白雪之白；白雪之白，犹白玉之白与？"曰："然。""然则犬之性，犹牛之性；牛之性，犹人之性与？"

在孟子看来，告子所谓的"生之谓性"，就好比把所有白的东西都用"白"来概括一样，这样就必然推导出白羽之白，白雪之白，白玉之白，它们在性质方面是没有差别的结论。拿有生命的东西来说，又可以推出犬之性、牛之性和人之性没有差别的结论。《告子》篇中没有记载告子对孟子的批评是否有不同的辩解，但很显然孟子对告子的批评是偷换命题式的机巧之语，在逻辑上是有问题的，即把各类事物所具有的各自的本质混同于不同事物所具有的共同现象。不过他反对告子混淆人性与兽性的区别，强调人有自己的特性，却是认识史上的一大进步。孟子指出："人之异于禽兽者几希！庶民去之，君子存之。"（《孟子·离娄下》）意思是说，人与禽兽的区别就那么一点点，在很多方面，人与动物是相同的。但这种相同的方面，为人兽所共有，不足以作为人之为人的本质属性。而告子主张"食色性也"，恰恰是把这不足以区分人兽，不足以作为人之为人的本质属性的一面，当成了人的本性。孟子说：

> 人之有道也，饱食、暖衣、逸居而无教，则近于禽兽。圣人有忧之，使契为司徒，教以人伦：父子有亲，君臣有义，夫妇有别，长幼有序，朋友有信。（《孟子·滕文公上》）

这是说，人如果只知道穿衣吃饭睡觉，凭自己的本能来生活，那就与动物没有区别了，而人之所以不同于动物，在于有人伦，即"父子有亲，君臣有义，夫妇有别，长幼有序，朋友有信"。他又说：

> 岂惟民哉？麒麟之于走兽，凤凰之于飞鸟，泰山之于丘垤，河海之于行潦，类也。圣人之于民，亦类也。出乎其类，拔乎其萃，自生民以来，未有盛于孔子也。（《孟子·公孙丑上》）

这里虽然把孔子吹得极高，但他在这里提出"类"的概念，对人类自我的自觉持十分鲜明的立场。同时把圣人与人看作一个类，有别于非人，的确是关于人的极有价值的认识。

告子为了论证"生之谓性"，曾以杞柳作比喻，认为仁义与人性不是一个东西，仁义如同杯棬一样，是矫揉本性而成，非本性所固有。孟子批驳说："子能顺杞柳之性而以为杯棬乎？将戕贼杞柳而后以为杯棬也？如将戕贼杞柳而以为杯棬，则亦将戕贼人以为仁义与？率天下之人而祸仁义者，必子之言夫。"（《孟子·告子上》）在孟子看来，杯棬乃是顺着杞柳之性制成的，同样，仁义也不是从外部强加给人以戕贼人的，而是人的本性中所固有的。因此，要像顺杞柳之性制杯棬一样，顺人之性来扩充仁义之端。

告子又以水为喻，证明生之谓性，本无善恶。他认为："性犹湍水也，决诸东方则东流，决诸西方则西流。人性之无分于善不善也，犹水之无分于东西也。"孟子反驳说："水信无分于东西，无分于上下乎？人性之善也，犹水之就下也。人无有不善，水无有不下。今夫水，搏而跃之，可使过颡；激而行之，可使在山。是岂水之性哉？其势则然也。人之可使为不善，其性亦犹是也。"（《孟子·告子上》）意思是说，人性本善，就如同水往低处流的本性一样。有些人作恶，与人的本性没有关系，就如同水流遇阻而上行一样，那并不是水性如此，乃是"其势然也"。因此，孟子说："乃若性情，则可以为善矣，乃所谓善也。若夫为不善，非才之罪也。"（《孟子·告子上》）"若"，顺。"情"，戴震谓："情犹素也，实也。""才"，谓材质。意思是说，顺从人的天生的资质，就可以为善，这就是人性本善。至于人的不善，与人天生本有的材质无关。他举例说："富岁，子弟多赖；凶岁，子弟多暴，非天之降才尔殊也，其所以陷溺其心者然也。今夫麰麦，播种而耰之，其地同，树之时又同，浡然而生，至于日至之时，皆熟矣。虽有不同，则地有肥硗，雨露之养，人事之不齐也。"（《孟子·告子上》）这是说，人的材质与麦种一样，其本质没有什么区别，丰歉的不同，是因为

第四章　性与命

地有肥硗，雨露之养，人事之不齐造成的。在这里，孟子把人的不善归咎于后天的环境。

孟子对告子"仁内义外"说的批判，也是基于他的人性善的认识。如前所述，告子认为仁就像我爱我的弟弟一样，出于本心，是内在的。义就像我尊敬长辈一样，是由于对象年长，是外在的。他解释道："彼长而我长之，非有长于我也；犹彼白而我白之，从其白于外也，故谓之外也。"（《孟子·告子上》）意思是说，因为他年纪大，于是我去恭敬他，恭敬之心不是我所固有的，就好比外物是白的，我就认它为白色之物一样，原因都在外物的身上。所以，义这种德行是从外面来的。孟子批驳道：

> 异于白马之白也，无以异于白人之白也；不识长马之长也，无以异于长人之长与？且谓长者义乎，长之者义乎？（《孟子·告子上》）

孟子认为，白马的白与白人的白固然没有区别，但长马之长与长人之长则是不同的。义是对人而言的，不是对马而言的。按照告子"义外"的逻辑，因对象的年长而尊敬它，岂不是连年长的老马也要尊敬了吗？因此，义不是在长者的身上，而是在"长之者"的心上。孟子举例说，喜欢吃秦国人的烧肉，和喜欢吃自己做的烧肉没有不同，都是本于自己的味觉。岂能说喜欢吃烧肉的心也是外在的吗？各类事物也都是这个道理。敬长的心同人的味觉一样，是内在于人的。可见，孟子是把义当作主体本具的东西的。

关于这个问题，《告子上》中记有孟子的弟子公都子与告子一派的孟季子（生平不详）的一次争论，颇有意思，转引大意于下：

> 孟季子问公都子："为什么说义是内在的东西？"

公都子回答说:"恭敬的行为是从我心发出的,所以说是内在的东西。"

孟季子问:"本乡人比大哥大一岁,那你恭敬谁呢?"

"恭敬自己的哥哥。"

"如果他们在一块饮酒,先给谁斟酒?"

"当然是先给本乡的长者斟酒了。"

孟季子道:"你心里所恭敬的是你的哥哥,你所行的却在本乡的长者身上,可见义是外在的东西,不是由内心发出的。"

公都子被问得张口结舌,只好求助于自己的老师孟子。孟子告诉他说:"你可以问他'恭敬叔叔呢?还是恭敬弟弟呢?'他会说'恭敬叔叔',你就反问:'弟弟若做了受祭的代理人,那又恭敬谁?'他一定回答'恭敬弟弟',你便可以问:'那又为什么说恭敬叔叔呢?'他会说:'这是由于弟弟恰好在当受恭敬的位子上'。那你就也说'那也是由于本乡的长者恰在当受先斟之酒的位子上。平常的恭敬固然在哥哥,但这并不妨碍暂时的恭敬在本乡长者'。"

公都子依计而行,但孟季子仍不服气,说:"对叔叔也是恭敬,对弟弟也是恭敬,义毕竟是外在的,不是由内心发出的。"

公都子反驳道:"冬天喝热水,夏天喝凉水,难道不是出于自己的本性,而是外在于人的吗?"

总之,在孟子一党的人看来,仁义就像人喝水吃烧肉的本性一样,是内在于人的为人的本质所固有的一种道德属性。这就是所谓的人性本善说。

四 孟子性善说的思维秘密

对于孟子的性善论,可以从两个方面来认识:其一是在继承孔子仁学思想的基础上，内化春秋以来衰落了的道德之天；其二是夸大理性认知的作用，把心所具有的认知能力与心所要进行的认知活动等同起来，抹煞二者的区别。

自周公提出"以德配天"的命题，赋予天以至善的本性以来，道德之天的作用便渐渐地深入到人们的观念之中。《尚书·召诰》中有"命哲、命吉凶、命历年"之说，虽然都是讲的天命，但相对而言，"命吉凶、命历年"属于命运的范畴（下节讨论）。"命哲"中的"哲"，孔传释为智，"命哲"即天命智慧，也就是人智天赋的意思。《诗经·大雅·烝民》云：

> 天生烝民，
> 有物有则。
> 民之秉彝，
> 好是懿德。

"烝"，众。"秉"，禀赋。"彝"，常。"懿德"，美德。意思是说，天生育众民，每件事都有它的规则。众民禀有了上天赋予的常则，于是喜欢有好的品德。很显然，诗作者是把人的优良品质看作天所赋予的东西。这种观念对孟子的影响很大，孟子曾引此诗证明他的性善说。[①]

如前所述，春秋时期，由于社会动荡，礼坏乐崩，人们对人格神的天产生怀疑，于是，天的观念开始发生分化。一方面，随着科技和天文学的发达，天道观念逐渐挣脱神学的樊篱，不

[①] "恻隐之心，人皆有之；羞恶之心，人皆有之；恭敬之心，人皆有之；是非之心，人皆有之。恻隐之心，仁也；羞恶之心，义也；恭敬之心，礼也；是非之心，智也。仁义礼智，非由外铄我也，我固有之也，弗思耳矣。……《诗》曰：'天生烝民，有物有则。民之秉彝，好是懿德。'孔子曰：'为此诗者，其知道乎！故有物必有则，民之秉彝也，故好是懿德。'"（《孟子·告子上》）

少学者淡化意志之天的作用，还它以自然的原貌，使之转化为一种规律性、必然性的观念。另一方面，与人格神有关的道德之天，虽然还被一些人所遵信，但没有得到充分的证明，人们越来越发现，天与人的道德行为之间的关系是没有规律性、相关性可寻的，有德者它未必辅之，无德者它未必惩之。于是人们由怀疑天而至于怨天、骂天。如：

> 民今方殆，
> 视天梦梦。（《诗经·小雅·正月》）
> 浩浩昊天，
> 不骏其德，
> 降丧饥馑，
> 斩伐四国。（《诗经·小雅·雨无正》）
> 何辜于天，
> 我罪伊何。（《诗经·小雅·小弁》）
> ……

"梦梦"，昏暗不明。这些都是怨天之诗。因此，道德之天的威信渐渐扫地，日趋衰落。可能正是基于这样的思想背景，处处以周公为榜样的孔子，才绕开周公"纳德于天""以德通天"的思路，转而研究人与社会的同一问题。虽然在桓魋欲对他有所不利的时候，他也曾发出过"天生德于予"的感叹，但他并没有明确地讨论天人关系的问题。① 不过，他的"天生德于予"和"为仁由己"的思想却为孟子讨论这个问题提供了帮助。孟子正

---

① 今按：笔者撰写博士论文时的理解还比较片面，孔子讲"下学而上达"，讲"知天命"等，讨论的就是天人关系的问题。

第四章 性与命

是通过思维官能"心"的作用,把"天生之德"与"为仁由己"统一起来,建构了自己的性善论。孟子对天的论述,基本上是围绕着道德之天展开的。

> 万章曰:"尧以天下与舜,有诸?"孟子曰:"否。天子不能以天下与人。""然则舜有天下也,孰与之?"曰:"天与之。""天与之者,谆谆然命之乎?"曰:"否,天不言,以行与事示之而已矣。"(《孟子·万章上》)

"谆谆",朱熹注曰:"详语之貌。"① 在这里,孟子所理解的天,已不是"谆谆然命之"之天,这是对西周天命神学思想的改造,是对孔子"天何言哉!四时行焉,百物生焉。天何言哉"思想的继承。但天虽然不能"谆谆然命之",却可以根据人们的政治行为来体现它的命令。而人的行为又是由什么决定的呢?在孟子看来,人的行为是由人所固有的善端(如曰:"仁义礼智,非由外铄我也,我固有之也。")发显出来的。这样天便与人之内在的善端发生了联系。孟子把"我固有之"的"仁义礼智"称为"天爵",他说:

> 有天爵者,有人爵者。仁义忠信,乐善不倦,此天爵也;公卿大夫,此人爵也。古之人修其天爵,而人爵从之。今之人修其天爵,以要人爵;既得人爵,而弃其天爵,则惑之甚者也,终亦必亡而已矣。(《孟子·告子上》)

孟子认为,仁义忠信,不知疲倦地做善事,是人之天生本具的

---

① (宋)朱熹:《四书章句集注》,中华书局1983年版,第307页。

爵位。公卿大夫、上下等级，是后天的社会的爵位。人如果能好好地修养内在于自己的"天爵"，功名利禄便会自然而然地随之而来。但人如果把修养"天爵"当作获取"人爵"的手段，得到"人爵"后就忘掉甚至放弃了对"天爵"的修养，必然不会有好下场。很显然，在孟子那里，仁义忠信等道德意识是被当作天赋的品质而受到重视的，这是对道德之天的内化。

如果说内化道德之天，是孟子对"天生烝民"和"为仁由己"思想的发展，那么，发现并夸大理性认识的作用，则完全是孟子的创造。孟子内化道德之天，靠什么？又依附于什么？答曰：心。心在孟子那里是一个颇为复杂的概念，既是理性认识的器官，又是人性善端的总根。孟子曰：

> 耳目之官不思，而蔽于物，物交物，则引之而已矣。心之官则思，思则得之，不思则不得也。此天之所与我者，先立乎其大者，则其小者弗能夺也。（《孟子·告子上》）

"物交物"，谓耳目等感觉器官同外物接触。这是说，耳目等感觉器官没有思维能力，常常被外物所误导；心之官有思维能力，只要你去反思、反省，就有所获得。这是天赐给我们的一种能力，我们必须牢牢地守住它，守住了它，也就是抓住了根本。如此则感官的误导就不至于发生什么作用了。在这里，孟子近乎区分感性认识与理性认识，并认为理性认识更可靠，这是很了不起的。但他由此而忽视感官的作用，强调理性思维可以不依靠感官提供的认识材料，又是割裂了二者之间的关系，过分夸大了理性思维的作用。

"思则得之"，有时又被孟子称作"反身而诚"。他说："是故诚者，天之道也；思诚者，人之道也。"（《孟子·离娄下》）

天之道，指天的本质属性，也就是天的至善性。"思诚"，就是反思这个至善之内在于我者，即我之固有的仁义礼智，也就是我的善性，这是人道。而这个人道本来就是天之所赋即"天爵"，于是孟子就把外在的道德之天与自我的思维之心联系起来，并最终把道德之天落实到人心之中。既然如此，尽其心者，也就可以知其性了；知其性，便也就认知了天。可见，心不仅是思维器官，也是"人性"之根，还是通天的桥梁。

孟子进一步揭示心的内涵说：

> 恻隐之心，人皆有之；羞恶之心，人皆有之；恭敬之心，人皆有之；是非之心，人皆有之。恻隐之心，仁也；羞恶之心，义也；恭敬之心，礼也；是非之心，智也。（《孟子·公孙丑上》）

这四种心，孟子又叫作"四端"，他认为"四端"是人之为人的最本质的根据。

> 所以谓人皆有不忍人之心者，今人乍见孺子将入于井，皆有怵惕恻隐之心。非所以内交于孺子之父母也，非所以要誉于乡党朋友也，非恶其声而然也。由是观之，无恻隐之心，非人也；无羞恶之心，非人也；无辞让之心，非人也；无是非之心，非人也。恻隐之心，仁之端也；羞恶之心，义之端也；辞让之心，礼之端也；是非之心，智之端也。人之有是四端也，犹其有四体也。有是四端而自谓不能者，自贼者也；谓其君不能者，贼其君也。凡有四端于我者，知皆扩而充之矣，若火之始然，泉之始达。苟能充之，足以保四海；苟不充之，不足以事父母。（《孟子·

公孙丑上》)

"怵惕恻隐之心"是人的一种真实的、没有计较的、纯乎天然的良心。孟子说，没有这些东西就不是真正意义上的人。反过来说，人之所以为人，乃是由于"仁义礼智根于心"。孟子把道德之天内化于人的心中（天爵），又反过来把心看作仁义礼智的来源（四端），表现出了鲜明的道德先验论特征。从认识论上讲，这是故意抹煞人的认知能力和人的认知活动之间的区别。本来，天并没有意志，也没有道德，这一切都是人们赋予它的，反映了人们对天的认识和理解。孟子把人们赋予天的这些东西，重又内化到人心之中，并视作人心固有之物，其思维的秘密就在于把人的认识活动等同于人的认识能力。事实上，人的认识能力与人的认识活动是有区别的。认识能力虽然需要后天的学习，但总还有一个先天的基础。人的认识活动则不同，它完全是后天的，是人借助于认识能力而进行的具体的实践活动。孟子看到了人们所固有的不同于动物的认识能力，却混同了能力与能力之具体运作之间的差别，于是把能力等同于能力的产物。具体地说，就是把人们分辨善恶、体知是非的能力等同于善恶是非本身，即把理性思维的器官心等同于恻隐、羞恶、辞让、是非，得出心有四端、人性本善的结论，从而陷入道德先验论的泥潭。

由于心在人性中的重要作用，孟子十分重视对心的修养，他把人们的行为之恶归咎于忘掉或失去了"本心"。他说：

虽存乎人者，岂无仁义之心哉？其所以放其良心者，亦犹斧斤之于木也，旦旦而伐之，可以为美乎？其日夜之所息，平旦之气，其好恶与人相近也者几希，则其旦昼之

所为，有牿亡之矣。牿之反覆，则其夜气不足以存，夜气不足以存，则其违禽兽不远矣。（《孟子·告子上》）

这是说，虽然人心固有向善的品德，如果平时不注意修养，它也会逐渐丧失，而变得与禽兽差不多。因此，必须保持住这个心，勿使丢失。"学问之道无他，求其放心而已矣。"（《孟子·告子上》）"求其放心"的方法，孟子认为就是牢牢抓住"思则得之"的心官，先立住这个根本，再想法练就"不动心"的工夫，以"养吾浩然之气"，这样就能达到富贵不能淫、贫贱不能移、威武不能屈的精神境界，而成为一个顶天立地的大丈夫。

总之，孟子靠着一个"万物皆备"的方寸之心，按着自己的逻辑，回答了人性中的一系列问题。可以说，在孟子那里，心既是修养的官能，又是认知的官能，还是价值判断的官能。就修养的层面言，他叫人求其放心；就认知的层面言，他叫人由尽心而知心中固有的善端，并由此善端而知人性之善，由性善开出道德的行为（判断层面），以此去体知"以行与事示之"的天意。此所谓"尽其心者知其性，知其性则知天矣"。就这样，春秋时期失落了的那个道德之天，在心的层面重新复活了。

五　荀子的性恶论

荀子视天为自然之天，在对人性的看法上，也有着与孟子不同的观点。荀子继承了孔门后学中部分学派对人性的基本看法，从人的自然属性出发，讨论了恶的来源和为善的根据。荀子非常明确地界定了"性"的内涵，他说：

凡性者，天之就也……不可学，不可事，而在人者，

>谓之性。(《荀子·性恶》)
>>性者，天之就也。(《荀子·正名》)
>>不事而自然谓之性。(《荀子·正名》)
>>性者，本始材朴也。(《荀子·礼论》)

"天之就"，即"天生"。"不事而自然"，就是没有雕琢的本然，所以谓之"本始材朴"。荀子认为，人性就是人天生的本性，也是人的自然本性，这一点无论是君子还是小人都是一样的。荀子说："凡人之性者，尧、舜之与桀、跖，其性一也；君子之与小人，其性一也。"(《荀子·性恶》) 又说："材性智能，君子小人一也。"(《荀子·荣辱》) 尧、舜与桀、跖，君子与小人，在"本始材朴"的"性"上是没有区别的。那么这个"性"是个什么东西呢？荀子说：

>若夫目好色，耳好声，口好味，心好利，骨体肤理好愉佚，是皆生于人之情性者也；感而自然，不待事而后生之者也。(《荀子·性恶》)

荀子所谓的"性"就是人的生理本能，它们是"感而自然"，即在与外物接触过程中自然而然产生的"好色""好声""好味""好利""好愉佚"的感受。在荀子的人性论中，情性二字连用的情况颇多，例如：

>性之好、恶、喜、怒、哀、乐谓之情。(《荀子·正名》)
>情者，性之质也。(《荀子·正名》)
>今人之性，饥而欲饱，寒而欲暖，劳而欲休，此人之情性也。(《荀子·性恶》)

第四章 性与命

荀子把好、恶、喜、怒、哀、乐以及欲饱、欲暖、欲休作为性之情，但并没有明确地说"本然"的性与情是善的还是恶的。也就是说，荀子并没有对"天之就"的"本始材朴"之"性"作出善恶的判断。荀子对"性"的界定，以及对情性关系的关注，是一个很重要的思想脉络。荀子没有对本然之性的善恶问题作出判断，但荀子又确实提出了"性恶"说，这如何理解？这一点，透过荀子对"性恶"问题的讨论，可以找到答案。

> 今人之性，生而有好利焉，顺是，故争夺生而辞让亡焉；生而有疾恶焉，顺是，故残贼生而忠信亡焉；生而有耳目之欲，有好声色焉，顺是，故淫乱生而礼义文理亡焉。然则从人之性，顺人之情，必出于争夺，合于犯分乱理而归于暴。……用此观之，然则人之性恶明矣。(《荀子·性恶》)

在这段话中，荀子连着用了几个"顺是"，这是说，在人的本性中天生存在着"好利""疾恶""耳目之欲，好声色"等的东西，这些东西作为"天之就"，无所谓善恶，但一旦发动，顺着"好利""疾恶""耳目之欲，好声色"发展下去，就会出现"辞让""忠信""礼义"的丧失。所以，荀子所谓的"性恶"乃是"顺是"的结果。但"顺"之所以"顺"的是"是"（即"好利""疾恶""耳目之欲，好声色"），原因是什么，荀子并没有给出说明。而且这个"顺"因什么而"顺"，荀子也没有说明。这多少让人感到"顺是"的方向是荀子指定的。

当然，荀子并没有否定人的向善的欲望，但认为人之所以向善，恰恰是因为"性恶"：

> 凡人之欲为善者，为性恶也。夫薄愿厚，恶愿美，狭

愿广，贫愿富，贱愿贵。苟无之中者，必求于外；故富而不愿财，贵而不愿埶；苟有之中者，必不及于外。用此观之，人之欲为善者，为性恶也。今人之性，固无礼义，故彊学而求有之也；性不知礼义，故思虑而求知之也。（《荀子·性恶》）

按照荀子的观点，人之所以向往善，乃是因为自身缺乏善。就像薄者向往厚，恶者向往美，狭者向往广，贫者向往富，贱者向往贵一样。人性中没有礼义，所以才"强学而求有之"；人天生不知礼义，所以才"思虑而求知之"。这说明在荀子看来，善并不内在于人的本性。善不内在于人的本性，那善从哪里来呢？荀子借陶人制瓦和匠人制器的比喻说："夫陶人埏埴而生瓦，然则瓦埴岂陶人之性也哉！工人斫木而生器，然则器木岂工人之性也哉？夫圣人之于礼义也，辟则陶埏而生之也。然则礼义积伪者，岂人之本性也哉！"（《荀子·性恶》）这是说，礼义并不是内在于人的本性中的东西，乃是圣人的制作，就如陶人"埏埴而生瓦"，匠人"斫木而生器"一样。所以，人之向善需要圣人的引导。

荀子强调人性恶，但又十分强调追求善，善如何获得？荀子有一个著名命题，即"人之性恶，其善者伪也"（《荀子·性恶》）。"伪"就是人为，荀子又称之为"化性起伪"，"伪"的标准是礼义，而礼义出于圣人，所以在荀子的人性论中圣人的作用十分突出。《荀子》载：

凡礼义者，生于圣人之伪，非故生于人之性也。（《荀子·性恶》）

故圣人化性而起伪，伪起而生礼义，礼义生而制法度，

第四章 性与命

> 然则礼义法度者,是圣人之所生也。(《荀子·性恶》)

圣人在化性起伪的过程中创制了礼义,那么,圣人是什么人?圣人之性是什么"性"?"故圣人之所以同于众,其不异于众者,性也;所以异而过众者,伪也。"(《荀子·性恶》)在"性"的层次上,圣人与一般人是没什么两样的,圣人的特别之处在于"伪",也就是后天的努力:"尧、禹者,非生而具者也,夫起于变故,成乎修为,待尽而后备者也。"(《荀子·荣辱》)尧、禹之为尧、禹,不是出于天生,乃是后天修为的结果。"故圣人也者,人之所积也"(《荀子·儒效》),"圣可积而致"(《荀子·性恶》),圣人是把众人的善都积累到自己身上而"修为"出来的。圣人由于经历过这样的努力,又吸取了众人的好德行,所以可以为他人设立标准和法度。《荀子》说:

> 圣人积思虑、习伪故,以生礼义而起法度,然则礼义法度者,是生于圣人之伪,非故生于人之性也。(《性恶》)

礼义出于圣人,但修行还要靠自己。所以荀子十分重视修身和教化:"君子知夫不全不粹之不足以为美也,故诵数以贯之,思索以通之,为其人以处之,除其害者以持养之。使目非是无欲见也,使耳非是无欲闻也,使口非是无欲言也,使心非是无欲虑也。及至其致好之也,目好之五色,耳好之五声,口好之五味,心利之有天下。是故权利不能倾也,群众不能移也,天下不能荡也。生乎由是,死乎由是,夫是之谓德操。德操然后能定,能定然后能应。能定能应,夫是之谓成人。"(《荀子·劝学》)这里的"全""粹"指道德的完美与纯粹。荀子认为,这种完美与纯粹是可以透过学习和实践如"诵数以贯之""思索以通之"等获得的。在荀子看来,只有获得了这些东西,才可以"能定能应",即既能够坚贞不移,又能够随机应对,才算得上成熟完美的人。

荀子虽然主张性恶,但由于强调后天的努力,认为后天的学习和实践可以改变人,因此认为圣人可学,圣人可致,"涂之人可以为禹"。

> "涂之人可以为禹。"曷谓也?曰:"凡禹之所以为禹者,以其为仁义法正也。然则仁义法正有可知可能之理,然而涂之人也,皆有可以知仁义法正之质,皆有可以能仁义法正之具,然则其可以为禹明矣。"(《荀子·性恶》)

> 涂之人者,皆内可以知父子之义,外可以知君臣之正,然则其可以知之质、可以能之具,其在涂之人明矣。今使涂之人者以其可以知之质,可以能之具,本夫仁义之可知之理、可能之具,然则其可以为禹明矣。(《荀子·性恶》)

荀子认为,禹之所以为禹,无非因为禹能够"为仁义法正",而"涂之人"都有可知、可学、可行"仁义法正"的能力。所以,就"涂之人"的自身条件来说,是具备成为禹的素质的,只要"伏术为学,专心一志,思索孰察,加日县久,积善而不息",就可以"通于神明,参于天地"(《荀子·性恶》),就可以成为圣人。也就是说,成为圣人的关键不在先天,在后天。《荀子》载:

> 曰:"圣可积而致,然而皆不可积,何也?"曰:"可以而不可使也。故小人可以为君子而不肯为君子,君子可以为小人而不肯为小人。小人、君子者,未尝不可以相为也;

第四章 性与命

然而不相为者，可以而不可使也。故涂之人可以为禹则然；涂之人能为禹，未必然也。虽不能为禹，无害可以为禹。"（《性恶》）

"涂之人"可以为禹，但不一定必然成为禹。不能成为禹，是努力不够。不能因为努力不够不能成为禹，就否定"涂之人可以为禹"，"可以为，未必能也；虽不能，无害可以为。然则能不能之与可不可，其不同远矣，其不可以相为明矣"（《荀子·性恶》）。在这里，荀子把成为禹的主动权交给了主体自我，在这个问题上，人有充分的自由意志。

荀子在讨论"化性起伪"的过程中，也注意到了"心"所具有的特殊作用。在荀子，心的地位是十分重要的，他说："天职既立，天功既成，形具而神生，好恶、喜怒、哀乐臧焉，夫是之谓天情。耳目鼻口形能，各有接而不相能也，夫是之谓天官。心居中虚以治五官，夫是之谓天君。"（《荀子·天论》）心为一身之主，制约着五官，这种制约作用具体表现为："性之好、恶、喜、怒、哀、乐谓之情，情然而心为之择谓之虑，心虑而能为之动谓之伪。虑积焉，能习焉而后成谓之伪。"（《荀子·正名》）心为性情作选择，人按着这个选择去做，积久习学，就是伪，就能够矫正其本性。[①]这似乎与孟子的"尽心"说有相通之处，但其实二者还是有很大的区别的。孟子把心作为向善的本源，道德的基础，心主要是个形上范畴；荀子把心作为选择思虑的天君，突出的是心的认知功能。所以，在孟子那里心与性是相通乃至相合的；而在荀子这里，心与性在某种意

[①] （清）王先谦撰，沈啸寰、王星贤点校：《荀子集解》，中华书局1988年版，第487页。

义上是割裂的，甚至是矛盾的。

> 人何以知道？曰：心。心何以知？曰：虚一而静。心未尝不臧也，然而有所谓虚；心未尝不满也，然而有所谓一；心未尝不动也，然而有所谓静。
>
> 虚一而静，谓之大清明。
>
> 故《道经》曰：人心之危，道心之微。危微之几，惟明君子而后能知之。（《荀子·解蔽》）

"臧"，通藏，指积习。"满"，指偏见。荀子把心分为两种状态：一是臧、满、动；一是虚、一、静。只有第二种（"虚一而静"）状态才可以知"道"。这是否意味着第一种状态会"顺是"而为恶，第二种状态会"起伪"而为善呢？荀子在这一点上并没有明确的阐述。不过就大多数情况而言，他是笼统地把心当作认知社会道德规范的可靠根据的。如："心之所可中理，则欲虽多，奚伤于治"；"治乱在于心之所可，亡于情之所欲"（《荀子·正名》）。但是，有时由于过分强调心的可靠性，而犯了孟子夸大理性作用、割裂理性与感性之关系的错误。如："心者，形之君也，而神明之主也，出令而无所受令。"就这一点言，似乎又是与孟子殊途而同归了。也许在终极的意义上他们本来也是没有什么差别的。

六　庄子后学的人性自然论

《老子》一书和《庄子》内篇不见"性"字，《庄子》外杂篇中论"性"之处颇多，我们可以称之为庄子后学的人性论。

> 性者，生之质也。（《庄子·庚桑楚》）

第四章 性与命

> 生非汝有，是天地之委和也；性命非汝有，是天地之委顺也。（《庄子·知北游》）

"质"，本质，根本。[①] 庄子后学的意思是说，性，是生而禀有的本质。"生之质"是如何来的呢？是"天地之委顺"，"天地之委和"，即天内化于人而来的。这与孟荀在思维方式上有共同之处，只是由于对天的理解不同，他们的人性论也表现出不同的倾向。先秦道家对天的态度大体一致，他们都把天理解为自然，并由自然之天导出人的自然之性，由自然之性导出修养中的复归自然之性。因此，在先秦道家那里，不惟本质材朴的"天地委顺"之性没有道德的意味（与荀子同），就是反归本质材朴的"天地委顺"之性，也没有道德的意味。

> ……孔子曰："要在仁义。"老聃曰："请问：仁义，人之性邪？"孔子曰："然。君子不仁则不成，不义则不生，仁义真人之性也，又将奚为矣？"老聃曰："请问：何谓仁义？"孔子曰："中心物恺，兼爱无私，此仁义之情也。"老聃曰："意，几乎后言！夫兼爱，不亦迂乎！无私焉，乃私也。夫子若欲使天下无失其牧乎？则天地固有常矣，日月固有明矣，星辰固有列矣，禽兽固有群矣，树木固有立矣。夫子亦放德而行，循道而趋，已至矣！又何偈偈乎揭仁义，若击鼓而求亡子焉！意，夫子乱人之性也。"（《庄子·天道》）

这里借孔子之口指出儒家把仁义视为人之性，道家不以为然，理由是天地本来就有常规，日月本来就放光明，星辰本来就秩

[①] 方勇译注：《庄子》，中华书局2015年版，第398页。

序井然，禽兽本来就聚群而居，树木本来就是直立生长。你孔老夫子照着事物的本来的特性去行，因循着事物的法则前进就很好了，何必用力高举仁义，像敲着鼓去追捕逃亡之人一样呢？你这是扰乱人性啊！这是说孔子以仁义界定人性是多此一举，依循着人之天生本具的情实去做才是正道。

庄子后学把这称之为"任其性命之情"。

> 且夫待钩绳规矩而正者，是削其性者也。……
>
> 夫小惑易方，大惑易性，何以知其然邪。自虞氏招仁义以挠天下也，天下莫不奔命于仁义，是非以仁义易其性与？故尝试论之，自三代以下者，天下莫不以物易其性矣。小人则以身殉利，士则以身殉名，大夫则以身殉家，圣人则以身殉天下。故此数子者，事业不同，名声异号，其于伤性以身为殉，一也。臧与谷，二人相与牧羊而俱亡其羊。问臧奚事，则挟策读书；问谷奚事，则博塞以游。二人者，事业不同，其于亡羊均也。伯夷死名于首阳之下，盗跖死利于东陵之上。二人者，所死不同，其于残生伤性均也。奚必伯夷之是而盗跖之非乎！天下尽殉也，彼其所殉仁义也，则俗谓之君子；其所殉货财也，则俗谓之小人。其殉一也，则有君子焉，有小人焉。若其残生损性，则盗跖亦伯夷已，又恶取君子小人于其间哉。
>
> 且夫属其性乎仁义者，虽通如曾史，非吾所谓臧也。……吾所谓臧者，非所谓仁义之谓也。任其性命之情而已矣。（《庄子·骈拇》）

把用钩绳规矩来规范事物看作削杀事物的个性，把追求仁义看作人的异化，庄子后学所强调的是事物的自然本性之实，也就是"天性"。"然后入山林，观天性，形躯至矣，然后成见鐻，然后加手焉，不然则已，则以天合天……"（《庄子·达生》）这句话是讲一个叫庆的梓人刻削木头做鐻的故事。就人而言，也可以说"以天合天"，就是以人性之本然，合天地之自然。循着这一思路，他们提出了自己的修复人性的途径，这就是"反其性"。《庄子·则阳》曰："复命摇作而以天为师。""复命摇作"，即动静，无为、有为。"以天为师"，就是以自然为师。这是强调由此外在的自然之天，启悟、复归我内在的本然之性。

总之，先秦人性论，是先秦主体认知的最高成就，讨论人性的诸家，多把春秋时期衰落了、分化了的天内化于人心之中，作为人性的根据，只是由于对天的理解不同，才使他们的人性论分歧很大。荀子与庄子后学认为天就是自然，因而认为人性就是人的自然本性。但在修养方法上，二者又有区别，荀子主张化性起伪，庄子主张以天合天。孟子认为天有道德的意义，因而认为人性就是人的道德（善）性。在修养方法上，他不同于荀庄，但与荀子目的一致，即都致力于使人成为一个道德的人。不过，三家也还有一个相同点，那就是他们都提倡寡欲，都以对物欲的克禁来彰显人之为人的本质。

第二节　天命自觉

一　孔子的知命论

"命"字，殷商甲骨文中与"令"字相通，主要指上帝的命令，周人尚天，命又指天的命令。如《诗经》云："上帝既命，侯于周服"（《大雅·文王》），"有命自天，命此文王"（《大雅·

大明》）等。春秋时期，随着天命神学的式微，天的观念发生分化：一方面，随着自然科学，尤其是天文学的发展，一部分史官开始用"天道"一词指谓不断从宗教神学中摆脱出来的那个自然之天；另一方面，受自然科学的发展和疑天思想及人文思潮的影响，一部分思想家开始试图淡化天的人格神意义，或者把它的至上命令改造成外在于人却又支配人的一种必然性，即命运之天，或者把它的道德至善性内化于人，成为人性论的根据（如孟子）。淡化天的人格神意义的努力，从孔子便已开始了。

> 子贡曰：夫子之文章，可得而闻也；夫子之言性与天道，不可得而闻也。（《论语·公冶长》）
> 子罕言利，与命与仁。（《论语·子罕》）

以前，由于人们对春秋时期天观念的分化问题重视不够，常常混淆天道与天命两个概念，因而，对《论语》中的这两条记载产生了误解。"天道"，反映的是淡化了人格神意义的自然观，虽然也偶尔相关吉凶祸福的人事，如"天道赏善而罚淫"（《国语·周语中》）等，但相对而言，比较侧重于用来描述按一定法则变化着的自然之天。如曰：

> 天道皇皇，日月以为常，……阳至而阴，阴至而阳。日困而还，月盈而匡。（《国语·越语》）
> 盈而荡，天之道也。（《左传》庄公四年）
> 盈必毁，天之道也。（《左传》哀公十一年）

"盈而匡""盈而荡""盈必毁"，不管是哪种情况，总之表现出一定的规律性，而这种规律性又是与日月星辰的变化联系在一起的，

第四章　性与命

所以张岱年先生说："日月星辰所遵循的轨道称为天道。"① 与此不同，春秋时期的"天命"一词，在很大程度上反映的乃是淡化了人格神意义的天与社会人事变化之间的关系。如曰：

善之代不善，天命也。(《左传》襄公二十九年)
哀死事生，以待天命。(《左传》昭公二十七年)
国之存亡，天命也。(《国语·晋语》)

这些都是讲天命与社会人事的关系。孔子一生致力于社会人事的研究，早年习礼，中年以后研究仁学，晚年则热衷于天人之学②，对于天道自然观方面的具体问题虽然也可能曾经下过功夫③，但终究没有与弟子们共同深入讨论过。加之当时讨论天道问题的一些学者（以史官为主），虽然在不断地摆脱西周以来宗教天命神学观念的羁绊，但又往往与星占巫卜之类的准宗教的神秘主义的东西牵连在一起，如《左传》襄公十八年载："晋人闻有楚师。师旷曰：'不害，吾骤歌北风，又歌南风。南风不竞，多死声。楚必无功。'董叔曰：'天道多在西北，南师不时，必无功。'"等等。所以，孔子对天道问题持审慎的态度，很少论及，以至于孔门弟子子贡不得而闻，完全是有可能的。但孔

---

① 张岱年：《中国古典哲学概念范畴要论》，中国社会科学出版社1989年版，第23页。
② 据帛书《易传》载："夫子老而好《易》，居则在席，行则在橐。"（见廖名春《帛书〈易传〉初探》，台北：文史哲出版社1998年版，第279页。）
③ 据《庄子·天运》篇记载：孔子行年五十有一，而不闻道，乃南之沛，见老聃。老聃曰："子来乎？吾闻子，北方之贤者也，子亦得道乎？"孔子曰："未得也。"老子曰："子恶乎求之哉？"曰："吾求之于度数，五年而未得。"老子曰："子又恶乎求之哉？"曰："吾求之于阴阳，十有二年而未得。"杨按："度数"与天文有关，"阴阳"与天道有关。此则记载虽未必十分可信，但也未必没有一点根据，如帛书《易传》中就有孔子运用阴阳、刚柔、五行等概念解释《周易》经文的记载，很值得注意。

子对命与天命却谈得很多，所谓"子罕言利，与命与仁"中的"与命"就是很好的证明。

孔子论"天命"，有别于西周时期那种能发号施令，人们可以用德取悦（以德配天）于它的有人格的至上神的命令，而主要是指不能说话（"天何言哉"），人又无法改变它的运命。① 例如：

> 伯牛有疾，子问之，自牖执其手，曰："亡之，命矣夫！斯人也而有斯疾也！斯人也而有斯疾也！"（《论语·雍也》）
> 子夏曰："商闻之矣，死生有命，富贵在天。"（《论语·颜渊》）

《四书章句集注》："伯牛，孔子弟子，姓冉，名耕。有疾，先儒以为癞也。"② 孔子很为伯牛的状况感叹，又无可奈何。他无法理解这样有德行的人，竟会得了这样的不治之症。于是，他把这一切归结为命。这与颜渊死后，孔子悲痛地慨叹道"天丧予，天丧予"（《论语·先进》）一样，是对命运发出的一种抱怨。

在这里，孔子触及了西周天命神学观的一个致命弱点，即德与福的关系问题。传统天命论宣扬"以德配天"，但在现实社会中，有德的人未必都能受到老天的庇佑；不仅如此，往往还有不少相反的情形：如贤而像冉耕这样的人竟得癞疾；仁而如颜渊这样的人竟遭夭折，天岂不是太不公平了吗？孔子慨叹伯牛"斯人也而有斯疾"，充分反映了一种矛盾心态，即好人为什

---

① 需要指出的是，孔子对待传统天命论的态度，不是彻底否定它，而是在同情地理解的基础上有所改造，如孔子说："获罪于天，无所祷也。"（《论语·八佾》）"天生德于予，桓魋其如予何？"（《论语·述而》）"文王既没，文不在兹乎？天之将丧斯文也，后死者不得与于斯文也；天之未丧斯文也，匡人其如予何？"（《论语·子罕》）这些材料表明，孔子对于传统天命观念是有所保留的。

② （宋）朱熹：《四书章句集注》，中华书局1983年版，第87页。

么会得恶病。这是孔子怀疑西周天命神学的原因之一。①

但是，虽然那个有人格、可以赏善罚恶的天已不足信，但那种人们把握不了、无法左右，却又能对人们产生影响的超验力量却依然存在，孔子所谓的"命"，就是指的这个东西。所以他说："死生有命，富贵在天。"可见，孔子所说的"命"，与西周天命神学中的"命"是不大相同的。相反，在思维理路上它倒与春秋时期的天道观比较一致，即都是对必然性的一种描述。只不过前者言说的对象是自然，后者言说的对象是人事罢了。这说明关心社会人事的孔子与关心天道自然的学者们在思维发展的水平上是基本一致的。而孔子讳言天道，"与命与仁"，很可能是他看到了社会人事和自然界之间存在着不同的发展规律的缘故。

孔子说"命"，不限于人的生死寿夭，有时还论及社会政治。

> 公伯寮诉子路于季孙。子服景伯以告，曰："夫子固有惑志于公伯寮，吾力犹能肆诸市朝。"子曰："道之将行也与？命也。道之将废也与？命也。公伯寮其如命何！"（《论语·宪问》）

"诉"，进谗言。公伯寮向季孙进谗言，说子路（孔子弟子）的坏话。子服景伯把这事告诉了孔子，并说："季孙氏听信了公伯寮的话，已对子路产生了怀疑。不过，我的力量还能把公伯寮杀掉，陈尸街头。"孔子则认为，自己的主张若能实现，那是由于命运；自己的主张若不能实现，那也是由于命运。公伯寮是奈何不得命运的！可见，在孔子那里，命与人是不相通的，人只能受命运的左右，而无力干涉它，自然也没有办法取悦于它。

---

① 这也是西周末期以来传统天命观开始走向衰落的主要原因之一。

这是对西周时期神人合一（以德配天）思想的改造。①

当然，如果孔子关于"命"的思想仅仅停留在这里，那显然是大大落后于周人的。周人的天虽然是人格至上神，但周人的"以德配天"的天命观至少还给人的主观努力、理性自觉留下了地盘。而如果孔子把一切都归之于宿命，人就无能动性可言了。事实并非如此，众所周知，孔子是十分强调"己"的，例如：

> 颜渊问仁。子曰："克己复礼为仁。一日克己复礼，天下归仁焉。为仁由己，而由人乎哉？"（《论语·颜渊》）

"克己复礼"，《论语集解》引马融曰："克己，约身也。"皇侃《论语义疏》："言若能自约俭其身，返反于礼中，则为仁也。"②可见，"己"指主体自身，"克己"就是约束自身，孔子把它看作"复礼"的根本条件。又如：

> 子路问君子。子曰："修己以敬。"　曰："如斯而已乎？"曰："修己以安人。"曰："如斯而已乎？"曰："修己以安百姓。修己以安百姓，尧、舜其犹病诸。"（《论语·宪问》）

"修"，即《述而》"德之不修"之"修"。《述而》云："子曰：'德之不修，学之不讲，闻义不能徙，不善不能改，是吾忧也。'""修己"就是修养自己的德行。孔子认为这是成就君子人

---

① 在周初的"以德配天"思想中，虽"命令"来自天，但主动权却掌握在人的手中，即只要有德，就能取悦于天，从而获得天命。

② 程树德撰，程俊英、蒋见元点校：《论语集释》，中华书局1990年版，第818—819页。

第四章　性与命

格及事业的根本途径。又如：

> 子曰："君子求诸己，小人求诸人。"（《论语·卫灵公》）

"求诸己"，即求之于自身。《论语集解》引谢氏："君子无不反求诸己，小人反是，此君子小人所以分也。"[①] 可见，是在自己身上下功夫，还是在别人身上找借口，是孔子区分君子与小人的标准之一。

通观孔子言论，可以说，对"己"的强调是其礼学、仁学的理论出发点之一。孔子重视"己"，强调"克己""修己""反求诸己"。对于天命，其呼吁人们在"知"上下功夫，恰恰体现了对"己"的重视。所以他才没有停留在对命运的哀叹上，而是提出"知命""知天命"的命题，并把这种"知"作为人生修养和人生自觉的一个重要步骤，从而统一了主体自觉与命运支配的关系。

> 子曰："吾十有五而志于学，三十而立，四十而不惑，五十而知天命，六十而耳顺，七十而从心所欲不逾矩。"（《论语·为政》）
>
> 子曰："君子有三畏，畏天命，畏大人，畏圣人之言。小人不知天命而不畏也，狎大人，侮圣人之言。"（《论语·季氏》）
>
> 子曰："不知命，无以为君子。"（《论语·尧曰》）

《论语集解》注"五十而知天命"曰："孔曰，知天命之终始。"

[①] 程树德撰，程俊英、蒋见元点校：《论语集释》，中华书局1990年版，第1103页。

皇《疏》："天命，谓穷通之分也。谓天为命者，言人禀天气而生，得此穷通，皆由天所命也。天本无言而云有所命者，假之言也。人年未五十，则犹有横企无厌。及至五十始衰，则自审己分之可否也。"[1]《论语集解》注"不知命无以为君子"曰："孔曰，命谓穷达之分。"皇侃曰："命谓穷通寿夭也。人生而有命，受之于天，故不可不知也。若知而强求，则不成为君子之德。"[2] 以上二家均释"知"为体知，释"命"或"天命"为运命。"知命"或"知天命"就是知道天所赋予自己的"穷通寿夭"和"穷通之分"，也就是自己的命运。

汉代，也有学者以人性释知命。如：

> 子曰："不知命无以为君子。"言天之所生，皆有仁义礼智顺善之心。……无仁义礼智顺善之心，谓之小人。……《大雅》曰："天生烝民，有物有则，民之秉彝，好是懿德。"言民之秉德以则天也。不知所以则天，又焉得为君子乎。（《韩诗外传》卷六）

> 天令之谓命。……人受命于天，固超然异于群生……贵于物也。故孔子曰："天地之性人为贵。"明于天性，知自贵于物；知自贵于物，然后知仁义，然后知仁谊；知仁谊，然后重礼节；重礼节，然后安处善；安处善，然后乐循理；乐循理，然后谓之君子。故孔子曰："不知命亡以为君子。"（《汉书·董仲舒传》）

这些解释显然是受了孟子性善论的影响。人之所禀受，天之所

---

[1] 程树德撰，程俊英、蒋见元点校：《论语集释》，中华书局1990年版，第73页。
[2] 程树德撰，程俊英、蒋见元点校：《论语集释》，中华书局1990年版，第1377页。

第四章　性与命

赋予，后儒称之为"德命"。清人刘宝楠释"五十而知天命"曰："《说文》云：'命，使也。'言天使己如此也。《书·召诰》云：'今天其命哲、命吉凶，命历年。'哲与愚对，是生质之异，而皆可以为善，则德命也。吉凶历年，则禄命也。君子修其德命，自能安处禄命。"[①] 在"不知命无以为君子"条目下刘氏注曰："盖言德命可兼言禄命也。"[②] 分天命为"德命"与"禄命"，并不始于刘宝楠，清代经学家阮元《性命古训》中已有此种分法。所谓"禄命"，指吉凶祸福，死生穷达，就是前面所说的运命。所谓"德命"，指天赋人禀，善恶贤愚。清人这种分"命"为"德命"与"禄命"的诠释理念，目的在于揭示孔子命运观的内在意涵，有其深刻意义。孔子之后，儒学内部关于"命"的讨论也确实表现出了"德命"与"禄命"的两种向度。但在孔子那里，这种分野并不明显，或者也可以说，这两个方面都混总在运命的论说之中了。所以，在孔子那里，"命"主要还是指运命而言的，"知命"就是知道自己的运命。虽然人们左右不了它，却可以认知它，并在认知的基础上化消极为积极，变被动为主动。在此，"知"是主体的功夫，"命"是外在的必然。"知天命"或"知命"，则是透过"知"，把传统天命论中的"德"与"天"的关系，转化为"知"与"命"的关系。这样，孔子一方面避免了传统天命论中的德命一致论；另一方面也避免了宿命论。同时由于强调对天命的体知，还避免了天人二分现象的出现。孔子所谓的"下学而上达"（《论语·宪问》），大概说的就是这样的"知天命"的思路吧！

正是基于这样一种命运体知观，在现实生活中，孔子对于

[①] 黄怀信主撰：《论语汇校集释》，上海古籍出版社2008年版，第116页。
[②] 黄怀信主撰：《论语汇校集释》，上海古籍出版社2008年版，第1750页。

169

生死、对于自己的生命理想等一切才表现出非常理性的态度。如孔子曾说："死生由命"，可当有人同他讨论死的问题的时候，他却说："不知生，焉知死。"在他看来，人活着就要尽自己的本分，为父则慈，为子则孝，为弟则悌，把这生的时光完完满满地充实起来。从这个意义上也可以说，孔子所谓的知天命，实际上是要知自己。《论语》中有一则记载，很能说明问题。其曰：

> 樊迟请学稼。子曰："吾不如老农。"请学为圃。曰："吾不如老圃。"樊迟出。子曰："小人哉，樊须也！上好礼，则民莫敢不敬；上好义，则民莫敢不服；上好信，则民莫敢不用情。夫如是，则四方之民襁负其子而至矣，焉用稼！"（《论语·子路》）

在这段对话中，孔子明确地告诉樊迟，在种地和园艺方面，他不如老农和老圃。孔子丝毫也不因此而认为自己缺少什么，反而斥责想在这方面获得知识的樊迟为小人。这是因为在孔子看来，"天生德于予"，不是叫他学种地，学园艺的；他的任务是在社会上提倡礼教，宣传仁学。所以，当有人问孔子为什么不从政时，孔子理直气壮地说："《书》云：孝乎惟孝，友于兄弟，施于有政。是亦为政，奚其为为政？"（《论语·为政》）他课徒授业，正是要达到这个目的。樊迟向孔子问种地、园艺的事，显然是不知道孔子的这层天命自觉。孔子斥责樊迟为"小人"，不是在否定他的人格，而是在抱怨他"不知命"，即不知道作为"士"的自己应该以什么为目标。又如《说苑·善说》中载：

> 子路问于孔子曰："管仲何如人也？"子曰："大人也。"
> 子路曰："昔者管子说襄公，襄公不说，是不辩也；欲立公

第四章　性与命

子纠而不能，是无能也；家残于齐而无忧色，是不慈也；柽梏而居槛车中无惭色，是无愧也；事所射之君，是不贞也；召忽死之，管仲不死，是无仁也。夫子何以大之？"子曰："管仲说襄公，襄公不说，管仲非不辩也，襄公不知说也；欲立公子纠而不能，非无能也，不遇时也；家残于齐而无忧色，非不慈也，知命也；柽梏居槛车而无惭色，非无愧也，自裁也；事所射之君，非不贞也，知权也；召忽死之，管子不死，非无仁也。召忽者，人臣之材也，不死则三军之虏也；死之则名闻天下，夫何为不死哉？管子者，天子之佐、诸侯之相也，死之则不免为沟中之瘠，不死则功复用于天下，夫何为死之哉？由！汝不知也。"

在这里，孔子的弟子子路按照世俗的眼光，斥管仲为"不辩""无能""不慈""无愧""不贞""无仁"。而孔子则有所不同，视管仲为"知命""知权"的"大人"。正是基于这样的"知命"说，当孔子本人遇到挫折、困难时，常常表现出常人不能理解的执着和勇气。如第三章第一节所引《吕氏春秋》载"孔子穷于陈、蔡之间"那一段，形象地表现了知命者孔子的自信、豁达与大无畏。而其所以能"知其不可而为之"（《论语·宪问》），大概也源于此吧。

总之，孔子所谓的知命，是认知自己的一种特殊方式，就我的能力由天赋予（"天生德于予"）、由天决定（"生死有命"）而言，谓之天命；就自觉天所赋予我的能力界限而言，谓之知。如果说"十有五而志于学"是孔子自觉地要做什么的话，"五十而知天命"则是孔子已经自觉到自己能做什么。因此，"知天命"是一种积极地对待命运的态度，是一种清醒的理性自觉，它与古希腊哲学家苏格拉底提倡的"认识你自己"没有什么区

171

别，只不过讨论的角度不同罢了。

二 墨子的非命论

孔子之后，儒家内部曾经存在过宿命论的倾向，我们从《墨子》书中的有关讨论可以得知这一点。

> 有强执有命以说："议曰：寿夭贫富，安危治乱，固有天命，不可损益。穷达赏罚，幸否有极，人之知力，不能为焉。"群吏信之，则怠于分职；庶人信之，则怠于从事。……而儒者以为道教，是贼天下之人者也。（《墨子·非儒》）

"损益"，减少或增加。"极"，定数。意思是说，当时有一部分儒者认为，长寿、夭折、贫穷、富有、安定、危险、治理、混乱，本来是有天命的，不能减损，也不能增加。穷困、显达、奖赏、惩罚、有幸、不幸，都有定数，人的智力是不能有所作为的。墨子认为，这种观点于社会是十分有害的，官吏听信了它，便会对于自己分内的职责懈怠；百姓听信了它，便会对所从事的劳作懈怠，这简直是贼害天下人。《公孟》篇又曰：

> 公孟子曰："贫富寿夭，齰然在天，不可损益。"又曰："君子必学。"子墨子曰："教人学而执有命，是犹命人葆而去亓冠也。"

"公孟子"，孙诒让考证认为："此公孟子疑即子高，盖七十子之弟子也。"[①] 公孟子认为，贫穷、富裕、长寿、夭折，确实由天

[①] （清）孙诒让著，孙启治点校：《墨子间诂》，中华书局2001年版，第448页。

第四章　性与命

注定，无法增减，君子一定要了解它。墨子批判他说，这是叫人包起头来，却又去掉他的帽子。

从《墨子》一书的记载看，当时是存在着一个说命、信命的社会思潮的。墨子称他们为"执有命者"。他们的主要观点是：

> 命富则富，命贫则贫，命众则众，命寡则寡，命治则治，命乱则乱，命寿则寿，命夭则夭。（《墨子·非命上》）
> 上之所赏，命固且赏，非贤故赏也；上之所罚，命固且罚，不暴故罚也。（《墨子·非命上》）

很显然，这是十足的宿命论的观点。墨子对此是持坚决批判的态度的。他批判的武器是"三表法"。

> 何谓三表？子墨子言曰："有本之者，有原之者，有用之者。于何本之？上本之古者圣王之事；于何原之？下原察百姓耳目之实；于何用之？废以为刑政，观其中国家百姓人民之利。此所谓言有三表也。"（《墨子·非命上》）

墨子认为，对任何思想观点，都可以从历史根据、经验证明和客观效果三个方面去审查。对天命论，也当如此。从历史上看，上观于古圣王之事，"古者桀之所乱，汤受而治之；纣之所乱，武王受而治之。此世未易，民未渝，在于桀、纣，则天下乱，在于汤、武，则天下治，岂可谓有命哉！"（《墨子·非命上》）这是说治乱由人，不是因命，所以，天命是不存在的。从经验事实看，"我所以知命之有与亡者，以众人耳目之情知有与亡。有闻之，有见之，谓之有；莫之闻，莫之见，谓之亡"。"自古以及今，生民以来者，亦尝有闻命之声，见命之体者乎？则未尝有也。"（《墨子·非命中》）这是说，老百姓没有见到过命，也没有听到过命，所以天命是不存在的。从客观效果看，"今也王公大人之所以蚤朝晏退，听狱治政，终朝均分而不敢怠倦者，何也？曰：彼以为强必治，不强必乱；强必宁，不强必危。故不敢怠倦。……今也农夫之所以蚤出暮入，强乎耕稼树艺，多聚叔粟，而不敢怠倦者，何也？曰：彼以为强必富，不强必贫，强必饱，不强必饥。故不敢怠倦。……"（《墨子·非命下》）这是说，国家的乱与治在人为，努力了就治理得好，怠倦了就治理得坏；收成的好坏在人为，努力了就收成好，怠倦了就挨饥饿。并不是天命在起作用，所以说，天命是不存在的。

墨子对当时流行的命运观的批判是有一定理论深度的，尤其是他的经验论证明，有相当的说服力。但是，也正是这种经验论，局限了他的思维，使他回到了比天命论更糟糕的鬼神宗教。天命论，就其宿命的观念言，是消极有害的；但就认识发展的过程而言，它的产生又不能不说是理性思维的一个进步，因为它至少看到了人的理性所不能认知的一面。换句话说，也就是看到了理性思维的局限性，这无疑是对主体自我认识的深化。运命论者的不足之处在于，他们把这种理性的局限性给静止化、固定化了。因而看不到随着人们认识能力的提高，有些现在无法认知的必然性，将来是有可能被认知的。宿命论者的错误则在于，在把这种局限固定化、静止化以后，又夸大了这种局限，进而连局限之外的理性能力也一并抹煞了。孔子当年反复强调"知天命""与命与仁"，是不是为了避免这种后果的出现呢？不管怎样，孔子后学（孟子之前）的命运观较之孔子显然是退步了。他们没有在"知"字上下功夫，反而把天命给彻底固化了。

总之，墨子对天命论的批判只能说是说对了一半，他只看到了人能做的一面，没有看到人不能做的一面。相反，宿命论者则只看到了人不能做的一面，而没有看到人能做的一面。因此，墨子在认识论上最终还是中了自己的圈套，用本来很有价值的三表法，论证了比命运论更其荒唐的鬼神论。如曰："是与天下之所以察知有与无之道者，必以众之耳目之实知有与亡为仪者也。请惑闻之见之，则必以为有；莫闻莫见，则必以为无。若是，何不尝入一乡一里而问之，自古以及今，生民以来者，亦有尝见鬼神之物，闻鬼神之声，则鬼神何谓无乎？若莫闻莫见，则鬼神可谓有乎？"（《墨子·明鬼下》）这，是一个很值得深思的思维教训。

三　孟子的俟命论

孔子之后，孟子对命的论述较为深刻。孟子十分重视对命运之天的认识，反复强调了它的作用。如有一次滕文公对孟子说，齐国人准备加强薛地的城池，自己很害怕，问孟子应该怎么办。孟子说：

> 昔者大王居邠，狄人侵之，去之岐山之下居焉。非择而取之，不得已也。苟为善，后世子孙必有王者矣。君子创业垂统，为可继也。若夫成功，则天也。君如彼何哉？强为善而已矣。（《孟子·梁惠王下》）

意思是说，从前太王居于邠（今陕西旬邑县西），狄人来侵犯，他便避开，迁到岐山脚下来定居。这不是太王主观上乐意这样做，乃是不得已而为之。作为一位君主，只要他行仁政，即使他这一代没有成功，他的后世子孙也一定会有称帝称王的。因此，君子创立功业，传之子孙，正是为了能够一代一代地传承下去，至于成功与否，那是天命。你如何对付齐人呢？只有努力施行仁政罢了。在这里，孟子把帝业的成功与否，完全付之于天命，但同时又强调主体的能动作用即施行仁政，这是与宿命论有所不同的。又如，有一次，乐正子去见孟子，说："我向鲁君推荐了你，鲁君打算来看你，可是有一个鲁君所宠幸的小臣阻止了鲁君，鲁君因此没有来。"孟子回答说：

> 行或使之；止或尼之。行止，非人所能也。吾之不遇鲁侯，天也。臧氏之子焉能使予不遇哉！（《孟子·梁惠王下》）

孟子认为，一个人要做什么事情，是有一种力量在支使他；就是不做，也是有一种力量在阻止他。做与不做，不是单凭人力所能达到的，自己不能与鲁侯见面，这是天命，臧氏之子哪里有这样的能力呢！可见，孟子把人的一切行为都归之于天命，这又不免带有宿命论的味道。

在先秦思想史上，孟子是第一个给"命"下定义的人，他说：

> 舜、禹、益相去久远，其子之贤不肖，皆天也，非人之所能为也。莫之为而为者，天也；莫之致而至者，命也。（《孟子·万章上》）

舜、禹、益，是上古时代的三位贤明君王。三人的儿子都很没有出息，孟子说这是天意，是命运使然，不是人力所能左右的。他进而认为：没有谁叫它这样做，而竟这样做了的，便是天意；没有谁叫它来，而竟这样来了的，便是命运。在这里，"做的"

第四章　性与命

和"来的"可以是于人有利的事情，也可以是于人不利的事情。无论是哪一种事情，都是人所预料不到的。可见在孟子那里，命运的特点是：（1）它是外在于人并能影响人的力量；（2）它是人所无法预料却左右人的一种力量。孟子举例说：

> 匹夫而有天下者，德必若舜、禹，而又有天子荐之者，故仲尼不有天下。继世以有天下，天之所废，必若桀、纣者也，故益、伊尹、周公不有天下。（《孟子·万章上》）

一个普通老百姓若能得着天下，必须具备两个条件：一是有舜、禹一样的品德；二是有天子推荐。孔子只具备前者，不具备后者，所以不能得着天下。他为什么不具备后者呢？这是由命运决定的。世代相传而得天下，天所要废弃的，一定要像夏桀、商纣那样残暴无德的君王。益、伊尹、周公都是圣人，但因为所逢君主不像桀、纣，不为天所废弃，所以不能得着天下，这也是命运的使然。可见，孟子的命运观还带有条件论的意味。然而，与命运有关的条件，往往都是外在于人的条件。如孔子、周公等人，他们的主观条件都很优秀，已具备了做君王的资格，但由于外在条件不具备，他们终究没有做成君王。因此，命运主要是指人的主观因素所无法干预的那种力量。孟子把它称作"外"，他说：

> 求则得之，舍则失之，是求有益于得也，求在我者也。求之有道，得之有命，是求无益于得也，求在外者也。（《孟子·尽心上》）

大意是说，有些东西，探求，便会得到；放弃，就会失掉，这

177

是有益于收获的探求，因为所探求的东西存在于我本身之内。探求有一定的方式，得到与否却听从命运，这是无益于收获的探求，因为所探求的对象在我本身之外。孟子认为，内在于我的东西，是我所能把握的，只要努力去探求，就会有收获。如我心有四端，只要努力探求，扩而充之，它就会像"火之始然，泉之始达"那样充满活力。相反，如果不去努力探求，"亦犹斧斤之于木也，旦旦而伐之，可以为美乎？其日夜之所息，平旦之气，其好恶与人相近也者几希，则其旦昼之所为，有梏亡之矣。梏之反覆，则其夜气不足以存，夜气不足以存，则其违禽兽不远矣"（《孟子·告子上》）。造成这种可悲结局的不是命运，乃是人的不努力。因此，孟子的命运观不全是宿命论，而是对人（我）对命（外）有所区别的。凡属于人的，他主张尽一切努力去探求它；凡不属于人的，他主张尽可能地去顺应它。

  尽其心者，知其性也；知其性，则知天矣。存其心，养其性，所以事天也。夭寿不贰，修身以俟之，所以立命也。（《孟子·尽心上》）

尽心知性，存心养性，是人的力量所能达到的，人要积极地完成它。长寿或短命，是人的力量所达不到的，人要涵养身心，顺应命运的安排。这是安身立命的好方法。可见，孟子只主张在人自己身上下功夫，不提倡在人之外的方面下功夫，缺乏外向型的探索精神。孟子指出：

  尧、舜，性者也；汤、武，反之也。动容周旋中礼者，盛德之至也。哭死而哀，非为生者也。经德不回，非以干禄也。言语必信，非以正行也。君子行法，以俟命而已矣。

第四章 性与命

(《孟子·尽心下》)

尧、舜是孟子理想中十分完美的君王。他认为，尧舜的德行，是出于他们的本性；汤、武的德行，是经过修身复回到了他们的本性。动作容貌都合于礼的，是美德中的极致。吊丧表现得哀伤，不是为了给活人看。依据道德行事，不违心逢迎，不是为了谋求官职。说话讲信誉，不是要有意表现自己的行为端正。君子依法度而行，其他的付诸天命而已。可见，孟子所强调的是尽人事，也就是尽到做人的本分。至于本分以外的事情，就听凭命运的安排了。这就是后儒所谓的"尽人事而待天命"。这是对孔子"知天命"思想的深化，是孔子"天命"思想与"为仁由己"思想的统一。

孟子区分内外，强调修恃内在于我者，顺待外在于我者的思想，与他对人性的理解是有密切关系的。修己，就是修养、复归自我本有的善性。他对性与命的关系作了如下的说明：

> 口之于味也，目之于色也，耳之于声也，鼻之于臭也，四肢之于安佚也，性也，有命焉，君子不谓性也。仁之于父子也，义之于君臣也，礼之于宾主也，知之于贤者也，圣人之于天道也，命也，有性焉，君子不谓命也。(《孟子·尽心下》)

口对于美味，眼对于美色，耳对于好听的声音，鼻子对于芬芳的气味，手足四肢对于安佚，这些都是人的天生的欲望。但这些欲望是"求无益于得"的"求在外者"，得到与否，决之于命运，所以君子不把它们认作天性。仁对于父子，义对于君臣，礼对于宾主，智慧对于贤者，圣人对于天道，这些是天经地义的事，是天命所赋。但它同时又是"求有益于得"的"求在我者"，品德高尚的君子，只要依靠自己的努力，便能提高它。所以，君子不把它认作天命。可见，性与命本是一个东西，都是上天所赋予的，只是由于落实到人的身上之后，在不同的方面起着不同的作用，才显示出了区别。在这里，又一次暴露了孟子努力安置春秋时期分化、失落了的天命观念的企图。他把天之具有道德意义的部分内化为人性，把天之具有支配意义的部分外化为命运。前者是主体自觉的根据，后者是主体自觉的界限。人们只有反求前者，才能顺待后者。这就叫"知天"和"俟命"。

"俟命"并不是要人们一味消极地等待，孟子认为命运是有一定法则的，为此，他提出了"正命"说与"非正命"说：

> 莫非命也，顺受其正。是故知命者不立乎岩墙之下。尽其道而死者，正命也；桎梏死者，非正命也。（《孟子·尽心上》）

"岩墙"，将要坍塌的墙。意思是说，一切都是天命的安排，顺从接受也就是了。所以，知命的人是不站在有坍塌危险的墙壁下边的。顺着天命的法则而死的人，所受的是正命；因为某些原因，如犯罪而死的人所受的便不是正命。孟子倡导的是"正命"，所以叫人对那个"莫之致而至者""顺"而"受"之。

命运的法则还表现在孟子所谓的天数循环论中。据孟子的研究，天下的一治一乱，其周期约为五百年。他说：

> 由尧舜至于汤，五百有余岁；若禹、皋陶，则见而知之；若汤，则闻而知之。由汤至于文王，五百有余岁，若

第四章　性与命

> 伊尹，莱朱，则见而知之；若文王，则闻而知之。由文王至于孔子，五百有余岁，若太公望，散宜生，则见而知之；若孔子，则闻而知之。由孔子而来至于今，百有余岁，去圣人之世，若此其未远也，近圣人之居，若此其甚也，然而无有乎尔，则亦无有乎尔。(《孟子·尽心下》)

莱朱，汤时贤臣。太公望、散宜生，文王时贤臣。孟子推算从尧舜到汤，经历了五百多年，从汤到文王，又有五百多年，从文王到孔子，又有五百多年。于是他得出结论说"五百年必有王者兴"。但孔子之后到他那个时代的百余年间，还没有出现过一个像前面那样的王。所以他满怀抱负地说："舍我其谁！"(《孟子·公孙丑下》)

  孟子的这种天数循环论，可能受到了当时流行的阴阳五行说的影响，表现出了极强的命定论倾向。不过，从另一个角度看，这也可以看作对孔子"知天命"思想的新探索。孔子提出"知天命"，但如何知，根据什么知，孔子并没有说明。孟子从命运所具有的内在规则中推知命运的治乱周期，无疑为知天命提供了一条新思路。孔孟论命，很少涉及天命中的吉凶祸福与人之行为善恶的对应关系，这是对西周"天命德延"说的否定。但这种否定同时也为人们带来了一个思想上的困惑，即既然天不是根据人的行为来赏善罚恶，人也不是依靠自己的行为来求得天赐，那么根据什么认识天命，回应天命呢？孟子在强调修己以俟命的同时，引进天数法则，可能是为了解决这个难题。后来，《易传》提出"极数而知来"的命题，是对这一思想的发展。不过，在儒学的发展过程中，常常混淆或有意识地参合天命赏善罚恶论和天命法则论。如在《易传》中同时就有"积善之家必有余庆、积不善之家必有余殃"的观点，这实际上是一种自相矛盾。

四 庄子的安命论

与孟子同时代的庄子,在命运观方面与孟子有着极大的相似性。庄子也极力提倡信命和顺命。他说:

> 死生,命也;其有夜旦之常,天也。人之有所不得与,皆物之情也。(《庄子·大宗师》)
>
> 死生、存亡、穷达、贫富、贤与不肖、毁誉、饥渴、寒暑,是事之变,命之行也。(《庄子·德充符》)

"不得与",无法干预。"事之变",指事物变化的法则。"命之行",指天命的运行。与孟子一样,庄子认为,生死富贵等都是由命运决定的,人无法参与它的运作。在命运面前,人只有顺之安之。

> 知其不可奈何而安之若命,德之至也。(《庄子·人间世》)
> 知不可奈何而安之若命,唯有德者能之。(《庄子·德充符》)

"安之若命",庄子又称之为"安时处顺"。他说:"予何恶,浸假而化予之左臂以为鸡,予因以求时夜。浸假而化予之右臂以为弹,予因以求鸮炙。浸假而化予之尻以为轮,以神为马,予因而乘之,岂更驾哉!且夫得者,时也;失者,顺也。安时处顺,哀乐不能入也。"(《庄子·大宗师》) 大意是说,假如天把我的左臂变成了鸡,我就凭它来司夜;假如天把我的右臂变成了弹弓,我就凭它来吃烧鸟肉;假如天把我的屁股变成了车轮,

第四章 性与命

我便把我的精神当作马，骑上它，更不需要别的车驾。所以，得到的，那是由于时运；失去的，那也是理所当然。安时处顺，悲哀、快乐的情感就不会干扰自我了。

如果说在信命、顺命方面庄、孟存在着共同之处，那么，由于对天命的理解不同，在如何顺命方面，二者的区别就明显地表现出来了。与孟子不同，庄子不承认道德之天的存在，更反对把天道德化以作为人性的根据。他认为，天是自然无为者，因此，人们在顺应天命时，用不着像孟子那样，区分内外，修己以俟命。而是相反，摒除分别，物我齐一，因而顺之。用他自己的话说就是"不以心捐道，不以人助天"：

> 古之真人，不知悦生，不知恶死，其出不欣，其入不距。翛然而往，翛然而来而已矣。不忘其所始，不求其所终。受而喜之，忘而复之。是之谓不以心捐道，不以人助天。(《庄子·大宗师》)

"古之真人"是庄子理想中的一种完人，他认为这种人对待命运的态度是我们所应该效法的。这种人不以生为可喜，不以死为可恶，生而不乐，死而不拒，自由自在地来，自由自在地往，不忘记本始，不追求所终，天赋予了自己生命，就安然地顺应它；天剥夺了自己的生命，就安然地复归它。庄子安命说的最大特点是不以自己的主观心志损减天道，不以自己的主观作为改变天命。可见，庄子是反对人为地修己的。因为天命叫你生，并不可喜可贺；天命叫你死，也不可悲可痛。"夫大块载我以形，劳我以生，佚我以老，息我以死。故善吾生者，乃所以善吾死矣。……特犯人之形而犹喜之。若人之形者，万化而未始有极也，其为乐可胜计邪？"(《庄子·大宗师》)因此，人们无

183

须把自己看得十分特别,"无物不可,故为是举莛与楹,厉与西施,恢恑憰怪,道通为一"(《庄子·齐物论》)。只要你一切顺任命运的安排,把自己彻底泯灭于天命之中,就算是对待命运的最好办法了。庄子后学沿着他的这一思路,走向了彻底的虚无主义。其曰:

> 察其始而本无生,非徒无生也而本无形,非徒无形也而本无气。杂乎芒芴之间,变而有气,气变而有形,形变而有生。今又变而之死,是相与为春秋冬夏四时行也。人且偃然寝于巨室,而我噭噭然随而哭之,自以为不通乎命,故止也。……生者,假借也。假之而生生者,尘垢也。死生为昼夜,且吾与子观化而化及我,我又何恶焉。(《庄子·至乐》)

在庄子后学看来,人的生死变化跟春夏秋冬四时、昼夜的变化是完全一样的,人的生命的独特意义在他们那里已是完全地不存在了。

与孟子一样,庄子也讨论了"知"的问题:

> 知天之所为,知人之所为者,至矣。知天之所为者,天而生也;知人之所为者,以其知之所知,以养其知之所不知,终其天年而不中道夭者,是知之盛也。(《庄子·大宗师》)

这是说,一个人的智力是生来就有的,是"天之所为者",人们只有好生看护这个生就的智力,而不去追求超乎这个智力以外的东西,才能颐养天命,而不至于中道夭折。就这一点而言,

第四章　性与命

庄子与孟子在思维方面还是有其相通性的，即都看到了人之所能与人之所不能。不同在于孟子要透过这种分别，彰显主体的能动作用，"修"之在我者，"俟"之在彼者；而庄子则透过这种分别，泯灭主体的能动作用，"全"之在我者，"游"之在彼者。他在《养生主》中说：

> 吾生也有涯，而知也无涯。以有涯随无涯，殆已；已而为知者，殆而已矣。为善无近名，为恶无近刑。缘督以为经，可以保身，可以全生，可以养亲，可以尽年。

"督"，谓中。庄子认为，人的生命是有限的，需要认知的东西则是无限的；用有限的生命去追求无限的知识，是十分危险的，必然会陷于困境。陷入困境后还不自觉，仍去追求，那就更加可怕了。为了保全自我，不至中道夭折，最好的办法是像督脉走中线一样，做善事不至于成名，做坏事不至于犯刑，处于善恶之间，居于好坏善恶的缝隙里，苟安偷生。他拿解牛为喻，说："彼节者有间，而刀刃者无厚；以无厚入有间，恢恢乎其于游刃必有余地矣。是以十九年而刀刃若新发于硎。"（《庄子·养生主》）牛的骨节间是有一定缝隙的，杀牛的刀，其刃是很薄的，用这样薄的刀刃伸进那有缝隙的骨节中去，就可以任刀刃宽宽绰绰地斩割了。这样，一把杀牛刀，用上十九年还会像刚磨出来的一样好。在这里，庄子提供给人们对待命运的方法是一种钻空子的方法。虽然这种空子也多少反映了事物之间存在的特殊关系，对于养生也有一定的价值，但作为一种对付复杂社会和人生的方法，则显然是消极的。因为社会生活并不像牛的骨头节那样有着固定的空子可钻。弄不好，犹"未免乎累"。因此，他的后学不得不靠彻底地屈人，来适应命运。

> 忘足，履之适也；忘腰，带之适也；知忘是非，心之适也；不内变，不外从，事会之适也。始乎适而未尝不适者，忘适之适也。(《庄子·达生》)

忘掉了脚，穿什么鞋子都感到舒服；忘掉了腰，系什么带子都觉得合适；忘掉了是非善恶，遇到什么事情，心情都会感到舒畅。内不动摇心，外不追随事物，事情到来，也就感到适宜。开始时还追求舒适，久而久之，连追求舒适的心也忘掉了，这才是真正的舒适。这是让人用麻木不仁的态度来对付天命，是十分消极的思想。难怪荀子批评他为"蔽于天而不知人"。

五　荀子的俟时论

荀子是先秦思想家中的一位理性主义大师，他对命运的看法吸收了各家之长，批判了各家之短。他认为："节遇，谓之命。"杨倞注曰："节，时也，当时所遇。"这是说命运就是适逢其会，应时而遇。

以"时"论命，是荀子命运观的特点，他提出了"修身端行，以俟其时"的命题。在《宥坐》篇中，他借孔子与弟子的对话讨论了这个问题。

> 孔子南适楚，厄于陈、蔡之间，七日不火食，藜羹不糂。弟子皆有饥色。子路进问之曰："由闻之，为善者，天报之以福；为不善者，天报之以祸。今夫子累德，积义，怀美，行之日久矣，奚居之隐也？"孔子曰："由，不识，吾语汝。女以知者为必用邪？王子比干不见剖心乎？女以忠者为必用邪？关龙逢不见刑乎？女以谏者为必用邪？吴子胥不磔姑苏东门外乎？夫遇不遇者，时也；贤不肖者，

第四章 性与命

材也。君子博学深谋不遇时者多矣。由是观之,不遇世者众矣,不遇世者众矣,何独丘也哉!且夫芷兰生于深林,非以无人而不芳;君子之学,非为通也,为穷而不困,忧而意不衰也,知祸福终始而心不惑也。夫贤不肖者,材也;为不为者,人也;遇不遇者,时也;死生者,命也。今有其人,不遇其时,虽贤,其能行乎?苟遇其时,何难之有?故君子博学深谋,修身端行,以俟其时。"

子路受传统天命赏善罚恶论的影响,对一辈子怀仁行义的老师孔子的处境很不理解,孔子用历史上一些著名人物的事迹告诉他说,知者,忠者,谏者,未必都能见用。见用与不见用,主要看他是不是生逢其时,世界上生不逢时的人多得是,哪里就只是我孔子一人呢?君子学道,不是为了求取显达,而是为了在受穷时不感到困顿,遭忧患时立志不衰退,懂得祸福的终始,内心不迷惑。贤与不贤,这是天生;为与不为,这是人事;遇与不遇,这是时运;生死存亡,这是天命。有的人很有才华,但遇不到好时运,纵然贤明,也不会有什么作为。但假如他遇到了好时运,那么,成就事业对他就没有什么困难的了。所以,君子学问要渊博,谋虑要深远,修养身心,端正品行,等待时运的到来。

"修身端行,以俟其时"与孟子"修己以俟天命"的思想十分相似。但荀子以时运说天命,则与孟子对命的理解侧重点颇为不同。如果说孟子主要强调的人的局限性而主张顺从命运的安排,荀子则主要强调的是事物发展的时间性而主张等待时机。当然,孟子也讨论了"时"的问题,但还不像荀子那样把"时"与运联系得十分紧密。因此,孟子的命运观,就修己方面言,是理性的;就俟命方面言,则表现出极强的非理性色彩。荀子的命运观，就"修身端行"言，是理性的；就"以俟其时"言，也表现出极强的理性色彩。这种理性色彩，与他对天的认识是分不开的。荀子说："天行有常，不为尧存，不为桀亡。"天道按一定规律运行，不因为帝尧有德而存在，也不因为夏桀无德而消亡，它是自然的必然性。但人们在这种必然性面前，又不是毫无办法的，像孟子俟命，庄子"游刃"那样。天的自然必然性并不影响人类自身的活动。荀子说：

> 彊本而节用，则天不能贫；养备而动时，则天不能病；循道而不贰，则天不能祸。故水旱不能使之饥，寒暑不能使之疾，祆怪不能使之凶。本荒而用侈，则天不能使之富；养略而动罕，则天不能使之全；倍道而妄行，则天不能使之吉。故水旱未致而饥，寒暑未薄而疾，祆怪未生而凶。受时与治世同，而殃祸与治世异。不可以怨天，其道然也。（《荀子·天论》）

加强农业，厉行节约，天就不会使人贫穷；给养充备，动作得时，天就不会使人困顿；遵循着道，不出偏差，天就不会使人受祸。这样的话，旱涝之年灾荒也不会发生，寒暑之季疾苦也不会出现。相反，如果农产荒废，日用奢侈，天也不能使人富足；动作失时，任意妄行，天也不能使之吉祥。所以，荀子说："故明于天人之分，则可谓至人矣。"这是十分了不起的看法。孟子看到了人天的区别，强调修己，但最终还是无法摆脱那个"无可奈何天"的束缚。庄子抹煞天人的区别，干脆把人变成麻木不仁的命运之奴。荀子则立足于天与人的区别，但又并不局限在这种区别中，而是以人的理性和智慧，去战胜这种分别所造成的对立。他说："大天而思之，孰与物畜而制之？从天而颂

第四章　性与命

之，孰与制天命而用之？望时而待之，孰与应时而使之？因物而多之，孰与骋能而化之？思物而物之，孰与理物而勿失之也？"（《荀子·天论》）这是说，敬拜天而神化它，哪如把它当作物而畜养制裁；顺从天而歌颂它，哪如控制天命而利用它；期盼天时而等待它，哪如适应时节而驱使它；因顺万物而重视它，哪如施展理性去变革它；对物好发奇想，哪如顺理去管制它。可见，荀子是极力提倡以人力制服自然的，这是对宿命论最有力的回击，是对主体自我的比较彻底的自觉，人不是命运的奴隶，而是命运的主人。

结　语

先秦儒学，是一种十分成熟的思想形态，要想深入准确地认知它的内涵，就必须从发生学的意义上追根溯源，对其形成的历史进行认真的探讨。本书从"有册有典"（《尚书·多士》）的殷商文化入手，通过祖与帝、德与天、仁与礼、性与命四对先秦重要哲学范畴之联系、发展的研究揭示了先秦儒家哲学演进的逻辑及其对中国文化发展造成的影响。

孔子说"郁郁乎文哉，吾从周"，又说"周因于殷礼"。那么"殷礼"（礼即文化）的主要内容是什么呢？就是祖先崇拜和上帝崇拜。

祖先崇拜，是一种较为原始的文化现象。以前，不少学者企图通过解释甲骨文中的"且"（祖）字，揭开这一崇拜文化的内在秘密，但也有不同的意见，如据唐兰先生考证，"且"本指切肉的木墩子，因声假借，才做了祖先的祖字。因此就这个字本身而言，是看不出多少神秘的意向的。但这并不等于说在殷商时期没有存在过对祖先神的种种神秘认识。祖先崇拜脱胎于图腾崇拜，图腾崇拜至少有两个功能，即生殖功能和始祖神功能，祖先崇拜也基本如此，殷人十分重视对生育神的祭祀，他们的"高媒神"（司掌生育的神灵）就是女始祖简狄。这种生殖

结　语

崇拜现象反映了殷人对"人的生产"的自觉，对族类存在的认识，它是由图腾崇拜向祖神认同转变过程中必不可少的环节。

祖神崇拜有两个思想来源，一是对传说中的先祖功绩的神化；一是从图腾神观念中分化出来的始祖神观念。前者提供的是历史的根据，后者提供的是思维的根据，用后者加工前者，即把图腾信仰中充当自然、氏族、个人之生命关联的中介物——图腾神变成祖先，便形成了具有原始宗教意义的祖神崇拜。祖神崇拜作为一种纯文化现象，摆脱了人们认同于某个神化自然物（图腾）的思维模式，而直接认同于先祖。只有这时人们才真正意识到了人与自然的差别，他们信靠祖先，事无巨细都向祖神祈祷，希望从它们那里得到帮助，获取丰年或战争胜利等。这实际上是企图通过祖先神来实现人对自然的支配。因此，在祖先崇拜的宗教形式中，祖先神只不过是一个价值转换体，人们通过与超验世界中祖神的关系，便可以寻找到自身存在的价值、自身存在的依据和自身存在的方式。祖神作为人间的代表，实乃人类本质的体现，它曲折地反映了人类自我认识的深化过程。

在殷人的观念世界中，帝神的作用巨大。帝观念的形成，与祭祀活动的内化有关。甲骨文帝字通禘，禘本为祭祀形式之一种，它与燎祭等其他祭法在多数情况下可以通用，如被文字学家释为祭祀道具——燎柱的"示"字，在殷人的祭祀占卜中，既可以指天神，又可以指地祇，还可以指先公先王，是这些神灵的"通称"。这表明殷人在不断的宗教实践活动中，逐渐发现了不同诸神所具有的同一性，把这种"通称"的祭祀形式内化为人的观念（一种关于诸神的共相），就为帝神观念的形成提供了思维的依据。然后，再借助于地上王权的摹本，和方国联盟政体的需要，便创造出了不同于祖神的，诸方国都能接受的统一至上神。它是一种"共相",因而可以被赋予极大的权能;但由于它的非具体性(像祖先、山河等神祇那样),它几乎得不到人们的享祭。而且,由于殷人根深蒂固的祖神崇拜观念,帝神的无法预知的威力的作用往往只被限制在自然领域,成为自然诸神的首领。然而它的产生却丰富了人们对宇宙空间的认识,是人们企图把握客体世界之统一性的初步尝试。

祖神与帝神的关系十分复杂,二者既有区别又有联系。它们之间的矛盾以超验的形式反映了主体与客体,即人与自然的关系。

殷周之际,思想界发生大变革,周公根据当时的政治需要和本民族文化传统,损益"殷礼",建构了周初统治阶级的精神理念,其特点是"以天为宗,以德为本"。

"德"字见于甲骨文,为依上帝之命循行察视之意。周公从三个方面对此进行了重塑:(1)损殷人对祖神的盲目依赖,益之以对祖神的效法,使祖神由权威型守护神变为有道德榜样作用的守护神;(2)损殷统治者之"诞淫厥泆",益之以"明德慎罚",使祖神的榜样作用与统治者的政治行为统一起来;(3)损殷人帝神观念中的非理性因素,益之以"天若元德",使天成为人的道德行为的终极标准。通过这三方面的损益,大致可以概括出"德"的四方面内涵:对天的态度,以德配天;对祖的态度,效法祖先;对民的态度,敬德慎罚;对自己的态度,疾敬德,无逸,孝友。这种新的观念的重心不是在神的权威方面,而是在人的行为自觉方面,反映了人对自我认识的深化。虽然人们的每一种行为都还有来自神界的依据,但依据不等于支配力,它不过是以曲折的宗教形式肯定了人们的道德行为的合理性,这就把人生命运的主动权部分地转移到了人的手中,

结　语

为春秋时期理性的觉醒准备了条件。后来孔子对德的论述，摆脱了狭隘的政治观念，使它逐渐发展成为一个与任何人的行为均有关系的指称善良品行、高尚品格的伦理概念。

"天"是周人对至上神的称谓。天与帝既相通又有差别，周人以天代帝基于两个传统：一是重视以天文、星占、数学为基础的筮占的传统；一是重视农业生产的传统。这两个传统共同培养了周人对天之观察、认识和崇拜的传统，它同时又培养了周人浓厚的理性精神。周人重塑至上神，主要表现在：（1）削弱殷人至上神观念中上帝作用的自然性特征，把天的权威重点局限在"命哲、命吉凶、命历年"三个方面，突出了它对社会人事的意义；（2）抛弃殷人至上神观念中的非理性因素，纳德于天，以作为"命哲、命吉凶、命历年"的基本依据；（3）改变殷人观念中的祖帝二元性，在周先祖与天帝之间建立血缘关系，密切天与时王的关系（把时王称为"天子"）；（4）抛弃殷人对上帝的盲从行为，以理性的态度提出"天不可信""惟人"的命题。

周人的这种改造使"德"成了天人共同遵循的原则，天作为有理性的人格神，由殷人猜度的对象变成了周人可认识可理解的对象，人作为天命的执行者，也从盲从中解脱出来，靠着自己的德行和主观能动性，参与了天命的运作。孔子讲"为仁由己"，其根子就在这里。春秋时期，随着周天子的式微，天的观念发生了分化：一方面，传统天命观仍有影响；另一方面，随着科学的进步，天道观念开始形成。后来，传统天命观再一次发生分化，其具有道德意义的部分，被孟子内化到人性中去，作了人性善的根据；其具有支配意义的部分，被淡化了神学色彩，而成为带有必然性的命运之天。

春秋时期，社会又一次出现大动荡，孔子着眼于社会结构的基本情状，通过诠释仁与礼这对范畴，积极地回应了当时的现实问题。"仁"的观念起源于春秋初期，它是从德观念中分化出来的，但摆脱了德观念中祭天敬祖的神学成分，是一个纯粹的指说政治行为、个人品行的道德德目。孔子在研究礼学的过程中，抓住仁的观念大加发挥，并把它作为自己思想的核心。孔子仁学的逻辑起点是宗法制中的孝悌观念，他由宗法中的父子、兄弟等血缘情爱推衍开去，提出"爱人""泛爱众"的命题，这是对普通百姓尊严的重视。但孔子的"爱人"是差等之爱，差等的标准是礼，礼的作用是使由血缘情感推衍出来的爱人之"仁"，在向外立人达人的时候，还必须时时回应宗法血缘中的等级存在，不能有所超越。孔子从不轻易许人以仁，也不自许做到了仁，这倒不仅是因为孔子谦虚，乃是由于他对于仁还有着更高一级的体认。

孔子提倡"为仁由己"，对中国思想史的影响很大，它使一切外在的戒律在很大程度上被否定了，换句话说，知识的修养、美的修养、善的修养等都要靠"己"——主体自身——来完成，并由内向外发显（推己及人），去维护和建立合理的社会秩序。周公提出一个德字，把修养的责任大部分地落实到了人的头上，冲淡了宗教神学的意味。孔子提出一个仁字，把修养的责任以理性的方式全部落实到了主体自身，基本上没有给他律性的宗教留下任何地盘。如果说周公之落实德，还基于某种宗教式的恐惧（如怕遭天罚）；那么孔子之落实仁，则完全是基于一种理性的自觉。后儒发挥孔子的思想，也基本上是围绕着这一精神展开的，如孟子把仁与心性联系起来，在人之异于禽兽的地方做文章，论证人之为人的本质。汉儒把仁称为"天心"，强调"人之为言人也""我不自正，虽能正人，弗予为义"的主体自

结 语

觉。魏晋玄学大炽，但他们仍认为"仁义自是人之情性"，即并不离开人的本根谈仁。宋明时期，仁更被从本体的意义上作为生命的本质，如朱熹曰："天地以生物为心者也，而人物之生，又各得夫天地之心以为心者也。故语心之德，虽其总摄贯通，无所不备，然一言以蔽之，则曰仁而已矣。"总之，孔子的仁学，体系庞大，既简易为一种具体的德目，又高远为一种人生的境界。所以，颜子叹曰："仰之弥高，钻之弥坚，瞻之在前，忽焉在后。"

"礼"的起源是一个十分复杂的问题，与原初人的宗教信仰、生活方式、风俗习惯均有关系。由于文献不足征，夏殷之礼已无法考其全貌。史载周公制礼作乐，其实是继承和损益夏殷之礼，损益的准则是"尊尊亲亲"。他对礼的主要贡献是纳德于礼和对礼之重要组成部分——乐的新认识。春秋时期，礼坏乐崩，在礼制方面基本上存在三种情形，一是旧的传统礼制还有相当大的市场，被不少政治家、思想家当作判断是非的标准；二是新的社会关系不断形成，与传统礼制发生冲突，造成了思想混乱；三是一些思想家开始重新思考礼的作用、礼仪的形式等问题。孔子是春秋末期的礼学大师，通过研究礼学史，他发现礼学发展的规律是因、损、益。孔子基本赞扬、提倡和维护周礼，为了救治礼坏乐崩的时局，他提出正名说。但他并不顽固保守地对待周礼，而是体现了较多的变通精神。他在礼学方面的突出成就是对礼的本质的认识和纳仁于礼（"克己复礼为仁"）。孔子之后，孟荀对礼的认识都有深入，而荀子较为全面。

孔子结合仁与礼，使人与社会的关系在主体的自我修养中（"克己"）达到了统一。孟子又进一步，把这种统一的根据从人身上具体地落实到人的良知良能——心中，把孔子"为仁由己"

的主体自觉给彻底地唯心主义化了。而荀子通过对礼的起源、礼的作用、礼与法的关系以及宗教活动中对礼的新认识，把孔子礼学中的理性主义贯彻到底，把人与社会的统一植根于社会之中。

战国，是春秋时期各种复杂社会派别间斗争的继续，与此相适应，这个时期的哲学也沿着春秋时期展开的思路，走到了它的时代顶峰，最能表现这个顶峰的哲学观念是"性"与"命"这对范畴。

"性"字不见于甲金文，但与生字同源，本指生而具有的材质。孔子曰"性相近"，就是说人们刚刚生下来时，彼此禀受的天赋材质是没有什么差别的。这种观点，看到了人们所共同具有的同一性，但这个同一性是什么，孔子没有说明，乃至于他的弟子子贡"不得而闻"。

孔子之后，分化了的儒家内部出现了一批著名的专家，他们从善恶入手讨论了人性问题。宓子贱等人认为，有人生而善，有人生而恶，善恶与生俱来。这种观点看到了人与人之间的差别性，但把人之为善为恶之依据交给"天赋"，走向了极端。世硕否认善恶与生俱来论，指出人之善恶的主要根据是社会政治环境和统治者的榜样教化，可以说是对宓子贱等人的观点的纠正。以善恶论人性，是对孔子思想的深化，孔子提出"为仁由己"，但"己"是什么，有无为仁的可能性，孔子没有说，关于人性的研究可以说是对这个问题的探讨。

除上述观点外，告子的人性学说也颇有影响，他的思想集中表现在"生之谓性"，"性无善恶"和"仁内义外"这几个方面。战国中期的人性论大家孟子对此进行了激烈的批判，并在总结前人思想的基础上提出了自己的性善说。他的性善论的思

结　语

维秘密，一是在继承孔子仁学思想的基础上内化春秋时期衰落了的道德之天，把它当作人性善的根据；一是夸大理性思维器官"心"的作用，把心所具有的认识能力等同于心的认识活动，即把人们分辨善恶、体知是非的能力，等同于善恶是非本身，从而陷入了道德先验论的泥潭。

把天内化于人，作为人性的根据，是先秦讨论人性诸家的共同特点，只是由于对天的理解不同，人们关于人性的学说才产生了很大的分歧。荀子与庄子认为天就是自然，因而认为人性就是人的自然本性。但在修养方法上，二者又有区别，荀子主张"化性起伪"，庄子主张"以天合天"。孟子的修养论与荀庄亦不相同，但目的与荀子一致，即都致力于人的道德化。不过，孟、荀、庄三家也还有一个相同点，那就是他们都提倡寡欲，都以对物俗的克禁来彰显人之为人的主体本质。

"命"字，甲金文已有，指至上神的命令。春秋时期，随着传统天命神学的式微和分化，一部分思想家开始淡化天的人格神意义，把它的至上命令改造成一种外在于人却又支配人的必然性，这就是命运之天。孔子"与命与仁"，既相信命运的存在和对人的支配作用，又强调人的主观努力，提倡"知天命"。所谓"知天命"包含两层意思：就我的能力由天赋予（"天生德于予"）言，谓之天命；就自觉天所赋予我的能力界限言，谓之知。孔子十有五志于学，是对使命的自觉，五十知天命是对自己的能力的自觉。"知天命"实际上就是古希腊哲学家苏格拉底所提倡的"认识你自己"。

孔子学在命运观上一度陷入宿命论，遭到了墨子的批判。但墨子的批判只对了一半，他从经验论出发，正视了人的能力，却忽视了客体对主体的制约作用。换句话说，他只看到了人能够做的一面，却没有像命运论者那样，看到人之理性的局限性，即人不能够做的一面，结果，走向了比命运论更落后的鬼神论。

孟子继承孔子"天生德于予"和"为仁由己"的思想，及"与命与仁"的思路，提倡修己以俟命。他认为，凡是属于人之内的事，人都该努力做好；凡属于人之外的命，人都该积极地顺应。他还把孔子"知天命"的思想具体化，提出通过命运发展的内在规律——天数循环来认知命运的新方法。他推断说，五百年必有王者兴，舍我其谁！与孟子同时代的庄子，在命运观方面与孟子有极大的相似性，也极力提倡信命和顺命，但他反对在"知"上下功夫，主张用"钻空子"的办法对待人生。他的后学更进一步，让人用麻木不仁的态度对待天命。荀子是先秦儒家中的一位理性主义大师，对于命运，他提出"修身端行，以俟其时"的命题，认为"命运"与事物发展的时间性是相关的。他还从唯物主义天道观出发，提倡以人力制服自然，做命运的主人。这是十分深刻的观点。

先秦思想家对命运问题的探讨，是对主体与客体、自由与必然之间的关系的深刻思考。

在先秦，儒家只是"百家"中的一家。但自汉武帝"独尊儒术"之后，儒家思想便成为中国封建社会占统治地位的思想意识，对中国封建文化的形成与发展产生了巨大的影响。因此之故，近百年来，中西文化发生冲突时，人们反思传统，目光往往首先投在儒家哲学上。西化论者总是拿儒学开刀，否定传统；保守论者亦以儒家伦理为"中体"，而肯定它的价值。这是一个大的时代课题，本书无力全面回应，但在前面的讨论中，我们也涉及了两个与此不无密切内在联系的问题，即中国封建社会为什么没有产生成熟的一神教和自然科学理论为什么不发达？从表面看来，这两个问题似乎有些风马牛不相及，其实，

结 语

二者却有一个共同的前提,即如何认识和处理人与自然的关系。

中国的原始先民很早就意识到了这个问题,1978年,在河南临汝阎村的仰韶文化遗址,出土了一件陶缸,其腹部有一幅高37厘米、宽44厘米的画面。画面的左边画有一只肥润丰满的鹳鸟,身体呈椭圆形,长嘴圆眸,昂首挺立,并微微向后倾斜,嘴叼一尾大鱼。画面的右边以棕色勾画出一柄直立石斧,笔法古拙苍劲,显示出石斧及木柄的质感和量感。[①] 这是一幅极富意味的原始绘画。如果我们把左边的鹳鸟衔鱼视为纯粹自然力的表现,那么右边的那柄直立石斧显然是人类力量的象征。它以一种最朴素的方式反映了人与自然的关系。

从殷商时期的祖神崇拜和帝神崇拜的文化现象看,这个时期,人与自然的关系仍然是文化关注的焦点。透过曲折复杂的宗教形式,我们可以窥视到殷人对自然的极大兴趣。他们对自然诸现象的卜问,无疑为人的认识活动提供了丰富的材料。但是,周灭殷后,人们的这一兴趣并未能被很好地保持下去。周公出于政治的需要,靠把祖先道德化和纳德于天的方式,以天命赏善罚恶、天命德延的思维路线,将至上神发布命令和自然界发生风雨晦明的根据,大部分地转嫁到了人的身上,行为的好坏成了人之命运好坏的基础。因此,人们便渐渐地把自己的兴趣从广泛的世界中收敛回来,集中到社会人事,特别是自己身上,以企用自我的德行上配天德,形成了人与道德之天的合一。先秦儒家虽然并不十分赞成西周天命神学中的赏善罚恶论,但他们无一例外地强调修己,强调通过人的道德行为,与社会达成和谐一致,如孔子纳仁于礼,孟子纳天于性等,这就更加从哲学的高度强化和发展了周公思想的基本精神。

[①] 参见晁福林《天玄地黄——中国上古文化溯源》,巴蜀书社1990年版,第60页。

然而，由于周人靠德与祖先的中介建立起来的、先秦儒家加以发展和完善的人与天的合一关系，并不是在殷人帝与祖这对矛盾充分发展之后得以完成的，于是便造成了三种客观事实：

（1）靠"德"的重塑，以夸张的形式喻示了人的道德行为（注意：是人的道德行为）对自然（和至上神）的巨大影响作用（赏善罚恶的依据）；

（2）正由于对人类行为的评价——自然（和至上神）的赏善罚恶——是根据人之行为的好坏进行的，因此，"评价"的主体（自然、天神）便作为人们为规范自己的行为而设立的缺乏创造性的"超级"法官，而仅仅成了虚悬一格的空洞形式，其本来固有的自然秩序被政治的和伦理的秩序代替了。于是自然由人们认识、改造的对象，变成了伦理意义上顺从的对象。但由于人们所顺从的对象，恰恰是被拟人化（即道德化）了的东西，所以，所谓人顺从于自然，实际上是自然统一于人伦。

（3）于是，在主客体的双重建构中，作为客体之主要组成部分的自然，由于被社会伦理化染之故，而失去了与主体互动的功能，因此，主体的建构也就成了"画地为牢"式的道德之我与社会现实之我的互动（克己）。而由于在封建时代，社会理想和伦理目标是固定不变的（天不变道亦不变），所以，这种"互动"并不能提供什么新鲜的刺激（自然则不同），人们终其一生，所追求者无非是那个固定不变的目标罢了。于是人的修养代替了人的认识；而宗教意义上的至上神和科学意义上的自然，便在人们的道德理性的极端膨胀中被从认识的层面给排挤掉了。

当然，我们这样说，并不是认为按照殷人祖帝二元的思维方式发展下去，就可以产生西方意义上的宗教和科学理论。考古学家通过对比中国文明和作为西方文明之主要源泉的苏末

结　语

（Sumerian）文明，发现至迟在公元前四千纪后期，二者就已表现出了不同的发展思路和势头。[①] 因此，我们说，殷周之际的思想变革及儒家对西周思想的发展和完善，只不过是更加剧了二者的差异罢了。

[①] 张光直：《考古学专题六讲》，文物出版社1986年版，第23页。

附　录

一　论孔子"中庸"思想的内在逻辑*

"中庸"思想，起源甚古。相传早在氏族社会，帝喾便"溉执中而遍天下"(《史记·五帝本纪》)。尧舜时代，又有所谓"允执其中"的说法(《论语·尧曰》)。成书于殷周之际的《周易》一书，更是鲜明地体现了"尚中"的倾向，如在《易经》六十四卦中，被《易传》及后来的易学称为"中爻"的二、五两爻吉辞最多，合计占47.06%，差不多占到了总数的一半；其凶辞最少，合计仅占13.94%。① 足见其对"中"的重视。春秋末期的著名哲学家孔子十分重视对三代文化的传承和弘扬，在他的思想中，也包含了丰富的"尚中"观念。以此为出发点，孔子建构了自己的"中庸"思想体系。

(一) 尚中：中庸的逻辑起点

孔子的"中庸"思想，其逻辑起点是传统的"尚中"观念。

---

*　本文原载《齐鲁学刊》2004年第1期。
①　黄沛荣：《易学乾坤》，台北：大安出版社1998年版，第146页。

从《论语》及相关典籍中不难看出,"中"是孔子品评人物、选才交友的标准之一,也是其自我修养的行为准则。如:"子贡问:'师与商也孰贤?'子曰:'师也过,商也不及。'曰:'然则师愈与?'子曰:'过犹不及。'"(《论语·先进》)师,颛孙师,即子张。商,卜商,即子夏。二人均为孔子弟子。子贡问孔子,子张和子夏谁更强一些,孔子评价说:"子张有些过分,子夏有些赶不上。"子贡以为,子张"有些过分",自然要比"有些赶不上"的子夏强些,孰料孔子的回答则是:"过分和赶不上同样不好。"在这里,孔子衡量弟子孰优孰劣的标准是"中",即"无过无不及"。

又如:"子曰:'不得中行而与之,必也狂狷乎!狂者进取,狷者有所不为也。'"(《论语·子路》)"中行",即中道。孔子认为,得不到合乎中道的人和他交往,不得已而求其次,也一定要交到激进的人或狷介的人。因为激进的人一意向前,狷介的人也不肯做坏事。可见,孔子选才或交友的理想标准也是"中",不得已才求其次。

"中"也是成就"君子"品格的指导思想和行为原则:"子曰:'质胜文则野,文胜质则史,文质彬彬,然后君子。'"(《论语·雍也》)"文质彬彬"也就是前文所谓的"中行",关于此点,《颜渊》篇的一段话正好可做注脚:"棘子成曰:'君子质而已矣,何以文为?'子贡曰:'惜乎,夫子之说君子也,驷不及舌。文犹质也,质犹文也。虎豹之鞟,犹犬羊之鞟。'"(《论语·颜渊》)棘子成,卫国大夫。"鞟"即皮革。子贡的意思是说,礼仪形式和朴实的基础这两个方面,对君子来说同等重要,假如把两张兽皮的毛全部拔去,就分不出哪张是虎豹的皮,哪张是犬羊的皮了。因此,对一个人而言,美好的素质和合理的行为都是不可偏废的。

以"中"为标准,孔子常常告诫人们思想行为要合乎中道,如曰:"好勇疾贫,乱也。人而不仁,疾之已甚,乱也。"(《论语·泰伯》)朱熹解释说:"好勇而不安分,则必作乱。恶不仁之人而使之无所容,则必致乱。二者之心,善恶虽殊,然其生乱则一也。"①"好勇而不安分"就是孔子所谓的"勇而无礼";"恶不仁之人而使之无所容",则有类于孔子所谓的"直而无礼"(《论语·雍也》)。二者的行为方式虽或不同,但思想根源却是一个:即"一意孤行",而不能中道行之。有见于此,孔子十分推崇"中庸"之德:"子曰:'中庸之为德也,其至矣乎,民鲜久矣。'"(《论语·雍也》)从孔子的赞扬("其至矣乎")和惋惜("民鲜久矣")中不难看出,在孔子的心目中,中庸之德是何其完美。

事实上,孔子本人也正是以"中"为自己的思想方法和行为准则的,其曰:"吾知乎哉?无知也。有鄙夫问于我,空空如也,我叩其两端而竭焉。"(《论语·子罕》)"两端",或谓指"不及和过头两个极端"②;或谓指"事情的两个方面"③。总之"叩其两端"是孔子在认识事物、获取知识、解疑释惑的过程中体会到的一种思想方法,此种方法,其核心即为"用其中"。就道德修养和行为修养的层面说,孔子"用其中"的具体体现则是:"子绝四:毋意,毋必,毋固,毋我。"(《论语·子罕》)"毋意",不悬空揣测。"毋必",不绝对肯定。"毋固",不拘泥固执。"毋我",不唯我独是。"子绝四",则是指孔子没有"意""必""固""我"四种毛病。在这里,"四毋"的核心仍是

---

① (宋)朱熹:《四书章句集注》,中华书局1983年版,第105页。
② 北京大学哲学系中国哲学教研室主编:《中国哲学史》,北京大学出版社2001年版,第26页。
③ 冯友兰:《中国哲学史新编》(上),人民出版社1998年版,第160页。

"中"。这种思维观念、行为原则，或许可以谓之"允执其中"。这说明，对于传统文化持"因、损、益"态度的理性主义大师孔子，对传统"尚中"观念是持完全赞成的态度的。

（二）时中：中庸的内在本质

如果说"尚中"是传统观念，为孔子所继承，并成为其"中庸"思想的逻辑起点；那么"时中"则是孔子对传统"尚中"观念的丰富和发展，是其"中庸"思想的逻辑展开。

与"中"一样，"时"也是一种起源甚古的观念。早在尧帝时，就曾"乃命羲和，钦若昊天，历象日月星辰，敬授民时……"（《尚书·尧典》）孔子一向重视"时"，其曰："导千乘之国，敬事而信，节用而爱人，使民以时。"（《论语·泰伯》）强调"时"对于治理国家的重要性。不但治国，就连说话，孔子也是"时然后言"（《论语·宪问》），并主张"言不当其时则闭慎而观"①。不但说话，就连看到飞鸟，孔子也不免"时哉时哉"之叹："色斯举矣，翔而后集。曰：'山梁雌雉，时哉时哉！'……"（《论语·乡党》）因此，孔子特别强调："君子务时。"②

孔子的贡献在于，将"时"与"中"联系起来，形成了"时中"的观念："仲尼曰：'君子中庸，小人反中庸。君子之中庸也，君子而时中；小人之中庸也，小人而无忌惮。'"（《中庸》）"时中"，即"随时以处中"，用《论语》所记孔子的话说，就是"无可无不可"："逸民：伯夷、叔齐、虞仲、夷逸、朱张、柳下惠、少连。子曰：'不降其志，不辱其身，伯夷、叔齐与！'谓'柳下惠、少连，降志辱身矣，言中伦，行中虑，其

---

① 廖名春：《帛书〈易传〉初探》，台北：文史哲出版社1998年版，第276页。
② 廖名春：《帛书〈易传〉初探》，台北：文史哲出版社1998年版，第261页。

斯而已矣。'谓'虞仲、夷逸，隐居放言，身中清，废中权。我则异于是，无可无不可。'"（《论语·微子》）这段话，记载了孔子对那个时代公认的几位贤人的评论和比较。透过这种评论和比较，孔子说明了自己与他们的不同之处。孔子说，不动摇自己的意志，不辱没自己的身份，这是伯夷、叔齐的特点。柳下惠、少连降低自己的意志，屈辱自己的身份了，可是言语合乎法度，行为经过思虑，那也不过如此罢了。虞仲、夷逸逃世隐居，放肆直言，行为廉洁，被废弃了也是他的权术。[1] 而孔子认为自己与他们不同，乃是"无可无不可"。

如何理解孔子的"无可无不可"，《孟子·公孙丑上》的一段评论正好可以做其注脚："（公孙丑）曰：'伯夷、伊尹何如？'曰：'不同道。非其君不事，非其民不使；治则进，乱则退，伯夷也。何事非君，何使非民；治亦进，乱亦进，伊尹也。可以仕则仕，可以止则止，可以久则久，可以速则速，孔子也。'"又《孟子·万章下》载："孟子曰：'孔子之去齐，接淅而行；去鲁，曰：'迟迟吾行也，去父母国之道也。'可以速而速，可以久而久，可以处而处，可以仕而仕，孔子也。'"由孟子的评论可知，孔子的"无可无不可"就是"可以仕则仕，可以止则止，可以久则久，可以速则速"，或"可以速而速，可以久而久，可以处而处，可以仕而仕"。不难看出，孔子与其他诸人的区别在于，其他诸人固守一节，而孔子则"无可无不可"。所以孟子说："伯夷，圣之清者也；伊尹，圣之任者也；柳下惠，圣之和者也；孔子，圣之时者也。孔子之谓集大成。""圣之时者"即"随时而处中"。

孔子的"无可无不可"或"时中"观念，还可以从下面的

---

[1] 杨伯峻译注：《论语译注》，中华书局1980年版，第197页。

几则材料中体现出来：

> 子谓南容，"邦有道，不废；邦无道，免于刑戮。"以其兄之子妻之。（《论语·公冶长》）
> 子曰："宁武子，邦有道，则知；邦无道，则愚。其知可及也，其愚不可及也。"（《论语·公冶长》）
> 子曰："……君子哉蘧伯玉！邦有道，则仕；邦无道，则可卷而怀之。"（《论语·卫灵公》）

孔子在这三则材料中谈到的三位人物，其具体境况虽或不同，却有一个共同点，就是他们都能"识时务"：南容的识时务在于，政治清明、国家太平时总有官做，政治昏暗、国家混乱时也不致被刑罚。孔子看中了他的这一点，把自己的侄女嫁给了他。宁武子的识时务在于，政治清明、国家太平时便显示聪明，政治昏暗、国家混乱时便装傻。孔子很佩服他"装傻"的本领，慨叹其中有一般人学不到的奥妙。蘧伯玉的识时务在于，政治清明、国家太平时就出来做官，政治昏暗、国家混乱时就把自己的本领收藏起来。孔子因此誉之为"君子"。三位人物的"识时务"，虽然主要表现在政治方面，但从某种意义上说，也可以算是"随时而处中"吧。由此不难看出，在孔子那里，因应时变，或见或隐，或贫或富，其准则在"时"，所以孔子强调"君子而时中"。

孔子晚年，对《周易》情有独钟，在其研究《周易》的过程中，对"时中"问题有了更深刻的体会。在相传为孔子所作的《易传》中，"时中"的观念更为突出。如《艮》之《彖传》曰："艮，止也。时止则止，时行则行；动静不失其时，其道光明。"本则《传》文，特别申明了"时止""时行"之意。强调

207

或止或行，或动或静，都要因其时。"时止""时行"，就是"与时偕行"，"动静不失其时"，也就是"时中"。"时中"，即"中"而因其"时"，"时"而得其"中"。得其"中"，所谓经也；因其"时"，所谓权也。有经有权，故能变通。此所谓"变通者，趣时者也"。变通趣时，即变化日新。能趣时变通，即是"识时务"。而识时务，能日新，就可以常保通泰。此所谓"日新之谓盛德"（《易传·系辞传上》）。

（三）中正：中庸的规范原则

前面说，"时中"就是变通趣时，这种"变"，并非没有标准，其标准就是"礼"，"礼"是孔子中庸思想的规范原则。孔子说："君子之于天下也，无适也，无莫也，义之与比。"（《论语·里仁》）朱熹《集注》引谢氏曰："适，可也。莫，不可也。"[①]"无适""无莫"正是"无可无不可"。然而，"无可无不可"必须服从一个标准，这个标准就是礼。这也正是孔子所说的："礼乎礼，所以制中也。"（《礼记·仲尼燕居》）

在《论语》中，有不少材料反映了"中庸"与"礼"的关系，如孔子说："恭而无礼则劳，慎而无礼则葸，勇而无礼则乱，直而无礼则绞。"（《论语·泰伯》）过分恭敬，而不约之以礼，就未免劳倦；过分谨慎，而不约之以礼，就难免流于胆怯懦弱；过分敢作敢为，而不约之以礼，就难免盲动闯祸；过分直率，而不约之以礼，就难免尖酸刻薄。恭敬、谨慎、勇敢、直率，本来都属于人的好品德，但孔子认为，如果发挥不当，或不用礼来约束，其结果往往适得其反。很明显，在这里，"礼"是成就人之恭、慎、勇、直四德而使之适中的规范原则。

[①] （宋）朱熹：《四书章句集注》，中华书局1983年版，第71页。

又如:"君子博学于文,约之以礼,亦可以弗畔矣夫。"(《论语·雍也》)"博学"是孔子所提倡的一种学习态度,如其曰:"君子不器。"(《论语·为政》)即君子不应当像器皿一样只有一种用处。而如果想有多种用处,无疑需要博学。但孔子同时又强调,"博学"不能走极端,必须"约之以礼",认为只有这样,才能保证不离经叛道。

孔子特别重视"礼"在"中庸"中的意义和作用,要求"君子之行也,度于礼"(《左传》哀公十一年)。"度于礼",即是"就有道而正焉"(《论语·学而》)。从这个意义上说,合于礼就是"正"。孔子很强调"正",如说:"其身正,不令而行;其身不正,虽令不从";"苟正其身矣,于从政乎何有?不能正其身,如正人何?"(《论语·子路》)"身正"就是行为合于礼。由"正身",孔子进一步提出了"正名"的主张,即:"君君,臣臣,父父,子子"(《论语·颜渊》),也就是要以礼为规范,衡量人们的等级名分,以使人们的等级与其名分相当。名分相当,就合乎礼,也就是"正"。

其实,"正身"也好,"正名"也好,实质都是"以礼制中"。"以礼制中",就是把礼作为中的规范准则,可以说,孔子讲中,其尺度就是礼①。而其讲礼,也是为了达到"中"。前引"恭而无礼则劳,慎而无礼则葸,勇而无礼则乱,直而无礼则绞",就是以礼"制中"的很好例证。《礼记》说,"富贵而知好礼,则不骄不淫;贫贱而知好礼,则志不慑"(《礼记·曲礼上》),"故君子有礼,则外谐而内无怨"(《礼记·礼器》),也说明礼具有致中的作用。这诚如荀子所说:"先王之道,仁之隆

---

① 冯友兰先生指出:"孔丘是以'礼'作为'中'的具体的规定。"见冯友兰《中国哲学史新编》(上),人民出版社1998年版,第162页。

也。比中而行之。曷为中？曰：礼义是也。"(《荀子·儒效》)

(四) 中和：中庸的理想目标

从"中"的层面理解"礼"，则"礼"的实质可以谓之"和"。"和"也是先民十分重视的观念之一。孔子很注意体会"和"的价值和意义。其曰："君子和而不同，小人同而不和。"（《论语·子路》）"和而不同"，就是求同存异，恰到好处。这一点，春秋时期齐国著名政治家晏婴的有关论述，或可做其注脚。晏婴说，"和"，如果用烹饪形容即是："和如羹焉，水、火、醯、醢、盐、梅、以烹鱼肉，燀之以薪，宰夫和之，齐之以味，济其不及，以泄其过。"用现代术语说，"和"就是多样性的统一。"同"，如同"以水济水"，"若以水济水，谁能食之？若琴瑟之专一，谁能听之？同之不可也如是"（《左传》昭公二十年）。用现代术语说，"同"就是没有差别的绝对的同一。

"济其不及，以泄其过"，实际上也就是"中"。从这个意义上说，"中"与"和"在本质上是相通的。虽然我们没有充分的材料证明孔子已经形成了相当成熟的"中和"观念，但于相关文献中也不难发现，孔子的中庸思想是包含着"中和"观念的：孔子说："政宽则民慢，慢则纠之以猛。猛则民残，残则施之以宽。宽以济猛，猛以济宽，政是以和。"（《左传》昭公二十年）这是孔子评论郑国著名政治家子产的"临终遗言"时所说的一段话。据《左传》记载，子产临死前，曾告诉他的接班人子大叔说，为政的关键，在于针对不同的对象，或宽或猛，宽猛适中（《左传》昭公二十年）。孔子称这种宽猛相济所达到的适中状态为"和"，并引《诗经》"不竞不絿，不刚不柔，布政优优，百禄是遒"的诗句，称赞子产的为政之道是"和之至也"。孔子所引诗句，出自《商颂·长发》。大意是说，不相争也不急

210

躁，不强硬也不柔软，施政行令很宽和，百样福禄集如山。① 孔子以此形容子产的"宽猛"之论，认为这是达到了"和"的极点。子产死后，孔子"出涕曰：'古之遗爱也。'"（《左传》昭公二十年）孔子用"和"概括子产的"宽猛"之论及《商颂·长发》中所表现出来的"适中"思想，表明孔子已经意识到了"中"与"和"的内在关系。

关于"为政"，孔子还说道："为政以德，譬若北辰，居其所而众星共之。"（《论语·为政》）"北辰"，即与地球自转轴正相对应的天球北极，在地球自转和公转所反映出来的恒星周日和周年视运动中，天球北极是不动的，其他恒星则绕之旋转。故古人称北辰为"天枢"。孔子认为，统治者以德治国，就会使自己像北极星一样，在一定的位置上，别的星辰都围绕着它。可见，"德政"所体现出来的和谐，犹如天体运行之和谐，自然而然。也许正是基于这层体认，孔子曾对其弟子子贡说："我不想说话了。"孔子不想说话的原因是："天何言哉！四时行焉，百物生焉，天何言哉！"（《论语·阳货》）不难想象，当孔子说这段话时，其对天人和谐的感受是何等的强烈。

孔子是一位音乐大师，其音乐欣赏水平之高，常人难以企及。他在齐国听到《韶》乐，竟很长时间尝不出肉味（《论语·述而》）。这种境界的获得，恐怕与他对天人中和之美的独特体认不无关系。而孔子对音乐作品的评价，也常常以中和之美为原则。如其评价《关雎》说："关雎，乐而不淫，哀而不伤。"（《论语·八佾》）而当孔子听到鲁国太师挚演奏该乐时，感觉满耳朵都是音乐（《论语·泰伯》）。

生活中的孔子，"温而厉，威而不猛，恭而安"（《论语·述

---

① 程俊英译注：《诗经译注》，上海古籍出版社1985年版，第681页。

而》），即温和而严厉，有威仪而不凶猛，庄严而安详。"子之燕居，申申如也，夭夭如也。"（《论语·述而》）孔子在家闲居，很整齐，很和乐而舒展。这大概就是圣人的中和之象吧。这种气象，看似平常，却体现了"天下之大本""天下之达道"，所以"仰之弥高，钻之弥坚。瞻之在前，忽焉在后"（《论语·子罕》），其境界深不可测。《易传》所谓"与天地合其德，与日月合其明，与四时合其序，与鬼神合其吉凶。先天而天弗违，后天而奉天时"（《文言传》），或许就是这种"中和"境界的写照吧。

（五）结语

综上所述，不难发现，孔子的中庸思想有一个内在的逻辑，传统的"尚中"观念为其逻辑起点，以此为基础，孔子结合"时"与"中"，使传统"尚中"思想由静态单一的结构（"无过无不及"），发展成为一动态变易的系统（"无可无不可"）。同时，孔子又发挥自己精研礼学的优势，以礼制"中"（"礼乎礼，所以制中也"），使"无可无不可"的动态变易系统始终遵循着"经天纬地"之礼而展开，并由此直契天人秩序之美，使中庸上升为一种对天人和谐之美的体认与追求。

孔子的中庸，既是一种思想方法，又是一种行为准则，更是一种理想目标。作为一种思想方法，它能使人适其"度"；作为一种行为准则，它能使人合于"礼"；作为一种理想目标，它则帮助人们体认并受用宇宙自然的和谐之美。"中庸之为德，其至矣乎！"

附 录

二 传统孝道中的生命本体意识[*]

在众多的中国传统伦理德目中，只有"孝"和"悌"等少有的几个德目具有血缘关系的基础。而在"孝""悌"诸德目之中，又只有"孝"这个德目与个体化的主体生命之所从来相关联。所以，古人特别重视"孝悌"，尤其是"孝"道在伦理实践中的价值和意义。

孔子的弟子有子曾视"孝"为君子所务之"本"（《论语·学而》），其后的儒家诸学者（甚至包括儒家之外的部分学者）也均从"本"的层面讨论"孝"的问题：所谓"民之本教曰孝"（《大戴礼记·曾子大孝》），所谓"夫孝，天下之大经也"（《大戴礼记·曾子大孝》），所谓"夫孝，三皇五帝之本务，而万事之纪也"，所谓"凡为天下，治国家，必务本而后末。……务本莫贵于孝"（《吕氏春秋·孝行》），乃至于"夫孝，置之而塞于天地，衡之而衡于四海，施诸后世，而无朝夕，推而放诸东海而准，推而放诸西海而准，推而放诸南海而准，推而放诸北海而准。《诗》云：'自西自东，自南自北，无思不服。'此之谓也"（《大戴礼记·曾子大孝》），"夫执一术而百善至，百邪去，天下从者，其惟孝也！"（《吕氏春秋·孝行》）可见，在古人心目中"孝"是最为核心的伦理德目。

那么，为什么基于血缘关系的"孝"道会成为传统伦理德目的核心？或者换一个角度说，"孝"道之成为传统伦理德目的核心，仅仅是因为其血缘基础吗？本文即试图从哲学的意义上对此做出探讨。

---

[*] 本文原载《中国社会科学院研究生院学报》2015年第2期。

（一）本根意识

传统孝道，内涵十分丰富，而其中有一个值得注意的面向，就是"追孝"。如："追孝于前文人。"（《尚书·文侯之命》）"修宗庙，敬祀事，教民追孝也。"（《礼记·坊记》）等等。

从相关材料来看，"追孝"，其对象是祖先或死去的父母，其方式是祭祀，其目的是继承祖先的志行和功业。曾子所谓的"慎终追远"之"追远"，就是指的这种祭祀先人的"追孝"行为。

祭祀先人的传统很古老，由殷商甲骨卜辞可知，那时就已经存在频繁而成熟的祭祖活动。这种行为在周代发展为"孝"道的核心内容之一。[1] 春秋末期发展起来的儒家对"孝"道的这一内涵十分重视，如《大戴礼记·曾子本孝》中说："故孝子之于亲也，生则有义以辅之，死则哀以莅焉，祭祀则莅之以敬，如此而成于孝。"《礼记·祭统》亦曰："生则养，没则丧，丧毕则祭。养则观其顺也，丧则观其哀也，祭则观其敬而时也。"这些都是把祭祀先人看成"孝"道的核心内容之一。或者说，生养、死葬、祭祀，传统"孝"道的三个面向，祭祀居其一。

古人为什么十分重视对先人的祭祀呢？《礼记·祭统》说："祭者，所以追养继孝也。"孔传解释说："亲没而祭之，追生时之养，继生时之孝也。"[2] 孔传的这一理解是否正确，还可以再讨论。但毫无疑问的是，这只是谈到了祭祀的表面现象，在此现象的别后，还存在着一个更根本的原因，《礼记·祭义》：

---

[1] 参见李裕民《殷周金文中的"孝"和孔丘"孝道"的反动本质》，《考古学报》1974年第2期。

[2] （清）孙希旦撰，沈啸寰、王星贤点校：《礼记集解》，中华书局1989年版，第1237页。

附 录

> 筑为宫室，设为宗、祧，以别亲疏远近，教民反古复始，不忘其所由生也。……君子反古复始，不忘其所由生也；是以致其敬，发其情，竭力从事，以报其亲，不敢弗尽也。

清人孙希旦解释说："周于外者谓之宫，处于内者谓之室。前为庙谓之宗，后为寝谓之祧。古、始，皆为祖、考也。以其已往则谓古，以其为身之所自始则曰始。反古复始，谓设为祭祀之礼，以追而事之也。"① 在这里，"反古复始，不忘其所由生"很耐人寻味，也恰恰是"追养继孝"的根本原因之一。这说明"追孝"、祭祀，乃是基于对个体生命之所从来（"反古复始"）的一种自觉而产生的一种行为。这种自觉，我们可以谓之"生命自觉意识"。

生命自觉意识是人的自觉意识中最重要的意识之一，个体的我从哪里来，根在什么地方，这是关乎人之面对宇宙、面对周围世界而自我觉醒的本质问题。西方历史上的一神教，其核心内容之一就是回答人从哪里来，根在什么地方等问题的。如基督教的经典《旧约圣经》，开篇《创世记》即描述了上帝造人的过程。中国的古圣先贤，基于《周易》的阴阳宇宙观，把万物的由来归之于"天地絪缊"，把个体生命的产生归之于"男女媾精"②，因此对于先人之为个体生命之"本"的意识非常自觉：

> 万物本乎天，人本乎祖，此所以配上帝也。郊之祭也，

---

① （清）孙希旦撰，沈啸寰、王星贤点校：《礼记集解》，中华书局1989年版，第1220页。

② "天地絪缊""男女媾精"，语出《周易·系辞传》，"天地""男女"本义指阴阳。这里系借用此两句话概括古人的宇宙生成及人的生成问题。

大报本反始也。(《孔子家语·郊问》)①

　　礼有三本：天地者，生之本也；先祖者，类之本也；君师者，治之本也。无天地，恶生？无先祖，恶出？无君师，恶治？三者偏亡，焉无安人。故礼，上事天，下事地，尊先祖，而隆君师。是礼之三本也。(《荀子·礼论》)

万物从天而来，人则出于先祖，没有先祖，个体生命就没有出处，所以"祖"是人类之本。对于这个"本"，人们不但不可忘记，还要适时祭祀，所谓"宗庙致敬，不忘亲也"(《孝经·感应章》)。由此看来，"追孝"或祭祀，是一项基于血缘关系的，与生命自觉、身份认同相关的，宗教性很强的祖先崇拜活动。已故著名学者韦政通指出："祖先崇拜，是中国的宗教，祖先崇拜的仪式，是在家庭中进行的。"② 韦先生的这一说法是正确。

　　由此，也就不难理解"孝"何以具有君子所务之"本"的意义。因为它不但关涉血缘关系，还因着血缘关系而关涉个体生命的存在。所以当人们对自我生命的存在形式有所自觉时，当人们对自觉的自我生命存在形式的完美性存在价值追求的诉求时，人们便把"孝"作为了教化的出发点：所谓"亲事祖庙，教民孝也"(《唐虞之道》)③，"是故先王之教民也，始于孝弟"(《六德》)④，"祭者，教之本也"(《礼记·祭统》)。从这个意义上说，古人所谓的教化，其所本乃在于人之生命、人之本根的自觉。

---

① 杨朝明注说：《孔子家语》，河南大学出版社2008年版，第251页。
② 韦政通：《中国文化概论》，吉林出版集团有限责任公司2008年版，第54—55页。
③ 李零：《郭店楚简校读记》(增订本)，中国人民大学出版社2007年版，第123页。
④ 李零：《郭店楚简校读记》(增订本)，中国人民大学出版社2007年版，第172页。

（二）不朽意识

"追孝"是不忘"本"，而如何使"本"继续获得它的在世性并进而生生不息地展开，也是传统孝道的核心内容之一。这一内容包含两个面向：一是德业不朽，一是传宗接代。本节只讨论德业不朽的问题。

不朽即永恒，但经验告诉人们，肉体的生命，生老病死，是不可能不朽的。所以古人十分重视绍述先人之德性和先人之功业。例如，古人有铸鼎撰铭的传统，《礼记·祭统》关于撰写铭文就有如下的论述：

> 夫鼎有铭，铭者，自名也。自名，以称扬其先祖之美，而明著之后世者也。为先祖者，莫不有美焉，莫不有恶焉，铭之义，称美而不称恶。此孝子孝孙之心也，唯贤者能之。铭者，论撰其先祖之有德善、功烈、勋劳、庆赏、声名，列于天下，而酌之祭器，自成其名焉，以祀其先祖者也。显扬先祖，所以崇孝也。身比焉，顺也。明示后世，教也。夫铭者，壹称而上下皆得焉耳矣。是故君子之观于铭也，既美其所称，又美其所为。为之者，明足以见之，仁足以与之，知足以利之，可谓贤矣。贤而勿伐，可谓恭矣。

"自名"，郑玄注："谓称扬其先祖之德，著己名于下。""功烈"，即功业。"勋劳"，郑玄注："王功曰勋，事功曰劳。""酌之祭器"，郑玄注："言斟酌其美，传著于钟鼎也。""身比焉"，郑玄注："谓自著名于下也。""顺"，即孝顺。"上"，指祖先。"下"，指自己。"见之""与之""利之"，郑玄注："见之，见其先祖之美也。与之，与其先祖之铭也。利之，利己名得比于先祖。"① 总之，这里是要人把先人的德业之美而可述者，著之于金石，传扬于后世，并认为这本身就是孝行。相反，若是"子孙之守宗庙社稷者，其先祖无美而称之，是诬也；有善而弗知，不明也；知而弗传，不仁也。此三者，君子之所耻也。"②

不但要称扬绍述，还要继承先祖之志而发扬光大之。

> 子曰："父在，观其志；父没，观其行；三年无改于父之道，可谓孝矣。"（《论语·学而》）
>
> 夫孝者，善继人之志，善述人之事者也。（《中庸》）

对于《论语》中的这段话，宋人范祖禹在所著《论语说》中解释道："为人子者，父在则能观其父之志而承顺之，父没则能观其父之行而继述之。"③ 这种"继"和"述"，在汉代学者看来，就是"追孝"。《尚书·文侯之命》："追孝于前文人"，孔安国《传》："继先祖之志为孝。"④ 此可见，能够传承光大先人的德业，是传统孝道的"题中应有之义"，这一点正是"光宗耀祖"观念产生的基础，如《孝经》中所说："立身行道，扬名于后世，以显父母，孝之终也。"（《孝经·开宗明义章》）

透过德业的称扬、传承与光大来追求不朽，是一个具有深刻内涵的话题。从中外文化发展的历史来看，"不朽"的观念往往是与灵魂观念联系在一起的，如基督教的追求不朽（永生）是

---

① （清）孙希旦撰，沈啸寰、王星贤点校：《礼记集解》，中华书局1989年版，第1250—1251页。

② （清）孙希旦撰，沈啸寰、王星贤点校：《礼记集解》，中华书局1989年版，第1252页。

③ 转引自程树德撰，程俊英、蒋见元点校《论语集释》，中华书局1990年版，第44页。

④ 顾颉刚、刘起釪：《尚书校释译论》，中华书局2005年版，第2120页。

通过生命存在形式的超越，灵魂升天，即由此岸到彼岸的转化来实现的。传统孝道中的德业不朽观，同样涉及了生命存在形式的超越问题，但这种超越不是以脱离此岸为前提，恰恰相反，是以精神和功业的世俗永驻为目的。换句话说，传统孝道不是透过超验世界如天堂、地狱的建构来规划生命存在的永恒价值，而是透过德业的弘扬和精神的永驻来实现对永恒的追求。因此，传统孝道不仅在"追孝"层面具有宗教性，在弘德传业、光宗耀祖的层面也同样落实着人们的宗教情感。而中国人之所以在面临失败的时候首先会想到对不起祖宗，在面对成功时首先会想到祖上的荫德，也正由于这种基于生命本根自觉的宗教情感的流露。正如基督徒在遭遇失败时要向上帝忏悔，在欣逢成功时要赞美上帝一样。

（三）继后意识

由于与彼岸世界的建构相比，中国古人更重视此岸世界的传承、永驻，所以当人们面对个体生命的有限性，并试图超越这种有限性时，人们选择了传宗接代这样一个途径，并视之为传统孝道的核心内容之一。

> 子曰："……父母生之，续莫大也。"（《孝经·圣治章》）
> 不孝有三，无后为大，舜不告而娶，为无后也，君子以为犹告也。（《孟子·离娄上》）

"续"，指"继先传后"[①]。这是借孔子的话说明从父母那里获得生命的人，延续这一生命是最为重要的事情。孟子便以此为理

[①] 胡平生译注：《孝经译注》，中华书局1996年版，第22页。

由，为儒家心目中的圣人舜的一个在传统孝道看来有点不妥的行为进行了辩护。按照传统的观念，子之娶妻，应该先告诉父母。由于舜的家庭背景比较复杂，舜没有这样做，而是"不告而娶"，依礼当属不孝。但在孟子看来，"告"则有可能受到父母的阻拦而娶不成妻，娶不成妻则意味着可能无后。而"无后"乃不孝中的大不孝，所以，舜的"不告而娶"恰恰是孝的表现。关于这段文字，东汉赵岐注释说："礼于有不孝者三事：谓阿意屈从，陷亲不义，一也；家贫亲老，不为仕禄，二也；不娶无子，绝先祖祀，三也。三者之中，无后为大。"① 南宋朱熹则从经与权的角度解释说："舜告焉则不得娶，而终于无后矣。告者礼也，不告者权也。犹告，言与告同也。"② 在这里，孟子、赵岐和朱熹都是以"无后"为理由，证明舜的"不告而娶"是合理的。虽然"告"与"不告"也关乎孝道的问题，但"无后"乃是孝道中的最大者，所以特殊情况下可以"不告"。

由于重视传"后"的问题，古人也因此特别重视婚姻在传宗接代中的作用。

> 昏礼者，将合二姓之好，上以事宗庙，下以继后世也。故君子重之。（《礼记·昏义》）
>
> 天地合，而后万物兴焉。夫昏礼，万世之始也。（《礼记·郊特牲》）
>
> 天地不合，万物不生；大婚，万世之嗣也。（《礼记·哀公问》）

---

① 转引自（宋）朱熹《四书章句集注》，中华书局1983年版，第286—287页。
② （宋）朱熹：《四书章句集注》，中华书局1983年版，第287页。

"昏礼"，即婚礼。古人认为，婚姻乃是关系到祭祀宗庙、延续后嗣的大事情，所以特别为君子所看重。不但如此，《礼记》甚至把它上升到宇宙法则的高度，认为婚姻中的男女结合，犹如天地之合生养万物一样。《中庸》中说："君子之道，造端于夫妇；及其至也，察乎天地。"此可见，婚姻生育这种本来属于社会层面的自然现象，由于其与"继后"的孝行——生命延续活动联系在一起，所以也具有了本体的意义。难怪《孝经》中说："夫孝，天之经也，地之义也，民之行也。"（《孝经·三才章》）关于这一点，《易传》中有一段话很能反映古人的看法：

> 有天地，然后有万物；有万物，然后有男女；有男女，然后有夫妇；有夫妇，然后有父子；有父子然后有君臣；有君臣，然后有上下；有上下，然后礼仪有所错。（《易传·序卦传》）

这是说，父子、君臣、上下礼仪，都来源于男女夫妇；而男女夫妇又来自天地。这就从本源的意义上提升了婚姻生育这一社会层面中的自然现象的价值，使之具有了大本大根的意义。而且这种大本大根，由于是由阴阳、男女二元和合而构成，所以它同时又是人类生命生生不息之本。生生不息就是永恒。由此可见，古人对个体生命的永恒追求是建立在继先传后、生生不息的基础之上的。而这个基础，又有它的基础，那便是宇宙的大化流行。

把对永恒的追求建基于"生生"之上，是对人类生命的一种肯定。把这种肯定转化为一种价值追求——孝行，并以此为出发点（"本"），展开伦理德目的建构，则是对人类生命的完美性和完美追求的可能性的一种肯定。这种肯定同时也彰显了人性的完美性和完美追求的可能性。这种肯定同时还为个体生命现世存在的合理性奠定了基础。因为先人因其德业被"追孝",这就首先肯定了先祖的完美人格,从理论上和价值理想的追求层面说,人们要繁衍的也正是这种完美人格。传统儒家把人性的本质定格在"善"上,不能不说与此有关。这与基督教是很不一样的,在基督教那里,祖先是罪人,并因其罪行才堕落到了人间。所以人一生下来就有本罪和原罪,整个生命的历程就是在罪中与罪斗争。由于是本罪和原罪,世人靠自身的力量无法战胜并摆脱它,必须靠耶稣道成肉身来拯救,以脱离肉体,回归天堂。传统儒家没有天堂的建构,不是天堂不美,主要是因为不需要——人们在现世中就可以完成生命的升华并使其永驻不毁。

附　录

三　传统忠观念研究*

中国传统道德中的不少范畴，在经过分析批判后，可以作为当代道德建设中的文化资源而被继承。"忠"自然也不例外。但由于几千年来，"忠"字频繁地与"君"字联系在一起，成为封建政治伦理的核心观念。而"文革"时期，在个人崇拜骤然升温之际，"忠"字又曾给人们留下了一段颇为尴尬的记忆。所以，直到今天，当人们再次提到这一范畴时，仍不免有点忌讳。本文拟对传统"忠"观念进行全面考察，以企打消顾虑，为重建"忠德"做些努力。

（一）忠观念的起源

传统"忠"观念产生于何时，因为什么而产生，包含什么意义？这是我们首先需要解决的问题。据有学者说，现已解读开的甲骨文中没有"忠"字，现已断定为西周及其以前的并解读开的金石铭文中也没有"忠"字，今文《尚书》、《周易》卦爻辞、《诗经》中均没有"忠"字。② 所以，保守一点推断，"忠"的观念当形成于春秋战国时期。③

从文献学的立场说，这种观点当然是没有问题的。但从文化发生学的立场说，观念的产生总要比文字的出现早一些，"忠"字虽然出现于春秋时期，但"忠"的观念应该是在此之前早就萌芽了。可以举两个例子，一个是西周金文中的例子，一个是

---

*　本文原载张立文主编《东亚文化研究》第一辑，东方出版社 2001 年版。
② 魏良弢：《忠节的历史考察：先秦时期》，《南京大学学报》（哲学社会科学版）1994 年第 1 期。
③ 范正宇：《"忠"观念溯源》，《社会科学辑刊》1992 年第 5 期。

223

《诗经》中的例子。先说金文中的例子：

> 克奔走上下，帝无终令于有周，追考。（邢侯簋，《三代吉金文存》6·54）
> 用肆义宁侯觊考于井（邢）。（麦尊，《西清古鉴》卷八）

"考"通"孝"。唐兰先生指出："宁侯是安静顺从的诸侯"，"觊读如显"，意思是说"用敬义和宁侯来大孝邢侯"①。邢侯是周公的儿子，麦是邢侯的下属官僚。这表明诸侯对天子要孝，诸侯的官僚对诸侯要孝。有学者据此铭文认为，西周早期的"孝"是包含后世所谓"忠"的内容的。② 这种理解应该是不成问题的。它表明，在"忠"字出现之前，后来意义上的"忠"的部分含义是包含在孝观念之中的。

再看《诗经》中的例子。《诗经》中虽然没有出现"忠"字，但据《左传》隐公三年说："《风》有《采蘋》、《采蘩》，《雅》有《行苇》、《泂酌》，昭忠信也。"我们不妨引一段《诗经》原文，看看《左传》所谓的"昭忠信"指的是什么意思。以《采蘩》为例：

> 于以采蘩？于沼于沚。于以用之？公侯之事。
> 于以采蘩？于涧之中。于以用之？公侯之宫。
> 被之僮僮，夙夜在公。被之祁祁，薄言还归。

这是一首描写蚕妇为公侯养蚕的诗。据《毛诗序》："《采蘩》，

---

① 唐兰：《西周青铜器铭文分代史征》，中华书局1986年版。
② 李裕民：《殷周金文中的"孝"和孔丘"孝道"的反动本质》，《考古学报》1974年第2期。

夫人不失职也。"《笺》云："'不失职者'，夙夜在公也。"[①] 可见，在《诗经》的时代，虽然没有出现"忠"字，但后来的"忠"之所谓"克尽职守"的意义还是存在的，只是没有明确地把它称为"忠"而已。从这个意义上说，《诗经》的时代应该是有"忠"观念的萌芽的。

但问题是，为什么到了春秋战国时期，"忠"字，或者说成熟的"忠"观念才出现了呢？这与西周典型宗法制在春秋战国时期遭到破坏有关，"忠"是西周典型宗法制遭破坏后，新的社会关系形成过程中出现的一个新概念。

在血缘宗法体制下，孝观念中的很大一部分内容是属于政治层面的东西的，如我们前面列举的两条金文的例子就很说明问题。在这样的情况下，有没有"忠"范畴，都不影响人们在血缘宗法关系中找准自己的位置，尽到自己的责任。可以说，一个孝字，把家族的、政治的等等各方面的伦理要求都包括了。但是，这种体制遭到破坏之后，社会关系发生了一系列变化，其中最明显者，是脱离了固有血缘关系的官僚阶层的出现和脱离了宗法依附关系的士阶层的出现。而由于他们均游离于传统宗法血缘关系之外，所以，用传统孝伦理规范他们的政治行为也就越来越显得不适合了。那么，他们应该用什么样的道德品格来约束自己，才能合乎新型社会存在的需要，并因而得到社会的信任呢？"忠"，恰恰是一个非常合适的"字眼"。

先说官僚阶层与"忠"。关于这个问题，我们可以以建立县制较早的楚国为例。据学者研究，楚国是当时最早建立县制并且是置县数量最多的国家。政治体制的这种变化，对人们的观

[①] （西汉）毛亨传，（东汉）郑玄笺，陈才整理：《毛诗笺》，商务印书馆2023年版，第39页。

念造成了很大的影响。这是因为，县制的产生，标志着官僚制度的诞生。"首先，县是国君直接控制的土地，不同于世袭领地，县尹由国君直接派遣，不能世袭。这些是县制呈现出来的官僚制因素。另外，楚国朝廷也出现了一些官僚制特点。其一，一些重要官职如令尹、司马由楚王任免；楚王还制定了一些刑法威慑他们。其二，春秋中期，楚国可能试行了谷禄制。……其三，楚国还实行了一套比较完备的官制，这表明职权分工已经很细致了。官僚制产生之后，君臣开始形成一种新的关系。费孝通先生对官僚制和贵族制进行过精当的比较，他说：'官僚主义是皇帝的工具，工具只能行使政权而没有政权；贵族是统治者的家门，官僚是统治者的臣仆。'臣仆只为君王办事，对君王负责。因此官僚制度是忠君观念产生的重要原因。"①

再说士阶层与"忠"。据学者研究，在西周典型的宗法体制中，士本属于最低一级的贵族，但在春秋时期的社会大变动中，不少庶民因军功而上升为士，不少贵族则因世袭制的破坏而沦为士。这使士的阶层迅速膨胀，性质也相应地发生了变化，其中最显著的变化是他们从固定的宗法封建关系中游离出来，进入到一种"士无定主"的状态。② 这个时期，社会上出现了大批有学问有知识的士人，他们以"仕"为专业，成为官僚阶层的强大后备军。而他们要想成为官僚阶层的一员，则不得不首先具备该阶层所必需的道德要求。因而，他们便很自觉地把"忠德"作为自己的必修科目之一，以便"学而优则仕"。可见，"忠君"或"忠"的观念的产生，是与西周典型宗法制遭破坏后，新型政治体制的形成有着密切的关系的，它是新体制下官

---

① 刘自斌：《先秦时期楚与诸夏忠的观念之比较》，《湖北大学学报》（哲学社会科学版）1991年第2期。
② 余英时：《士与中国文化》，上海人民出版社1987年版，第20页。

僚阶层所必备的道德品质之一。

然而，就当时的社会现实而言，并没有固定的职位等待着那么多的士去应聘。因此，有不少士人不得不下岗待业。但应该看到，士之为士，并不在于他原本做过最低级的贵族，也不在于他现在成为下岗待业的自由身，而在于他们所具备的知识能力和道德精神。当时的士，有很大一部分属于后来意义上的知识分子。中国古代的知识分子大都抱有忧患意识，当他们从原来的宗法关系中游离出来之后，他们不仅忧患再就业（施展自己的才能）问题，还忧患社会的变动和社会的未来问题，更忧患自己的进德修业问题。所以，他们的求仕（想做官），并不单纯是为了吃饭，还是为了实现自己的抱负。既要做官，又要实现自己的抱负，则决定了他们不仅要具备做官的道德素质——"忠君"；还要具备忠于自己理想的主体精神——"忠道"。所以，孔子一方面强调为人谋要忠；一方面强调"士志于道"。以战国时期的儒家学者孟子与纵横家周霄的讨论为例：

周霄问曰："古之君子仕乎？"孟子曰："仕。《传》曰：'孔子三月无君，则皇皇如也，出疆必载质。'公明仪曰：'古之人三月无君，则吊。'""三月无君则吊，不以急乎？"曰："士之失位，犹诸侯之失国也。《礼》曰：'诸侯耕助，以供粢盛；夫人蚕缫，以为衣服。牺牲不成，粢盛不洁，衣服不备，不敢以祭。惟士无田，则亦不祭。'牺牲、器皿、衣服不备，不敢以祭，则不敢以宴，亦不足吊乎？""出疆必载质，何也？"曰："士之仕也，犹农夫之耕也；农夫岂为出疆舍其耒耜哉？"曰："晋国亦仕国也，未尝闻仕如此其急。仕如此其急也，君子之难仕，何也？"曰："丈夫生而愿为之有室，女子生而愿为之有家；父母之心，人皆有之。不待父母之命、媒妁之言，转穴隙相窥，逾墙相从，则父母国人皆贱之。古之人未尝不欲仕也，又恶不由其道。不由其道，与转穴隙之类也。"（《孟子·滕文公下》）

在这里，孟子特别强调士之求仕（即做官），应当遵循一定的"道"。这个"道"，从客观的层面说，是指合理的社会环境；从主观的层面说，是指士自身的政治（包括道德）素质和理想追求。孟子认为，古代的士虽然很想做官，但若不合乎道，也是不去做的。这种对"道"的执着，就是所谓的"忠于道"。但"忠君"与"忠道"这两个方面，做到前者易，做到后者难。因为前者有利益的驱使，后者则全凭自己的修养。所以，孔子才特别强调"士志于道"（《论语·里仁》），"笃信好学，守死善道"（《论语·泰伯》）；"君子谋道不谋食，……忧道不忧贫"（《论语·卫灵公》）；"士不可以不弘毅，任重而道远"（《论语·泰伯》）。后来的孟子说："无恒产而有恒心者，唯士为能。"（《孟子·梁惠王上》）这个"恒心"也就是恒于守道之心，也就是忠于道。

总结以上讨论，可以看出，从仕的角度说，"忠"是一个政治伦理范畴；从仕之主体——士的角度说，"忠"又是一个关乎个人修养的道德范畴。但是，"忠君"与"忠道"二者是对立的吗？就某种意义而言，当时的官僚阶层主要也是由士来充当的。所以，本质上讲，二者之间不应该有矛盾，忠于君也好，忠于道也好，都是士所必备的品格。可是有的时候，二者又是很不相同的，士可以为了自己的理想而放弃仕途。如孔子说："……天下有道则见，无道则隐。邦有道，贫且贱焉，耻也；邦无道，富且贵焉，耻也。"（《论语·泰伯》）可见，在孔子看来，在政治黑暗的时候，宁可过隐居的生活，也不去曲己奉君，这就是忠道不忠君。

总之,忠观念的产生及形成,是春秋战国时期典型宗法制遭到破坏后的必然产物,虽然这种破坏并没有破坏掉一般意义上的等级制度,却让一部分人——官僚阶层和士阶层——游离于血缘依附关系之外,成为自由择业者,"忠"的观念就是与这种新型社会存在相适应的社会意识。

(二) 忠观念的演变

春秋时期,礼坏乐崩,孔子所谓"礼乐征伐自诸侯出"。所以,人们特别强调忠君(包括忠于国家)。但从当时的有关材料看,"忠"不只是对臣民的片面道德要求,还是对君主行为的一种道德要求。如《左传》桓公六年载季梁的话说:"上思利民,忠也。"这里的"上",当然是指统治者。季梁认为,统治者想着老百姓的利益,这就是"忠"。可见,在当时人的观念中,忠德的适用面并不是十分狭隘的。孔子正是从这种"并不十分狭隘"的层面上论述了"忠"的普遍道德意义:

> 为人谋而不忠乎?(《论语·学而》)
> 居处恭,执事敬,与人忠。(《论语·子路》)
> 忠焉,能勿诲乎?(《论语·宪问》)
> 言思忠。(《论语·季氏》)
> 夫子之道,忠恕而已矣。(《论语·里仁》)

上面引述的这些话,也是我们平常经常挂在嘴边儿的话。这里所说的"忠",基本上都是指在处理人与人之间的关系时,待人要真诚,能尽心竭力。这无疑反映了"忠"观念的普遍道德意义。另外,在春秋战国之世,"忠道"的观念也很受重视,以孟子为例，他的"大丈夫"说、"舍生取义"说和"天爵"说都体现了这一精神。在《孟子·滕文公下》中记载了孟子与纵横家景春关于大丈夫的一段讨论：

> 景春曰："公孙衍、张仪岂不诚大丈夫哉？一怒而诸侯惧，安居而天下熄。"孟子曰："是焉得为大丈夫乎？子未学礼乎？丈夫之冠也，父命之；女子之嫁也，母命之，往送之门，戒之曰：'往之女家，必敬必戒，无违夫子！'以顺为正者，妾妇之道也。居天下之广居，立天下之正位，行天下之大道；得志，与民由之；不得志，独行其道。富贵不能淫，贫贱不能移，威武不能屈，此之谓大丈夫。"

在这里，孟子把"以顺为正"的公孙衍之流斥为守妾妇之道，而把坚持仁义礼，富贵不能淫、贫贱不能移、威武不能屈者称为大丈夫。显然表明，在"忠君"与"忠道"之间，他是更强调忠于道的。

但是，到了战国晚期，"忠君"的思想，也就是作为政治伦理概念的"忠"，开始受到统治阶级及统治阶级思想家的片面重视。这主要与这一时期的社会现实需要有关。首先，战国时期，群雄争霸，为了图强，增加竞争力，各国纷纷变法，这使得法家的思想备受关注。而法家学者向来主张君主权力的绝对性，强调君主高度集中权力。所以，他们提倡"忠君"也是势之必然。其次，战国时期，战争频繁，各国之间几乎天天都要打仗。处在战争状态下的国家和社会，客观上需要国民的高度凝聚力，需要各级官员对政府和军事首长的绝对服从。因此，客观上也需要提倡"忠君"（包括爱国）的思想。最后，自西周建国以来，"溥天之下，莫非王土；率土之滨，莫非王臣"的"大一统"思想一直得到社会各阶层思想家的认同。而这种"大一统"思想的一个首要前提,就是孔子所说的"天无二日,土无二王"(语见《礼记·曾子问》和《礼记·坊记》)。战国之世,随着兼并战争的进一步白热化,列国统一之势已经逐渐明朗。不少思想家为了迎接新时代的到来,也特别重视讨论君臣关系问题,并十分强调"忠君"。比如战国末期的著名儒家代表人物,以弘扬孔子之学为己任的荀子,就十分注意阐发"忠君"的思想。

荀子认为,"无君以制臣,无上以制下,天下害生纵欲"(《荀子·富国》)。因此,他提倡"以礼待君,忠顺而不懈"。不过,荀子的"忠顺"说与后来的愚忠说还是有区别的。这从他关于臣道的论述中可以略见一斑。在《荀子·臣道》中,他把"忠"分为三个层次,他说:"有大忠者,有次忠者,有下忠者,有国贼者。以德覆君而化之,大忠也;以德调君而辅之,次忠也;以是谏非而怒之,下忠也;不恤君之荣辱,不恤国之臧否,偷合苟容,以之持禄养交而已耳,国贼也。若周公之于成王也,可谓大忠矣;若管仲之与桓公,可谓次忠也;若子胥之与夫差,可谓下忠矣;若曹触龙之与纣者,可谓国贼矣。"在这里,"大忠"和"次忠"都是强调臣的道德影响作用,说明在荀子的忠君观中还是包含有"忠道"的思想的。可是,到了他的徒弟韩非那里,情形就完全不同了。

在先秦诸子中,韩非算是对"忠"论述最多的一位思想家。韩非子认为,人性本恶,趋利避害。"故君臣异心,君以计畜臣,臣以计事君,君臣之交,计也。害身而利国,臣弗为也;害国而利臣,君不行也。臣之情,害身无利;君之情,害国无亲。君臣也者,以计合者也。"(《韩非子·饰邪》)因此,韩非特别强调"忠"的重要性,并撰写《忠孝》篇,专门讨论"忠"的问题。在他看来,"忠"是人臣的唯一政治责任,也是人臣的最高人生追求。为人臣者，只有专心于事主，才可以称为"忠"。受荀子"忠顺"说的影响，韩非子提出"三顺"说，指出"臣事君，子事父，妻事夫，三者顺则天下治，三者逆则天下乱"。并认为"此天下之常道也"。（《韩非子·忠孝》）"三顺"说无疑是开了汉代"三纲"说的先河。

两汉时期，"天人感应"论盛行，不少思想家以它为理论武器，论证臣之忠君的合理性。比如汉武帝时期的大思想家董仲舒就指出："地出云为雨，起气为风。风雨者，地之所为。地不敢有其功名，必上之于天。命若从天气者，故曰：天风天雨也，莫曰地风地雨也。勤劳在地，名一归于天，非至有义，其孰能行此？故下事上，如地事天，可谓大忠矣。"（《春秋繁露·五行对》）从这种"天人感应"论出发，董仲舒还提出了"一而不二者，天之行也"的观点。他说："心止于一者，谓之忠；持二中者，谓之患。""患，人之中不一者也。不一者，故患之所由生也。是故君子贱二而贵一。"（《春秋繁露·天无二道》）这是把忠的专一性提到哲学的高度来认识，其实质是要人臣"从一而忠"。以后，《白虎通·三纲六纪》中提出了"君为臣纲，父为子纲，夫为妻纲"的"三纲"说，进一步把君权绝对化了。除了在思想上论证忠君的合理性之外，统治者还明令要求举报对朝廷不忠的官员。如汉武帝说："乃其不正不直，不忠不极，枉于执事，书之不泄，兴于朕躬，毋悼后害。子大夫其尽心，朕将亲览焉。"（《史记·董仲舒列传》）要求各级官员对于公卿执事中之不忠不直而阿枉的人，要尽心举报，并保证举报信和有关材料将由皇帝亲自掌握，不会泄露，举报者不必担心将来被报复而不去揭发。除了鼓励对不忠者进行举报外，皇帝对于自认为忠诚的官吏，也大加表彰和提拔。在当时，"以忠得进"的情形十分普遍，如一个名叫卜式的人就因为对皇帝忠心耿耿而被拜为齐王太傅(《史记·平准书》)。此外,两汉时期,封侯以"忠"为号,死后赐谥"忠"字的情况也颇为流行,甚至在人名用字方面,"忠"的使用频率也非常高。其他如在汉代碑铭、铜镜中,"忠"字的出现频率也颇高。在壁画及文学作品中有关"忠"的故事的描述也很多①,可见,在当时"忠"的观念对整个社会的影响是十分之大的。

汉唐之际,出现了一本叫《忠经》的书,《忠经》是模仿《孝经》而成书的。与《孝经》一书相比,《忠经》的影响要小些。不过,由于《忠经》强调了忠德是人类最高的道德准则,是天地之间普遍存在的永恒法则;论述了忠德对各个不同阶级、不同阶层的道德要求;论述了恪行忠德所产生的国泰民安的政治意义、社会意义②,所以在历史上还是颇受统治阶级的重视的。

到了唐代,开国皇帝李世民更加重视"忠君"问题。他曾指出:"君虽不君,臣不可以不臣。"(《旧唐书·太宗本纪》)而在他下令由宰相房玄龄主持编修的《晋书》中,特增《忠义传》,开中国史书编纂学之先河。从此以后,历代的正史都开辟了《忠义传》《忠臣传》等。

北宋时期,特别强调君臣父子的纲常伦理,如有人认为,"父子君臣,天下之定理,无所逃于天地之间"(《二程遗书》卷五)。司马光则主张"国败亡则竭节致死"(《资治通鉴》卷二),指出:"臣之事君,有死无贰,此人道之大伦也。苟或废之,乱莫大焉。"(《资治通鉴·后周纪》)他还以"正女不从二

---

① 参见王子今《"忠"观念研究——一种政治道德的文化源流与历史演变》,吉林教育出版社1999年版,第163页。

② 朱汉民:《忠孝道德与臣民精神:中国传统臣民文化论析》,河南人民出版社1994年版,第47页。

夫，忠臣不事二君"为原则，否定了五代时期的"不倒翁"冯道的政治人格。他说："为臣不忠，虽复材智之多，治行之优，不足贵矣。何则？大节已亏故也。道之为相，历五朝八姓，若逆旅之视过客，朝为仇敌，暮为君臣，易面变辞，曾无愧怍，大节如此，虽有小善，庸足称乎！"（《资治通鉴·后周纪》）南宋时期的朱熹，则更从理学的高度论证了"忠君"的合理性。他说："忠是忠朴，君臣之间一味忠朴而已。"（《朱子语类》卷二十四）又说："实理者，合当决定是如此，为子必孝，为臣必忠，决定是如此了。"（《朱子语类》卷六十四）他甚至还认为："臣子无说君父不是底道理，此便见是君臣之义处。"（《朱子语类》卷十三）可以说，在理学家那里，不管"忠"的含义有多少，是什么，"忠君"的思想则是绝对"没商量"的。

从汉代到宋代，忠君的思想发展到了极致，"君要臣死，臣不得不死"；"父要子亡，子不得不亡"；"天下无不是的父母"；"饿死事小，失节事大"等等思想，都是这一时期的产物。明清时期，理学是社会意识的主流，在"忠"的理论方面没有什么突破。至清朝末年，反封建的革命运动风起云涌，"忠君"观念也就开始走上了末路。

需要指出的是，秦汉至宋明，虽然"忠君"的思想一直受到片面的强调，但"忠"所具有的普遍道德的意义也并没有泯灭，特别是在民间，仍然受到人民大众的普遍重视。例如，历代以"忠"为题材的戏曲作品，都十分强调忠德。又如"关帝"崇拜，在民间，关羽作为典型的"忠义"之士，受到了历代中国老百姓的广泛尊崇，成为一种值得重视的文化现象。这些都说明，"忠"所具有的普遍道德意义在民间还是深入人心的，虽然不像"忠君"思想那样受到提倡。

总之，自秦皇扫平六国，至汉武帝建立完备的君主专制政体,"忠"观念逐渐地被片面强化为一种政治伦理。但在民间,它之作为普遍道德准则的价值仍能得到体现。另外,历朝历代,亦不乏特立独行的"忠道"之人,虽然他们并不代表社会意识的主流,但在中国思想史的长河中,不时掀起夺目的浪花。

(三) 忠观念的基本内涵

那么,"忠"的观念究竟包含什么内容呢?有学者把"忠"观念的内涵分为广、狭二义,认为广义之"忠"包括忠诚、忠实、忠厚、尽心、竭力、尽力、尽己、为人、无私、忠贞、忠义、忠节、忠勇等;狭义之"忠"即忠君。[①] 这种理解基本可信。但如果分为"具有普遍道德意义的忠"和"具有政治伦理意义的忠",似乎更准确些。为了论述上的方便,我们仍采用广狭二义来区分"忠"的含义。

1. 广义的"忠"

广义的"忠",其内涵相当丰富,本文拟从"尽己"和"敬事"两个方面来概括。"尽己"就是尽心、竭诚。《增韵》释"忠"为"内尽其心而不欺也";《六书·精蕴》:"忠,竭诚也。""敬事"就是"至公无私"。《说文》:"忠,敬也。""敬"什么?就是"敬事"。这两个方面,"尽己"侧重于内在的道德修养;"敬事"侧重于外在的道德实践。

关于"尽己"。先来看看宋代理学家对这一问题的论述:

尽己无歉为忠。(《河南程氏粹言》卷一)

[①] 范阳等:《论儒家"忠道"的源流及其批判继承》,载《儒学国际学术研讨会论文集》,齐鲁书社1989年版。

>   忠自里面发出，……忠是要尽自家这个心。(《朱子语类》卷六)
>
>   在己无不尽之心为忠。(《朱子语类》卷八)
>
>   发于心而自尽，则为忠。(《朱子语类》卷二一)
>
>   主于内为忠。(《朱子语类》卷二七)

在上述引文中，理学家朱熹特别强调"忠"是一种内在的、从人心之中发显出来的东西。这说明，在朱子看来，"忠"的问题，是一个摆脱了外在功利目的的自我修养问题。其实，这一点，早在春秋时期，就已经被人们发现了。《论语》中"忠"字凡18见，其中的《述而》篇记载说，孔子用四种内容教育学生：即"文、行、忠、信"。可见，孔子对"忠"是何等重视。在他的弟子中，曾子可以算是很好地实践了老师的思想。曾子说："吾日三省吾身：为人谋而不忠乎？与朋友交而不信乎？传不习乎？"(《论语·学而》)在这里，曾子把反思"忠"作为每天必修的功课之一，视"忠"为检讨自己在一天中所思所行的价值尺度，无疑是从自我道德修养的意义上来理解"忠"的。此外，我们还可以举出孟子的一段话：

>   孟子曰："君子所以异于人者，以其存心也。君子以仁存心，以礼存心。仁者爱人，有礼者敬人。爱人者人恒爱之，敬人者人恒敬之。有人于此，其待我以横逆，则君子必自反也：我必不仁也，必无礼也，此物奚宜至哉？其自反而仁矣，自反而有礼矣。其横逆由是也，君子必自反也：我必不忠。自反而忠矣，其横逆由是也，君子曰：'此亦妄人也已矣。如此，则与禽兽奚择哉？于禽兽又何难焉？'是故君子有终身之忧，无一朝之患也。乃若所忧则有之：舜，

人也；我，亦人也。舜为法于天下，可传于后世，我由未免为乡人也，是则可忧也。忧之如何？如舜而已矣。若夫君子所患则亡矣。非仁无为也，非礼无行也。如有一朝之患，则君子不患矣。"（《孟子·离娄下》）

在这里，孟子把"忠"建基于人的主观自觉和不间断反省的基础之上，实际上就是一种"尽己"的工夫。《国语·周语》中有一句话："考中度衷，忠也。"似乎可以作为孟子"自反"说的注脚。庞朴先生解释说："所谓'考中度衷'，即考察自己的心以忖度别人的心。"①"忠的要求是尽己，是问心无愧，是把自己的心放正，简而言之，就是不要心存不道德的杂念。"② 考察自己，忖度别人，就是推己及人，发显自己的忠心。

关于这一点，我们还可以从"忠厚"一词中得到启发。在郭店楚简《忠信之道》中，有这样一句话："至忠如土，为物而不发。"整理者的解释是："此句盖谓土地化生万物而不自伐其功，故为忠之至。"③ 联想到《象传》对《周易·坤卦》的解释："地势坤，君子以厚德载物。"用现在的白话说，君子效法大地宽广深厚、承载万物的伟大品格，胸怀宽厚，包容一切。从这个意义上说，"忠厚"一词可谓深得《坤》卦之旨。"厚德载物"的品格是一种（通过修养而）内在于人的伟大品格。正如庞朴先生所说："忠的要求遍及君民；忠的内容是与人为善，竭意而行。它是忘我的，只求自我表现满足，不计一己得失，因而是超功利的，纯道德的。"④

---

① 庞朴：《儒家辩证法研究》，中华书局1984年版，第48页。
② 庞朴：《儒家辩证法研究》，中华书局1984年版，第53页。
③ 转引自王子今《"忠"观念研究———一种政治道德的文化源流与历史演变》，吉林教育出版社1999年版，第47页。
④ 庞朴：《儒家辩证法研究》，中华书局1984年版，第61—62页。

关于"敬事"。"敬事"就是"至公无私",它侧重于外在的道德实践。这方面的材料很多,像人们常说的忠于职守、忠于国家、忠于朋友,等等,都属于这方面的内容。兹列举若干材料如下:

公家之利,知无不为,忠也。(《左传》僖公九年)
其为吾先举谋也,则忠。忠,社稷之固也。(《左传》成公二年)
无私,忠也。(《左传》成公九年)
妾不衣帛,马不食粟,可不为忠乎?(《左传》成公十六年)
相三君矣,而无私积,可不谓忠乎?(《左传》襄公五年)
临患不忘国,忠也。(《左传》昭公元年)
孝慈则忠。(《论语·为政》)
居之无倦,行之以忠。(《论语·颜渊》)
忠告而善道之,不可则止。(《论语·颜渊》)
居处恭,执事敬,与人忠。(《论语·子路》)
忠焉,能勿诲乎?(《论语·宪问》)
危身奉上曰忠。(《逸周书·谥法》)

材料还有很多,从中不难看出,"忠"的具体表现,就是敬事,就是公而忘私,就是为官廉洁,就是劝友以善,就是教之不倦,就是危身奉上,等等。

"尽己"与"敬事",一内一外,"尽己"是"敬事"的内在动力,人只要"尽己",就能把这种动力开拓出来。对此,可以借理学家朱熹对"忠信"一词的讨论来说明。

> 忠信只是一事，但是发于心而自尽，则为忠；验于理而不违，则为信。忠是信之本，信是忠之发。
>
> 忠信只是一事，而相为内外始终本末。有于己为忠，见于物为信。
>
> 忠是体，信是用。自发己自尽者言之，则名为忠，而无不信矣；自循物无违者言之，则名为信，而无不出于忠矣。（《朱子语类》卷二一）

朱子的"忠信"体用说、内外说等，很可以借来解释"尽己"与"敬事"的关系。另外，在先秦典籍中"忠信"二字连用之频率特别高，在当时"忠信"一词可能代表了一种十分流行的看法。从有关材料看，忠和信，或者连用，或者对举，总之二者关系很是密切。连用者如"口不道忠信之言为嚚"（《左传》僖公二十四年）；对举者如"不忘旧，信也；无私，忠也"（《左传》成公九年）。孔子也经常"忠信"连用，如"主忠信""言忠信"，等等。

总之，忠主内，信主外。有忠于内，必有信于外。忠是信的基础，信是忠的彰显。

2. 狭义之"忠"

狭义之"忠"指"忠君"，从广义之"忠"的角度说，"忠君"本来也是可以包含在"敬事"之内的，但由于自战国后期始，忠君的思想一直受到片面强调，所以不得不特别提出来加以讨论。"忠君"方面的材料也很丰富，但与广义之"忠"相较，意思比较单纯。不过，就"忠君"观念的形成与发展而言，不同的历史时期也有一些不同的变化。大体说来，春秋时期，君臣之间还比较强调彼此应尽的义务，臣之"忠君"还有一定的前提。从战国末期开始,"忠君"的观念就渐渐地变成了臣民对君主的绝对义务。而秦汉大一统之后,"忠君"思想便彻底成为专制主义和蒙昧主义的理论武器。

据有学者考证,"忠臣"一词出现于战国时期,最先见于《墨子》一书。[①]《墨子》书中记墨子与鲁阳文君的对话道:

> 鲁阳文君问子墨子曰:"有语我以忠臣者,令之俯则俯,令之仰则仰,处则静,呼则应,可谓忠臣乎?"子墨子曰:"令之俯则俯,令之仰则仰,是似景也;处则静,呼则应,是似响也。君将何得于景与响哉?若以翟之所谓忠臣者,上有过,则微之以谏;己有善,则访之上,而无敢以告外;匡其邪,而入其善,尚同而无下比。是以美善在上,而怨雠在下;安乐在上,而忧戚在臣。此翟之所谓忠臣者也。"(《墨子·鲁问》)

墨子对"忠臣"的理解兼顾了君臣上下两方面之间的关系。到了韩非子,则强调"专心事主者为忠臣","所谓忠臣,不危其主"。汉代的董仲舒讲"君为臣纲","愚忠"之味道甚浓。唐朝的李世民讲"君虽不君,臣不可以不臣",宋儒讲"天下无不是的君",使臣之事君忠更成为一种片面而绝对的义务。

在这里,有必要对"忠君爱国"和"忠孝不能两全"作一简单的解释,中国古代是"家天下",在很多情况下,君主的利益与国家的利益往往相一致,比如历史上的反抗异族入侵等。这个时候,忠君与爱国的确关系密切。另外,由于忠君思想作

[①] 魏良弢:《忠节的历史考察:先秦时期》,《南京大学学报》(哲学社会科学版)1994年第1期。

崇，古人也确实认为君主就是国家的代表。至于"忠""孝"能不能两全，这在历史上还有不同的争论。从发生学的意义说，"忠"由"孝"出，二者之间确有密切关系。据有学者研究，"忠"与"孝"的关系在历史上曾经历了一个正、反、合的过程。夏、商、周三代，"忠"的意义包含在"孝"中，这可以看作"以孝为本"的忠孝合一。春秋时期，典型宗法制受到冲击，孝德所包含的政治意义渐渐淡薄，"忠"从"孝"中分化出来，于是形成"忠""孝"二元的局面。到秦汉大一统的政治体制确立以后，由于统治者对忠的强调，形成了"移孝作忠"的新型"忠孝观"。[①] 这种说法基本可信。

传统"忠"观念的形成及含义，大致如上所述。站在今天的立场，我们究竟应该如何批判继承传统"忠德"，以为社会主义精神文明建设服务呢？关于这个问题，民主革命的先行者孙中山先生有一个说法，很有启发意义，孙中山先生说："在国家之内君主可以不要，忠字是不能不要的。如果说忠字可以不要，试问我们有没有国呢？我们的忠字可不可以用之于国呢？我们到现在说忠于君固然是不可以，说忠于民是可不可呢？忠于事又是可不可呢？我们做一件事，总要始终不渝，做到成功，如果做不成功，就是把性命去牺牲亦所不惜，这便是忠。"[②] 孙中山先生的这一说法很中肯，也很积极，值得我们借鉴。我认为，广义的"忠"观念在今天是可以毫无保留地继承的；"忠君"的观念在今天可以经过一定的分析批判之后予以转换；而愚忠的思想在今天必须抛弃。

[①] 朱汉民：《忠孝道德与臣民精神：中国传统臣民文化论析》，河南人民出版社1994年版，第54—59页。
[②] 孙中山：《三民主义》，东方出版社2014年版，第65页。

四 《周易》与中国哲学[*]

中国社会科学网：《周易》是一部怎样的书？它在中国学术思想史上的价值如何？

杨庆中：《周易》是经历圣人之手最多，编纂时间最长的一部书。《汉书》谓之"人更三圣，世历三古"。三圣即伏羲、文王、孔子。汉代儒生又加上了周公，那就是"四圣"。史载伏羲画八卦，为《周易》的创制提供了文化资源。文王重八卦为六十四卦，为《周易》建构了一个符号系统。文王之前已有重卦，文王应该是在已有重卦的基础之上对六十四卦的卦序做了新的安排。周公的贡献是为六十四卦符号系统系卦爻辞。周公于摄政期间在文化建设方面有个大手笔，就是"制礼作乐"，把他父亲留下的这套符号系统进一步完善，系上卦爻辞，可能就是"制礼作乐"的内容之一。最后是孔子作《易传》。《易传》是目前所能见到的最早的一部系统解释《周易》的著作，如果没有这本《易传》，今人可能基本上是看不懂《周易》这本书的。这样说来，《周易》是经历几千年，由几代圣人相继努力才完成的一部著作。

关于《周易》在中国学术思想史上的价值，已故著名史学家李学勤先生有一个说法，很值得参考。李先生在为朋友的一部易学著作所写的《序》文中说："现在大家都认识到传承和发展中华民族优秀传统文化的重要性和必要性，而传承与发展民族传统文化，必须溯其始源，探其根本。中华民族传统文化的

---

[*] 本文系中国社会科学网李秀伟编辑于 2022 年 1—3 月连续三次对作者的采访，原文曾发表于"中国社会科学网"。

学术内涵，即所谓国学。国学的范围也很宽广，不过从历史角度来说，就是我近几年反复在讲的'国学的主流是儒学，儒学的核心是经学'。这里我想再加上一句：'经学的冠冕是易学。'"① 李先生的话很耐人寻味，也与传统经学视《周易》为众经之首的观点相一致。从这个意义上说，《周易》是中国古代学术核心的核心，没有比它更核心的了。

正因为它是核心，所以在古代它也是知识分子的哲学教科书，老子应该是研读过《周易》的，孔子晚而喜《易》则见于史载。到了经学时代，几乎所有有成就的知识分子都是易学家，随便举几个例子，如董仲舒虽然以公羊学闻名，但也是易学家。对地震很有研究的张衡是易学家，还写过易学方面的文章。魏晋时期的王弼是一位青年易学家，他的《周易注》在历史上的影响非常大。数学家祖冲之是易学家。宋代的欧阳修，是史学家，也是易学家。他写过一本书叫《易童子问》，这部书在民国时期产生过很大的影响，郭沫若、顾颉刚等都曾引用《易童子问》里边的一些观点来怀疑《易传》与孔子的关系。欧阳修之外，苏轼写过《东坡易传》。至于北宋五子，就更不用说了，都是一流的大易学家。程颐一辈子就写了一本书——《程氏易传》，这本书对理学的影响很大。其他像南宋的朱熹、陆九渊，也都是易学家，朱熹著有《周易本义》《易学启蒙》，都是很有影响的著作，陆九渊虽然没有易学专著，但在他的书信集里边多次提到《周易》。明代中期的王阳明，在狱中读《周易》而开悟……总之，从老子一直到民国之前，几乎所有的哲学家都是易学家。

---

① 易明、宝善：《易道宇宙观：中华古老的象数逻辑》，人民日报出版社2014年版，"李学勤序"。

其实，抛开经学，从更广泛的文化视角看，我们还可以透过《四库全书总目提要》里的一段话来谈《周易》的价值："易道广大，无所不包，旁及天文、地理、乐律、兵法、韵学、算术，以逮方外之炉火，皆可援《易》以为说，而好异者又援以入《易》，故《易》说愈繁。"① 这段话的大意是说，《周易》所包含的道理至广至大，无所不包，主流（经学）的不说了，旁及的像天文、地理、乐律、兵法、韵学、算术，以至于道士炼丹等，都可以"援《易》以为说"，也就是都可以用《周易》的理论来加以解释。这说明什么？说明《周易》是中国传统文化的哲学基础、理论基础。所以在古代各行各业都学《周易》。中国传统文化的哲学基础，中国传统学术的核心，中国古代知识分子的哲学教科书，就这三点就足以说明《周易》在中国学术思想史上的价值。

李秀伟：《周易》有这么高的学术价值，为什么许多人视《周易》为"筮占之书"呢？

杨庆中：《周易》本为筮占之书，但三代的筮占，是主流意识形态，是帝王决策的重要参考之一，《尚书·洪范》"稽疑"条目下说得很清楚。西周时期，卜筮掌于史官之手，为天子服务。那个时候学在官府，只有贵族子弟才有受教育的机会。这种情况到了西周末期，尤其是到了春秋时期发生了很大的变化，周天子权威旁落，力量不断削弱，甚至还不及一些大的诸侯。于是在他身边谋职的这些世守之官，开始散落到民间或各个诸侯国，这叫"天子失官，学在四夷"。孔子就是在这种背景下兴办私人教育的。在招生对象方面，孔子突破了原来的官办模式，提倡有教无类，什么贵族、平民，只要行束脩之礼，都可以受

---

① （清）永瑢等撰：《四库全书总目》，中华书局1965年版，第1页。

教育。孔子是我们教育工作者的祖师爷。也正是在这一"学术下移"的过程中,《周易》的性质开始不断发生分化。一方面,一些史官继续用《周易》进行占卜;另一方面,一些史官开始把它作为经典,不占而直接引用其中的卦爻辞,作为分析问题的根据。这后一方面的倾向很值得关注,开了《周易》经典化的先河。也就是说,《周易》这样一部典籍,有卜筮的外衣,又包含丰富的人生智慧,二者在春秋时期开始发生分化,一方面继续被用作卜筮之用,一方面它的人生的智慧,即人文主义的思想也开始渐渐地从卜筮之用中独立出来而受到人们的重视。

卜筮与人文思想的进一步分化始于孔子。孔子早年对筮占层面的《周易》不太感兴趣,他曾谆谆告诫弟子:"德行亡者,神灵之趋;智谋远者,卜筮之繁。"意思是说,德行差的人才拼命地祭祀,智谋浅的人才拼命地占卜。孔子晚年再读《周易》,发现这部书不单是讲筮占,里边还有"古之遗教",有"德义"可观,于是对此进行了发掘。从《易传》和相关的出土材料可知,孔子解释《周易》,主要凸显或者主要强调《周易》里边的"德义"。至于筮占,虽然没有予以否定,但也没有发挥。这样,在孔子之后《周易》就进一步分化了:一方面筮占的系统逐渐脱离《易》的系统,而更加术数化了;另一方面,儒家知识分子透过《周易》讲哲学,甚至提出"会《易》者不占"的观点。到了汉代,《周易》被立为经,孔门易成了主流,这一点在《汉书·艺文志》中表现得特别明显。《汉书·艺文志》就是汉代见存图书目录分类汇编。在这里面,它把占卜的《易》与人文义理的《易》分开,前者归入"数术"类,后者归入六艺(经学)类。而且在经学中,《周易》还被奉为众经之首,被视为诸经之源,而受到经学家们的重视。

经学与术数的关系,打个不恰当的比方,有点像人文与科技的关系。历史上有一些易学家知识比较丰富，他们既通经学《易》，又通术数《易》，如西汉著名经学家京房就是一例。这就好比西方哲学史上有一些大哲学家，既是哲学家，又是数学家或者科学家一样，我们不能因为他既是哲学家又是数学家，就把他的数学等同于他的哲学，或者把他的哲学等同于他的数学。同样不能因为京房既懂经学《易》又懂术数《易》，就把京房的术数《易》等同于京房的经学《易》，这一点是需要说明的，因为很多人在这一点上有误解。总之，说《周易》是筮占之书也好，说它是哲学之书也好，都有道理，但都不全面，因为它是两个方面都包括的。重要的是，这两方面在春秋时期开始发生分化，然后各自又独立发展出了不同的知识体系。20世纪初叶，古史辨派打破经学，开创了学术研究领域思想解放的新局面，但是也留下了一些遗憾，比如说打破了经学的观念，却把经学《易》等同于术数《易》，而同时又视术数为方术迷信，这样就给人一种印象，《周易》是一部迷信之书。所以一提到《周易》，很多人，包括一些文化人都会首先想到卖卜算卦。这样是比较可悲的。

中国社会科学网：通过易学的发展可以进一步探寻《周易》在社会发展中的作用和影响，那么，易学史有几个发展阶段？每个阶段的特征是什么？

杨庆中：大致来说，可以分为先秦易学、两汉易学、魏晋隋唐易学、宋明易学、近代易学。当然各个阶段又可以分出一些小的阶段。从《易》的产生到孔子赞《易》有三个阶段：巫之《易》、史之《易》和孔门《易》。孔子到汉初这一段时间的传承，《史记》《汉书》都有记载，但细节不详，可易学在这一阶段的发展却十分关键，《易传》就成书于这一时期。同时，这一阶段内，巫之《易》和史之《易》也一直在发展，这一点从出

附　录

土秦简文献中日书之类的材料特别发达，以及《吕氏春秋》、《淮南子》、孟喜易学、《易纬》中都能梳理出一些蛛丝马迹。很可惜，材料太少，细节不清楚。

　　汉代易学的最大特点是与自然科学相结合，宇宙论比较发达。汉代经学的问题意识源于武帝刘彻的重大理论关切，大儒董仲舒以天人感应为哲学基础作答，奠定了西汉经学的理论格局。孟京易学就是在这种背景下登场的。他们试图把《周易》与当时最先进的科学——天文历法结合在一起，建构一个推演阴阳灾异的逻辑系统，以推演社会人事之吉凶。值得注意的是，天文历法面对的是自然的必然性，或者说是根据对自然必然性的理解而建构的一套体系，用《周易》来整合这一套体系去谈社会政治问题，实际上等于是把人的社会政治活动降低为一种自然的必然性行为，这对于人的社会政治的人文性多少是一种摧残。另外，由于汉代学者奉《周易》为圣经，故又常常以六十四卦规范天文历法，这对于天文历法所具有的自然的必然性又多少是一种扭曲。

　　两汉之际，"易纬"兴起，《易纬》的成书，主要也是在这个时期，当然其各篇所依据的材料，有的可能比较古老，但基本上是对西汉象数易学的一个系统化，也可以称之为"西汉易学原理"。《易纬》主要是总结西汉以来用于解释或者扩展经义的那一部分易学内容。《易纬》有很明显的本源意识、哲学意识，比如对三易的探讨，基于筮法而对太易、太初、太始、太素等等的探讨，以及对于中华文明发生史的探讨，作者总是试图找到一个最可靠的，或者说是早到不能再早的起点。由于《易纬》对西汉象数易学的这样一种哲理化，东汉时期的易学家，如郑玄、荀爽、虞翻等，开始把《易纬》中的一些思想转化为解经的体例来注释《周易》，形成了东汉易学的特色。

汉魏之际，知识界的致思理路出现了宇宙论向本体论的转向。这一时期，东汉易学的传统风韵依然，但最能反映时代特色的乃是王弼易学。王弼回归《易传》的解经系统，一改汉代象数解易的传统，提倡得意忘象，史称义理易学。唐初孔颖达撰《周易正义》，以王弼的易学为主，再整合两汉象数易学的一些理论，为汉晋易学向宋易的过渡搭建了桥梁，奠定了基础。

宋代易学，透过道教的接引，创建图书易，传承了汉唐宇宙论；透过佛教尤其是华严宗、禅宗的启迪，传承王弼的义理易，拓展了传统本体论的深度。南宋大儒朱熹在理本论的基础上整合图书易和义理易，形成了博大精深的易学体系。明清易学在朱熹易学的规模内有所发展，但理论的创新不大。清代也有个别学者尝试借用一些西学的知识来解《易》，如焦循和方以智等，但没有形成一个新的解《易》范式。清代经学研究中方法的自觉是一个特点，因此文献学特别发达，经学家做文献的目的是求经学之"是"，而这种文献学却为民国时期的打破经学提供了方法的支持。

中国社会科学网：从《周易》中看，人类自身灵魂与肉体的最真切的诉求和呐喊是如何呈现的或者是如何表现的，人类早期的知识形态是如何开始的？以何种方式表达？

杨庆中：这是一个比较刺激的话题，也很富有挑战性，以往的易学研究，很少有人从这个角度提出问题，但这的确是一个值得思考的问题。谈到人的肉体与灵魂，肉体受必然律支配，灵魂受理想引领。前者是自然，后者是应然。二者之间的关系是自然与人文的关系。《易传》说："观乎天文，以察时变；观乎人文，以化成天下。"意思是说，观察天上星象运行的轨道，来辨察季节的变化；观察人伦、政治的运行规律，来教化成就天下。你看中国古代很早就有"人文"这个概念，但中国思想史上并没有出现过人文主义思潮。这主要是因为自然与人文之间的内在张力不大。《周易》视天地为万物及人的本原，古代思想家在建立人和社会的价值基础时也都是回到天地这个本原。但由于天地之生人及万物不是有意为之，所谓"生而不有，为而不恃，长而不宰"，所以它从来不给人立规矩，不会让人感到压迫，而且它的"生生之德"还让古人体会到了宇宙之爱。所以《周易》和先哲努力的方向是如何追求必然与应然的合一，以使人的存在更加具有合理性，并在这种合理性的追求中成己成物。

回到灵魂与肉体的主题，中国古人追求灵魂与肉体的统一，就像追求自然与人文的和谐一样，这一点对中国传统文化影响深远，中国人对超验领域不太下功夫，周公讲"以德配天"，把配天的责任全部落实到主体身上，从而淡化了对天的研究。孔子讲"不知生焉知死"，让人把如何活着放在首位，从而淡化了对灵魂世界的研究。当然这并不是说中国古人对于人的生命的局限性没有认识，也不是不渴望超越这种局限，但这种超越不是透过超验世界的设计来完成的，而是透过现实生命的延续来完成的。古人有所谓三不朽思想，即立功、立德、立言，这些都是超越个体生命局限性的尝试。还有对生命繁衍的自觉，宗庙祭祀，香火延续，这些都是要在人的世界里超越生命的局限性。也因此，古人比较追求透过自身的修养而实现与自然的合一，这种修养所达到的境界不是内在的超越，内在不能超越，只能完满，完满之后，人的生命存在形式是否会发生改变？或者是与大化合一，同归于寂？古人没说。

中国古代文化源于巫史传统，巫在世界各种文明中都出现过，为什么中国文化的发展最后成了这个样子？这个问题是可以研究的，可能与地理环境有关，这个以后有机会再谈。至于说到人类早期的知识形态是如何开始的，可能从人类诞生的那一刻起，知识就开始发生了，巫就是最原始的知识形态之一，还有"史"。著名经学家金景芳先生说，三代的巫、史，"不仅是卜的职业家，而且还担当继承、传播与促进文化的责任。其中有不少人具有极为广博的知识。自今天看来，他们都是宗教家，同时也是哲学家，又是文学艺术家、自然科学家，而且还活动于政治舞台。实际他们是拥有没有分化的全部科学知识"。[①] 巫史的身份特征也决定了知识表达的方式，在此基础之上形成的最早的知识形态应该是天文历法。

中国社会科学网：《周易》对中国人来说是耳熟的，但似乎很难说是"能详"的，今天我们如何走进《周易》，从中国的文化瑰宝中汲取智慧和寻找力量的源泉？

杨庆中：易学研究有一个特点，就是多学科、多视角、多层面交叉研究，因此走进《周易》有多种途径，比如大家可以从自己专业的角度入手进入《周易》。当然无论从哪个角度进入《周易》，都离不开对《周易》经传的研究。因为易学史上的很多问题都是从《周易》经传中引发出来的。

至于从中"汲取智慧和寻找力量的源泉"的问题，我们可以反问一句，为什么我们要从《周易》里寻找这些东西，这本几千年前的一部典籍，它里面是否有 21 世纪要找的那些东西？现实中我们经常遇到这样的疑问，这也是经典诠释中普遍存在的一个问题，也是为什么历史上人们总会不断地回归元典的问题。社会发展到今天，我们遇到一些新的问题、新的困惑，当想要解决它时，就需要回到元典，重新梳理思想发展的脉络，以求获得启迪，获得来自本原的力量。所以我们是带着崭新的

---

① 金景芳：《易论》，收入氏著《学易四种》，吉林文史出版社 1987 年版，第 144 页。

附 录

时代问题回到元典比如《周易》的，因而汲取智慧和寻找力量的源泉是有的放矢的。

那么，我们今天面临着什么样的问题呢？我想从目前最现实的抗击新冠疫情谈起。在这次抗疫过程中，中医发挥了应有的作用，中西医各有优长，无须挑起中西医孰优孰劣的争论。但对中医所具有的作用，哲学应该如何给出解释，是需要研究的。张岱年先生曾在为一部书写的序中指出："中国医学的基本观点实源于《周易》。"这表明解决上述现实的问题是需要在《周易》中"汲取智慧和寻找力量的源泉"的。还有我们要复兴优秀传统文化，照李学勤先生的说法，《周易》是国学主流中经学这一核心上的冠冕，那么，今天复兴中华优秀传统文化，它还是不是冠冕？这个冠冕还要不要？等等，这些都需要我们思考。还有很多问题，这些都是我们从中"汲取智慧和寻找力量的源泉"的放矢之"的"。

成中英先生 20 世纪 80 年代曾提出一个命题："《周易》是中国传统哲学的源头活水"，我觉得这句话是有道理的，现在已有学者提出，有别于古希腊哲学的源于惊异说，中国哲学源于忧患意识，我本人也认可这种观点。而《周易》就被《易传》视为"忧患之作"。所以从《周易》出发梳理中国哲学的起源是没有问题的。

中国社会科学网：上次访谈结束时您提到您认可成中英先生"《周易》是中国传统哲学的源头活水"的说法，并指出"从《周易》出发梳理中国哲学的起源是没有问题的"。这次您可否具体谈一下《周易》与中国哲学的起源问题？

杨庆中：成先生把《周易》视为中国传统哲学的源头活水，与他对伏羲时代文化发展的考察及哲学分析有关。我还没有成先生的认知高度，我之所以认为"从《周易》出发梳理中国哲学的起源是没有问题的"，主要是基于以下几个方面的原因：首先，夏商周三代皆有《易》类典籍，此类典籍均掌于帝王和巫史之手。上次我曾引用已故著名经学家、史学家金景芳先生的观点，指出三代的巫史实际拥有当时没有分化的全部科学知识。所以透过巫史所掌之《易》，我们能大致洞悉三代特别是周初人们对宇宙、社会、人生的看法。而他们的宇宙观、社会观、人生观，也正是先秦诸子进一步思考宇宙、社会、人生的起点或基础。

其次，《周易》的功用在于沟通神人（天人），是神人（天人）之学。通神是巫史的本分，而通神有着古老的传统，如《尚书·吕刑》《国语·楚语》等典籍中均曾记有"乃命重黎，绝地天通"的故事，就与巫史通神有关。《易传》追溯伏羲作八卦，不但把伏羲描绘成了史官的形象（"仰则观象于天，俯则观法于地"），还把他作八卦的目的归结为"以通神明之德，以类万物之情"，即沟通神人（天人）。沟通神人（天人）一直是巫史的工作，直到汉代司马迁讲"究天人之际"，实际上仍是指这种沟通的工作，"究天人之际"是司马迁对于史官的核心功能和主要任务的高度概括。《周易》掌于巫史之手，是巫史通神的经验总结，也是巫史通神的教科书或参考答案，《周易》也因此而成为神人、天人之学。中国哲学的基本问题天人关系问题实滥觞于此。

第三，《周易》沟通神人（天人），目的在于为最高统治者的政治行为的合理性寻找根据。上次我提到了《尚书·洪范》中的"稽疑"。"稽疑"就是决疑断惑。《洪范》"稽疑"条指出，天子有"大疑"时，要考虑多方面的因素，即自己的看法，卿士、庶人的看法，以及卜与筮的结果。这几者之中，卜筮占其二。虽然仅占其二，但很关键，所谓"龟筮共违于人，用静吉，用作凶"。意思是说卜与筮结果不吉的话是要宁静勿动的。因为卜筮均不吉乃意味着帝王的某一决策或某一行为没有得到神灵的支持，因而没有合理性。所以卜筮实际上隐含了为天子——人存的世界之存在方式的合理性和合理存在的可能性寻找根据的意涵，这也正是天人问题的核心意涵。

第四，上次我们提到了中国哲学的起源与忧患意识的问题。古希腊哲学家有一个说法："人们是由于诧异才开始研究哲学。"因此在一般人的观念中，哲学源于好奇。这固然不错，但中国哲学的产生，还有其特殊的向度，即对三代政治及宗教的反思，反思的核心是天命何以转移的问题。周初统治者基于对该问题的深刻反省，不断发出"我不可不监于有夏，亦不可不监于有殷"和"殷鉴不远，在夏后之世"的警告。这就是所谓的"忧患意识"。周人的这种忧患意识与文王有关，《易传》说："《易》之兴也，其于中古乎？作《易》者，其有忧患乎？"又说："易之兴也，其当殷之末世，周之盛德邪？当文王与纣之事邪？"综合这两段材料，可知文王作《易》乃是出于忧患意识。这种忧患意识在周公那里表现为"以德配天"命题的提出。此一命题的深层哲学意涵仍然关乎神人、天人等问题。因此也可以说，中国哲学源于周初统治者与知识界对三代天命转移的"诧异"。

总之，《周易》作为一部凝聚夏商周三代知识分子——巫史集团智慧的著作，它对宇宙存在形式的理解，对神人关系的把握，对人之行为合理性的探索，以及它所蕴含的强烈的忧患意识等等，为先秦诸子提供了丰富的知识基础，为先秦哲人的哲学思考留下了丰富的解释空间，对先秦乃至整个中国哲学的发展产生了深远的影响。所以我觉得"从《周易》出发梳理中国哲学的起源是没有问题的"。

中国社会科学网：您刚才的说法很有启发意义，您提到了

"源头活水"中的"源头",这个"源头"是如何成为中国哲学的基础并对中国哲学的发展起到重大影响的?或者换句话说,《周易》之作为"活水"的意义是如何体现的呢?

杨庆中:您的问题很犀利,我可以分几个方面来谈。首先,《周易》内涵一个基本结构,即六十四卦中的每一卦,都是一个包含了卦时、爻位和卦时、爻位对应的吉凶——人的结构系统。限于访谈的体例,在这里无法详细论证,我只是大略说一下。在这个系统中,卦时具有决定性的作用,爻位服从于卦时,而人则要服从于爻位和卦时。这个结构系统其实就是符号化了的天地人的整体宇宙论系统,天地人,《易传》谓之"三才",汉代学者把三才与六爻的爻位结合起来,认为初爻二爻为地,三爻四爻为人,五爻上爻为天。这种理解是否合理是值得研究的。就《周易》而言,卦时—爻位—人之吉凶的结构,或者说天地人的结构是最根本的,这种结构构成了一个人在宇宙中寻求合理位置(吉凶休咎)的符号化演绎系统。因此《周易》六十四卦,每一卦探究的都是人在宇宙中的位置问题,每一卦探讨的都是人在宇宙中如何积极地寻求自己的合理位置并因此获得存在的合理性的问题。这一点后来成为中国思想文化的知识论基础,也是中国传统哲学宇宙论的原始形态和基本结构,因此对中国哲学的发生发展产生了极大的影响。

其次,《周易》有文字即卦爻辞,有符号,即卦爻象,卦爻辞是用来解释卦爻象的。卦爻辞规定性强,卦爻象抽象性高,二者之间的张力为人们留下了诸多理解的空间。例如,辞因象而立,每卦每爻所系之辞有确定的内涵,也以追求准确地解释卦爻象为其目标,这反映了古人对概念之确定性的追求(尤其是后来的象数易学)。但概念的确定性也是其局限性,有局限就无法全面完整地反映卦爻象的意涵。而在《周易》中,卦爻辞的确定性并没有遮蔽掉卦爻象的超越性，可以说象辞的巧妙结合为辞的确定性和象的超越性都留出了足够的空间，并最终让二者都指向一个基于宇宙整体性的人之存在的合理性问题的探讨。易学史上解易体例之所以能够不断出新，易学家们之所以能够透过新的解易体例融会新知，讲出一套新的哲学，即与《周易》象辞关系的此一特点有关。

另外，《周易》象辞关系的这一结构也引申出了另一个非常有意义的、对于中国传统哲学、文学、艺术等非常有价值的问题，就是言—象—意三者之间的关系问题。"言"指卦爻辞，"象"指卦爻象，"意"指卦爻象要表达的本质意义。三者之间的关系非常有趣，"言"是语言、言说、表达。而"象"虽然具体所指是卦爻象，但《周易》的卦爻象所"象"的是宇宙万物。所以象辞关系实际上指的是言词与万物之间的关系。"意"则是指宇宙万物的法则。这三重关系是孔子率先揭示出来的，孔子认为"言不尽意"，也就是说"言"无法圆融地表达"意"。怎么办？"圣人立象以尽意"，圣人透过"象"来完整地呈现"意"。在这里，古人用卦象象征宇宙间的万事万物，然后透过对卦象的认识来认识宇宙间的万事万物。所以，《周易》的每一卦就是一个宇宙图示，冯友兰先生受朱熹的启发，谓之"宇宙代数学"。我觉得可以谓之动态的宇宙图示或模型，只要你在这个图示或模型中能定位到此时此地的你，就能获知你当前的处境所具有的吉凶之意。这是不是一种比较有特色的知识论进路？大家可以研究。另外孔子的"言不尽意"说与老子的"道可道，非常道"说，两者之间有没有内在的关联？也很值得思考。

最后，《周易》作为一部筮占之书，重视对神意、天意的考察，但六十四卦之中又处处彰显着吉凶由人的精神，这一矛盾留下的解释空间很大。《周易》六十四卦三百八十四爻，每一卦每一爻都在讲吉凶，但占者是吉是凶，端赖自己的选择。例如《乾》初九"潜龙，勿用"，大意是说（《乾》卦初九这样的情境暗示的是），在客观条件不具备的情形下不宜有所行动。但行动还是不行动则完全取决于人之自身，因而吉凶取决于人的选择。又如《坤》六四"括囊，无咎无誉"，大意是说（在《坤》卦六四这个情景里），管住自己的嘴巴不说话可以避免灾祸，当然也不会获得荣誉。但管得住管不住自己的嘴巴还是取决于人之自身，而吉凶取决于人的选择。《周易》的这种吉凶由人观，彰显了客观必然性与主体能动性之间的张力，从哲学的视角说，是自由与必然之关系的问题，也是中国哲学中非常重要但人们鲜少提及的自然与人文、知识与价值的关系问题。

此外，八卦、六十四卦符号本身具有的超出文字的表达功能，《易传》解经过程中运用的一些概念范畴等，都在中国哲学史、思想史乃至于科技史上发挥过非常重要的作用。

中国社会科学网：您上次谈到"无论从哪个角度进入《周易》，都离不开对《周易》经传的研究。因为易学史上的很多问题都是从《周易》经传中引发出来的"。《易传》是目前所见到的最早的解释《周易》的著作，那么，孔子是不是《易传》的作者？

杨庆中：《易传》是目前所见最早的一部诠释《易经》的传世文献，史载该《传》出于孔子之手。但宋代以后，也有学者对这种观点提出怀疑。不过，终整个经学时代，孔子作《易传》的观念，始终是易学研究中的主流看法。近代以来，由于思想观念和学术方法的变革，有些学者，比如古史辨派的学者致力于"从圣道王功的空气中夺出真正的古籍"，孔子之作《易传》的传统观念，自然也就成了怀疑的焦点。不过就目前掌握的史料来看，完全肯定《易传》为孔子所作和彻底否定孔子与《易传》有关，均没有十分充足的证据。《易传》各篇未必成书于一时，但大致是在春秋末至战国末这一时期。由20世纪70年代初出土的马王堆帛书《易传》可知，历史上关于孔子"晚而喜《易》"的记载是真实可信的。孔子不但"晚而喜《易》"，还曾跟弟子们讲授《周易》，可以说研读《周易》是孔子晚年最重要的一件事情。从这个意义上说，如果不是斤斤计较于孔子是否《易传》之"撰作者"的问题，而从较为宽泛的意义上，比如喜《易》赞《易》和传《易》的意义上来理解孔子与《易传》的关系，我们似乎可以说《易传》应该是孔门后学在孔子讲授提纲的基础上，以儒家思想为核心，整合巫史之易，综合诸子思想完成的一部巨著。

中国社会科学网：孔子对《周易》一书有什么样的看法和态度？有一种观点认为孔子早期和晚期对待《周易》的态度有明显的变化，实际情况怎样？为什么会有这样的变化？

杨庆中：孔子是中国易学史上具有里程碑意义的哲人，按照李学勤先生的观点，孔子是易学的真正开拓者。孔子早年和晚年对《周易》的态度确实是有一些变化的。孔子"十有五而志于学"，可能很早就对《周易》有所研习，但基本上是从筮占的角度来看待《周易》这本书的。帛书《易传》中记有子贡的一句话："夫子它日教此弟子曰：'德行亡者，神灵之趋；智谋远者，卜筮之繁。'"子贡是孔子55岁去鲁适卫的过程中追随孔子、成为孔子的弟子的，"它日之教"的"它日"当然是在55岁或55岁之后。这说明一直到这个年龄孔子一直是视《周易》为卜筮之书的。其实就是"晚而好《易》"之后孔子也没有改变《周易》是一部卜筮之书的看法。只不过与以前单纯视《周易》为卜筮之书相比，孔子对《周易》的性质又有了新的认识而已。这也正是帛书《易传》中孔子一再要把自己与巫史做出区别的原因，孔子甚至担心"后世之疑丘者，或以《易》乎？"

孔子晚年对《周易》的新认识很丰富，言其大者，约有三个方面：一是认为《易》有"古之遗言"。李学勤先生曾经指出："'古之遗言'也不是泛指古代的话，因为《周易》对于孔子来说本来是古代的作品，用不着特别强调。'遗言'的'言'应训为教或道，系指前世圣人的遗教。"可见，晚年的孔子，认为《周易》卦爻辞中包含了大量的古圣先贤的遗教。二是强调《易》出于文王，乃忧患之作。今本《易传》和帛书《易传》多次记载孔子的类似言论。如帛书《易传》中说："文王仁，不得其志以成其虑，纣乃无道，文王作，讳而避咎，然后《易》始兴也。"今本《易传》中说："易之兴也，其当殷之末世，周之盛德邪？当文王与纣之事邪？"由《论语》等典籍可知，孔子对于文王、周公一向崇敬，所谓："文王既没，文不在兹乎？"所谓："周监于二代，郁郁乎文哉！吾从周。"既然孔子推测《周易》出自文王，则其受到孔子的重视，就不难理解了。最后一点是认为《易》为"崇德广业""开物成务"之书。"崇德广业"就是高尚其德行，广大其事业。"开物成务"就是认识世界和改造世界。孔子晚年是把《周易》视为包含了古圣先贤的人道教训，可以成己成物的宝典的。

至于说到孔子早年和晚年对《周易》的态度为什么会发生这样的变化，原因可能很多，我能想到的主要有两个方面：一方面可能是在周游列国时发现了一些新的史料，如《礼记》载孔子的话说："我欲观夏道，是故之杞，而不足征也，吾得《夏时》焉。我欲观殷道，是故之宋，而不足征也，吾得《坤乾》焉。《坤乾》之义，《夏时》之等，吾以是观之。"[①] 据金景芳先

---

① （清）孙希旦撰，沈啸寰、王星贤点校：《礼记集解》，中华书局1989年版，第585页。

生的研究，《坤乾》《夏时》可能就是类似于《周易》的商代、夏代的《易》著。孔子由《坤乾》而知殷道，由《夏时》而知夏道，联想到《周易》，自然会对《周易》有一些新的理解。其次，孔子周游列国时到处碰壁，"急急如丧家之犬"，也迫使他对自己的天命自觉和学思历程有所反思，这也是孔子老而好《易》的主要原因。因此，孔子在其生命的最后五年研读《周易》，手不释卷，并赞《易》传《易》，开出了一条"观其德义"的解《易》新方向。

中国社会科学网：孔子研究《周易》的伟大贡献是什么？

杨庆中：孔子深入系统地研究了易学发展的历史，发现在他之前的易说主要表现为巫之《易》和史之《易》，巫之《易》的特点是"赞而不达于数"，史之《易》的特点是"数而不达于德"。"赞"就是把幽隐的神意显明出来，通俗地讲就是通神。"数"指天地之数。"赞而不达于数"，是说参赞沟通神明（其实就是演绎筮法），但对筮数的本质没有足够的理解，即只知道奇偶之数的吉凶之意，而不知道奇偶之数中包含的天地之道，阴阳之理；"数而不达于德"，是说理解了筮数的本质，但没有透过这一理解进而实现对人道的认识。孔子对他们的观点都不满意，但也没有完全排斥，而是采取了有因有损有益的理性态度，加以整合，提出了"赞而达于数""数而达于德""仁守而义行之"的易学研究新方向。这就是孔子所谓的"《易》我观其德义耳也"。这句话中的"德"就是"数而达于德"之"德"，这句话中的"义"就是"仁守而义行之"之"义"。孔子认为这是他与巫史之《易》"同途而殊归"的关键所在。孔子说："君子德行焉求福，故祭祀而寡也；仁义焉求吉，故卜筮而希也。""德义"就是德行与仁义。就孔子思想的一般意义而言，"德行"与"仁义"，其内涵可以交叉，也可以互相包含。孔子把"德行"与"福"对应,把"仁义"与"吉"对应,在于强调无论是祈求神灵的保佑,还是提高辨识吉凶的能力,都需要回到主体自身,不要向外求。

巫史之《易》,其主要功用是沟通神人或天人,以为人的行为或者人的存在的合理性寻找上天的旨意,或更为根本的依据,这也正是后来中国哲学核心问题"天人关系"问题的渊薮。孔子并不反对在神人或天人关系的结构中界定人的存在的合理性,事实上孔子正是在此关系结构中来界定人的,这也是中国哲学的一个特点。孔子所反对的是从神的意志(巫)和天道必然性(史)的立场限制人,而主张从人的立场,即从发挥人的能动性的意义上去参赞天地。所以孔子"观其德义"是要把人从一个被规范的对象变成一个可以去参赞宇宙大化的主体。"德行亡者,神灵之趋;智谋远者,卜筮之繁"。"亡"即无。无德的人会去频繁地祭祀神灵,缺乏谋略的人会去频繁地占筮。孔子要反其道而行之,让人在自身的德行和智慧上用功夫,即"君子德行焉求福,故祭祀而寡也;仁义焉求吉,故卜筮而希也"。不是用卜筮和祭祀的办法,而是从主体的自觉着眼。把人从神的意志(巫之《易》)和自然(天道)的必然性(史之《易》)中解放出来,挺立出来,为中国思想的发展开一大格局。我觉得这是孔子对《周易》诠解,乃至对中国思想文化的最大贡献。

中国社会科学网:老子如何看待《周易》,《周易》对老子的思想体系又有何影响?

杨庆中:先秦诸子,彼此的思想之间有联系,又有差异。先哲时贤的相关探讨,比较侧重于讲其"异",而事实上先秦诸子都是基于一个共同的知识背景,认同一套共同的知识系统,并在此前提下发表各自的看法。《周易》所彰显的天地人的整体宇宙论就是这一知识系统的核心理念,老子和孔子都是从这一整体宇宙论的观念出发分别建构了自己的思想体系。

老子是中国哲学史上第一位从哲学的意义上讨论"道"的哲学家。老子"道"的哲学的形成，或许有许多重要的思想来源，《周易》的卦时—爻位—人的整体宇宙论思想可能也是不可忽视的思想来源之一。老子讲"人法地，地法天，天法道，道法自然"，"法"的结果则是从道或天道出发，推演、规范社会政治及人的生命活动的合理性。可以说在天地人的结构里面，老子是站在道或天道的立场来推阐社会人事的，这也正是史之《易》的特点，这就容易造成重视天道而忽视人道的缺憾。孔子正是为了弥补老子的这一缺憾，而特别强调人道的问题。大家都知道老子是一位史官，大孔子20来岁，孔子批评史之《易》，一定意义上可能是针对老子而言的。这个以后有机会再说吧。

中国社会科学网：从前两次的访谈中可以看出《周易》与中国传统哲学的关系确实是十分密切的，但如果按人物或时代一一分疏，恐怕我们本次访谈的篇幅很难容纳和承受。您能否先围绕几个核心的哲学话题谈谈《周易》对中国传统哲学的影响？

杨庆中：好的，有别于西方哲学，中国传统哲学有一套独特的概念范畴体系。在这套概念范畴体系中，有一大批核心范畴，如太极、太和、阴、阳、道、器、形而上、形而下、气、天地、神、动静、刚柔、三才、言象意、变、化、易、几、中、时、位，等等，都与《周易》经传密不可分。这些范畴对于中国传统哲学的发展产生了深刻的影响。可以说，《周易》不仅是中国传统哲学的思想文化之源，也是中国传统哲学生生不息的理论载体。有些方面前两次的访谈中已经谈到了，下面再做两点补充。

首先，本原的内在多元性。中国古代哲学讲宇宙观，当然离不开探讨宇宙本源的问题。中国古代哲学中的本源，无论用什么概念描述，其内在结构一定是多元的，这或许与《周易》的卦序有一定的关系。《周易》首《乾》次《坤》，《乾》为纯阳，《坤》为纯阴，后面的六十二杂卦则有阴有阳。所以《序卦传》说"有天地然后有万物"，这里的"天地"指的是《乾》《坤》，"万物"指的是六十二杂卦。《彖传》在解释《乾》《坤》两卦的时候更是分别明确指出，"大哉乾元，万物资始"，"至哉坤元，万物资生"。把乾坤视为万物之本，即宇宙万物生成的本源。也因此，中国古人讲"生成"，从来不从单一因素出发，而是强调"独阴不生，孤阳不长"，"乾元"和"坤元"，缺一不可；"乾元"的存在，必须以"坤元"的存在为基础；"坤元"的开展，必须以"乾元"的存在为前提。这也是"和而不同"这一理念的哲学基础。"和而不同"的"和"指的就是这种多元性。以此类推宇宙存在，则举凡自然、社会、人生，乃至于人类文明存在的多元格局，都因为它的形式的多样性才拥有了合理存在的基础，宇宙的发展正是仰赖于多样性的和谐共存。我们常说中华民族是一个爱好和平的民族，文化的根源，哲学的理据就在这里。我的存在的合理性也是以你的合理存在为前提，所以郑和下西洋最远到过非洲，只是互通有无地做贸易。

其次，变化的周而复始性。既然本源是内在多元的，"独阴不生，孤阳不长"，所以中国传统的宇宙本源论有一个鲜明的特征，即强调阴阳的交感和合，并认为这是宇宙富有生机并生生不息的原动力。与西方哲学追求恒定不变的，认为变化只是现象，本质（存在）则是永恒的、不变的、绝对的、完满的、超越的等观念不同，中国古代的哲学家不但不害怕变化，还认为变化恰恰体现了宇宙生生不息的本质。阴阳交感生化的思想，反映了一种大智慧。推之于宇宙生命的存在，则表明维持并丰富宇宙生命合理存在的前提，乃是宇宙生命存在形式多样性之间的交感互补，以及建立在这一交感互补基础上的彼此的发展。套用《周易》的话说，即是多样性之间相交而感则"万物通""其志同"！反之，则"万物不通""天下无邦"！

中国古代哲学直面并认可变化，所以比较强调如何在适应变化上下功夫。但这并不是中国古代变化观的全部，中国古代哲学家讲变化，并非不关注"常"，《周易》基于农业文明的经验讲变化，特别重视其循环往复的特征。这种循环往复，本源清楚，过程可知，结果可期，所谓元亨利贞，贞下起元。因此中国古人直面变化，认肯变化，不怕变化。反之，如果中国古人没有在变化中发现循环往复这一特征，我相信对于不知所之、不可把握的变化，中国古人也会害怕的。这一点其实与古希腊哲学家在变化的背后找不变的东西是有异曲同工之妙的。因此，与古希腊相较，中国古人是因为认识到了变化的可知性和可把握性，所以才不觉得变化可怕。中国古代哲学所讲的"道"，很大一块，就是指的这种变化的可把握性。中国古人讲变化重视循环往复的特征，不能简单地称之为循环论，而应该看作一种返本开新，就是不断地回到本源，又不断地开出新的生命，正所谓"生生之为易"，"周虽旧邦，其命维新"！这样的变化，作为一种生生不息的动力和创造力，它具有本体的意义；作为一种生生不息，"品物流形"的大化过程，它又有规律的意义。

中国社会科学网：之前您多次讲到《周易》是神人之学，这说明《周易》的产生是有宗教背景的，那孔子开启了"好其德义"的解《易》新方向后，原来的信仰是不是发生了变化？孔子是不是无神论者？与此相关的是，儒学究竟是不是一种宗教？

杨庆中：这是一个比较尖锐的问题，学界已有长时间的讨论。因为您是结合着易学来提问的，所以我也就尝试结合着易学谈谈自己的看法。

孔子虽然把《易》从巫史之手中拯救出来，开启了"好其德义"的解经新模式，但孔子并没有否定巫之《易》和史之《易》，因而也没有否定《周易》本来具有的神学意义。其实结合《论语》等其他材料可知，孔子并不否定对神的信仰，如我们上次曾经讲到的，他不过是从迁善改过的视角，从反求诸己的视角去认识吉凶，以达到趋吉避凶的目的罢了。这应该就是孔子所谓的"敬鬼神而远之"吧。孔子不语"乱神"，但并非不信神。事实上，整个儒家群体很少有纯粹的无神论者。这个问题是一个非常复杂的问题，涉及对宗教的理解。我认为儒学不是宗教，儒家不是宗教群体，但是儒学和儒家却极力地维护了一种宗教，这就是从三代传承演化过来的对天神的信仰，对地祇的信仰（社神），对人鬼（祖先）的信仰，等等。儒家的礼学里面关于祭祀方面的讨论内容极为丰富，就是例证。但儒家对于超验的神灵及其世界并没有什么建构。比如孔子作为礼学大师，应该主持过不少丧葬、祭祀仪式，却从没见到孔子谈论过人死亡之后的世界，孔子甚至强调"不知生，焉知死"。孔子也做梦，并经常梦到自己的偶像周公，假如有一阵子梦不见周公，就慨叹"甚矣吾衰也"！孔子的慨叹固然为神秘主义的解释留下了想象的空间，但孔子从来没有讲到在周公那里得到过什么神秘的启示。这一点可能是儒家的传统，或者说影响了后来的儒家，比如宗教氛围十分浓厚的西汉时期，易学家孟喜想突破传统经说，讲卦气，也只敢诈称是老师临终前独传于自己，而不敢谎称是得自神启。

这里有必要说一下"神道设教"的问题。"神道设教"一语来自《易传》对《观》卦的解释，意思是说，庄严肃穆的祭祀仪式具有感化人的功能，圣人借用宗教活动的这种感化功能来教化百姓，能使天下和谐安宁。《易传》并不否定祭祀活动本身的宗教意义，但看重的是它的教化功能。有人说儒家是实用理性，儒家确实有这个特点，就"神道"来说，儒家从来没有明确否认过外在的形上存在，但儒家也从来没有特别讨论过要在一个外在的形上存在中实现人的超越的问题；相反，却特别强调在时间中透过"三不朽"等等来实现人的超越，这一点在第一次访谈中我们有涉及。总之，我认为与其说儒学与儒家是宗教，不如说他们是一批有宗教信仰的哲学家、思想家、教育家更为合适。

中国社会科学网：《易经》在我国传统文化中的地位很高，曾被尊称为六经之首，还有很多人把它看作宝书。2004年，在中华民族文化促进会主办的文化高峰论坛上，讨论的主题是"全球化与中国文化"。杨振宁先生在演讲中谈到自己对《易经》的看法。他认为《易经》有着简洁性和总结性。现代科学的发展，需要十分严谨的推演过程，而这部书不具备，因此，《易经》对目前的科学发展有着消极影响。您对这个问题怎么看？

杨庆中：杨振宁先生的话题，直接涉及中国哲学中的知识论问题，中国哲学应该对此作出回应。但以我的知识素养，还无法很好地回答这个问题，也只能是结合着我对易学的理解尝试论之。杨振宁先生关于这一问题的主要观点是，《易经》影响了中华文化中的思维方式，而这个影响是近代科学没有在中国萌芽的重要原因之一。那么 中华传统文化中的思维方式在杨先生看来又有什么特色呢？杨先生说，其特色是有归纳法，但没有推演法（演绎法）。而科学恰恰是建立在对这两种方法的运用基础之上的。

杨先生是科学巨擘，中国传统文化的造诣也非常深厚，《周易》的确是中国传统思想，包括中国传统科技思想的理论基础，科学没能在中国发生，当然与《周易》的思维方式所具有的特色有一定的关系。所以我认为杨先生的这一判断是没有问题的，是符合实际的。但《周易》或易学是不是只有归纳，没有演绎，这个问题似乎还可以讨论。《周易》的成书基于对筮占经验的归纳，其归纳的结果是形成了一套以阴阳爻为基本要素，以八卦符号为核心内涵的六十四卦符号系统。经验是具体的，但符号对经验有超越作用，可以导向一种对普遍意义的理解。所以，从经验归纳而来的《周易》在一定意义上应该是具有公理的意义。《易传》所谓"一阴一阳之谓道"，"《易》与天地准，故能弥纶天地之道"等，大概讲的就是这个意思。我感觉《周易》既不怀疑世界的真实性，但也鲜少讨论世界的真实性，而是预设八卦能代表世界万物，把世界"象"化，然后演绎八卦。具体来说，即是把宇宙的万事万物预设为八种卦象，用八卦的相摩相荡产生六十四卦，又根据一定的规则，用六十四卦中每一卦的整体系统与阴阳结构之间的关系演绎宇宙、社会、人生中的各种问题。这套知识系统可能不只有归纳思维，还是有演绎思维的吧。《周易》在中国传统科技的发展中确实起到过决定性作用，但科学确实没有在中国发生，这个问题还需要讨论。

在此我想借杨先生的话题针对几种倾向谈谈自己的看法。一种倾向是，用现代科学附会《周易》的知识系统，只要现代科学有什么新发现，便会有人在易学系统的典籍里"找到"该项内容，什么《易》里面有二进制、有遗传学、有量子力学，等等。这种思想恐怕是不妥的。另一种倾向是，认为《周易》或易学是一种超前思维，科学有其局限性，现代科学解释不了，不一定就不科学。本人以前也一度有过这样的认识，这种思想恐怕也是不妥的。还有一种倾向，就是看到西方有学者高扬价值理性，对工具理性的局限性提出批评，便以中国哲学强调知识与价值的统一为由，引高扬价值理性的论说为同调，诋毁科学。这种思想尤其不妥。而对于我国来说，时刻警醒自己的乃是：要全方位地向科学进军。所以我觉得杨振宁先生提出这个问题是有非常重要的意义的，中国哲学界值得对它做深入研究。

中国社会科学网：《周易》对现代中国哲学的研究有哪些影响？

杨庆中：谈到现代，需要从中国哲学学科的建立说起。中国哲学的起源很早，照成中英先生的说法，伏羲时期中国人就有了哲学的思考，是世界各种文明中最早的。但作为近代学科意义的"哲学"概念却是清末民初通过日本从西方引进过来的，按照近代学科意义上的"哲学"梳理中国哲学的发展，也是20世纪初叶的新生事物。这一学科的从无到有，对中国思想学术的发展与现代转化是具有非常重大的意义的。当然，回顾这一过程，也有不少经验教训。事实上对于这一过程的反思从来也没有中断过，一百年来，人们提出了种种质疑。比如对具有奠基意义的冯友兰先生的两卷本《中国哲学史》的质疑也有不少。但是，实际上关于人们质疑的许多问题，冯友兰在创作《中国哲学史》时基本上是有所自觉的，他自觉地选择了大家见到的这种模式，原因固然很多，但我想其中最主要的原因可能与冯先生的一个基本观点有关，即他认为中西问题乃是古今问题，是传统与现代的问题，应该见贤思齐，从发展的立场上来整理中国传统哲学。冯先生也许试图透过这样一种整理来实现传统与现代之间的转换，赋予具有"实质的系统"的中国哲学一个形式的面貌。所以，冯先生的局限性恰恰不在于人们的质疑中提到的以西释中，用西方哲学的观念和西方哲学史的书写方式来分割剪裁中国传统思想史料等等，如果把这作为冯先生《中国哲学史》的问题的话，那么，可以说整个 20 世纪乃至于今天的以现象学解释中国哲学，都是在以西释中。

中国古代哲学的发展有自己的节奏，近现代中国哲学的发展是被带节奏。怎么理解呢？也就是说，西方出现什么样的哲学流派，中国哲学就会有什么样的解释方式，所以，近现代中国哲学的发展是被西方哲学带着节奏走的。当然，产生这样的情况，原因可能很多，但是有一点是最主要的，就是作为学科意义的哲学被引进之后，西方哲学一直具有典范的意义，所以学者们研究中国传统哲学思想时总会自觉不自觉地去观照这个典范。我本人对此以前也曾有所怀疑，但现在是持积极地肯定的态度的，我宁愿认为这就是中西哲学之间交流会通的进行时，是中西哲学的综合创新。事实上，我们今天对中国传统哲学史料的解读都借用了西方哲学，都在不同程度地以西释中，这也是一条正确的道路，因为只有这样，才能够从中国传统哲学史料里开拓出新的理解方向。而且我相信我们借用西方哲学解读中国哲学史料，实际上也是在用中国传统思想史料来理解西方哲学，进行西学中国化的工作，把西方哲学充分中国化后，它便会成为一种发展中国哲学的资源，而变成中国哲学的一部分，就像佛教之中国化一样。其实"以西释中"这个说法，除去太过明显的倾向性，毋宁说这是在用一种新的视角和新的理解方式来梳理中国传统思想史料。况且就哲学的研究而言，中国哲学界的西方哲学研究就是现代中国哲学的一部分，就是现代中国哲学研究。

因此，我不认为以西释中是冯先生《中国哲学史》的局限性之所在，冯先生的局限性在于忽视了在中国古代思想学术中具有核心意义的、真正具有哲学意涵的部分史料，如被视为大道之源的《周易》及易学系统的典籍在冯著中就没有受到重视。

中国社会科学网：被视为大道之源的《周易》及易学系统的典籍为何在冯友兰的《中国哲学史》中没有受到重视？在近现代中国哲学研究中，易学哲学的研究处于一个什么位置？

杨庆中：这有个客观的原因，冯先生撰著《中国哲学史》之时，正赶上如火如荼的"古史辨运动"，顾颉刚在《古史辨》第一册中提出要打破"古史为黄金世界"等根深蒂固的传统观念，对《周易》一书以及孔子与《周易》经传的关系进行疑古辨伪，经学被打破，《周易》则不但被拉下经学神坛，还被视为巫术迷信。所以大儒如钱穆、冯友兰者，当时也纷纷撰文撇清孔子与《易传》的关系。这无异于斩断了中国哲学发展的"龙脉"，使之变成无本无源，难怪方东美先生视冯先生的《中国哲学史》为无头的中国哲学史。正是因此之故，在一百来年的中国哲学研究中，易学哲学基本上是比较边缘的。直到20世纪80年代中期，著名哲学家、易学家朱伯崑先生的四卷本《易学哲学史》问世，人们才对于易学在中国哲学研究中的地位有了比较深入系统的认识。朱伯崑先生是冯友兰先生的学生，其撰著《易学哲学史》的目的很明确，就是要补冯友兰先生《中国哲学史》的不足。朱伯崑很好地继承了清华学派的语言分析传统和老北大的实证传统，并坚持唯物史观，所以该书达到了相当高的理论水平。陈来先生视朱伯崑的《易学哲学史》为"经学哲学史的研究路数"，但认为朱先生之后该路数并没有真正扩展开，没有后继者，可以说一枝独秀。这说明易学哲学或经学哲学的研究，还有待于进一步的开展。不过就易学的研究而言，自20世纪80年代以来已经有了长足的发展，易学史的研究、易学人物、易学专题的研究出了不少好的成果。也有学者立足于易学讲哲学，如成中英先生的本体诠释学就是出入中西、归本大《易》的产物,成先生最近被欧洲国际诠释学研究院聘为荣誉教授,说明其以易学会通西方哲学的努力得到了国际哲学界的认可。所以对于未来易学及易学哲学的研究我们还是充满信心的。

冯友兰先生临终前曾满怀信心地指出:"中国哲学将来一定大放光彩",同时又语重心长地指示后人:"要注意《周易》哲学!"这是中国哲学史学科奠基人的临终遗教!我相信中国哲学界会越来越重视《周易》哲学的研究的。《周易》和易学也必将在中国传统文化的复兴中发挥出更大的作用!

参考文献

古籍类

（清）孙星衍撰，陈抗、盛冬铃点校：《尚书今古文注疏》，中华书局1986年版。

（汉）孔安国传，（唐）孔颖达正义，黄怀信整理：《尚书正义》，上海古籍出版社2007年版。

顾颉刚、刘起釪：《尚书校释译论》，中华书局2005年版。

王世舜、王翠叶译注：《尚书》，中华书局2012年版。

李学勤主编：《周易正义》，十三经注疏标点本，北京大学出版社1999年版。

黄寿祺、张善文：《周易译注》，上海古籍出版社1989年版。

杨柳桥：《周易绎传》，天津社会科学院出版社1993年版。

（西汉）毛亨传，（东汉）郑玄笺，陈才整理：《毛诗笺》，商务印书馆2023年版。

程俊英译注：《诗经译注》，上海古籍出版社1985年版。

杨伯峻编著：《春秋左传注》（修订本），中华书局1990年版。

李学勤主编：《春秋左传正义》，十三经注疏标点本，北京大学出版社1999年版。

徐元诰撰，王树民、沈长云点校：《国语集解》（修订本），中华书局 2002 年版。

郭沫若、闻一多、许维遹：《管子集校》，科学出版社 1956 年版。

卢育三：《老子释义》，天津古籍出版社 1987 年版。

杨伯峻译注：《论语译注》，中华书局 1980 年版。

程树德撰，程俊英、蒋见元点校：《论语集释》，中华书局 1990 年版。

黄怀信主撰：《论语汇校集释》，上海古籍出版社 2008 年版。

胡平生译注：《孝经译注》，中华书局 1996 年版。

（清）孙诒让著，孙启治点校：《墨子间诂》，中华书局 2001 年版。

杨伯峻译注：《孟子译注》，中华书局 1984 年版。

（清）王先谦撰，沈啸寰点校：《庄子集解》，中华书局 1987 年版。

（清）王先谦撰，沈啸寰、王星贤点校：《荀子集解》，中华书局 1988 年版。

杨柳桥：《荀子诂译》，齐鲁书社 1985 年版。

梁启雄：《韩子浅释》，中华书局 1960 年版。

陈奇猷校释：《吕氏春秋校释》，学林出版社 1984 年版。

陆玖译注：《吕氏春秋》，中华书局 2011 年版。

（东汉）郑玄注，石𤩽整理：《周礼注》，中华书局 2023 年版。

李学勤主编：《礼记正义》，十三经注疏标点本，北京大学出版社 1999 年版。

（清）孙希旦撰，沈啸寰、王星贤点校：《礼记集解》，中华书局 1989 年版。

方向东：《大戴礼记汇校集解》，中华书局 2008 年版。

（汉）司马迁：《史记》，中华书局 1982 年版。

（汉）班固：《汉书》，中华书局 1982 年版。

杨朝明注说：《孔子家语》，河南大学出版社 2008 年版。

王彦坤：《路史校注》，中华书局 2023 年版。

（宋）朱熹：《四书章句集注》，中华书局 1983 年版。

（宋）朱熹：《朱子全书》（修订本），上海古籍出版社、安徽教育出版社 2010 年版。

（宋）朱熹集撰，赵长征点校：《诗集传》，中华书局 2017 年版。

（清）永瑢等撰：《四库全书总目》，中华书局 1965 年版。

（清）梁诗正等编纂：《西清古鉴》，《景印摛藻堂四库全书荟要》第 157—158 册，世界书局 1988 年版。

今人著作类

丁山：《甲骨文所见氏族及其制度》，科学出版社 1956 年版。

陈梦家：《殷虚卜辞综述》，科学出版社 1956 年版。

侯外庐、赵纪彬、杜国庠：《中国思想通史》第一卷，人民出版社 1957 年版。

北京大学哲学系外国哲学史教研室编译：《古希腊罗马哲学》，商务印书馆 1961 年版。

吕振羽：《殷周时代的中国社会》，生活·读书·新知三联书店 1962 年版。

杨宽：《古史新探》，中华书局 1965 年版。

《甲骨文集释》，台北："中研院"历史语言研究所 1970 年版。

《马克思恩格斯选集》第 4 卷，人民出版社 2012 年版。

朱天顺：《原始宗教》，上海人民出版社 1978 年版。

郭沫若主编，胡厚宣总编辑：《甲骨文合集》，中华书局 1978—1983 年版。

北京大学历史系考古教研室商周组编著：《商周考古》，文物出版社 1979 年版。

金景芳：《古史论集》，齐鲁书社1981年版。

高明：《尚书研究论集》，台北：黎明文化事业公司1981年版。

刘德汉等：《尚书研究论集》，台北：黎明文化事业公司1981年版。

郭沫若：《郭沫若全集》考古编第一卷，科学出版社1982年版。

闻一多：《闻一多全集》，生活·读书·新知三联书店1982年版。

方克立：《中国哲学史上的知行观》，人民出版社1982年版。

戴君仁等：《春秋三传研究论集》，台北：黎明文化事业公司1982年版。

罗振玉编：《三代吉金文存》，中华书局1983年版。

朱维铮编：《周予同经学史论著选集》，上海人民出版社1983年版。

任继愈主编：《中国哲学发展史》（先秦），人民出版社1983年版。

张光直：《中国青铜时代》，生活·读书·新知三联书店1983年版。

宋兆麟、黎家芳、杜耀西：《中国原始社会史》，文物出版社1983年版。

胡厚宣主编：《甲骨文与殷商史》，上海古籍出版社1983年版。

温少峰、袁庭栋：《殷墟卜辞研究——科学技术篇》，四川省社会科学院出版社1983年版。

庞朴：《儒家辩证法研究》，中华书局1984年版。

杨伯峻等：《经书浅谈》，中华书局1984年版。

高亨：《周易古经今注》（重订本），中华书局1984年版。

朱伯崑：《先秦伦理学概论》，北京大学出版社1984年版。

袁珂：《中国古代神话》（修订本），中华书局1985年版。

屈万里：《屈万里先生文存》，台北：联经出版社1985年版。

中国先秦史学会编：《夏史论丛》，齐鲁书社1985年版。

陈梦家：《尚书通论》（增订本），中华书局1985年版。

北晨编译：《当代文化人类学概要》，浙江人民出版社1986年版。

唐兰：《西周青铜器铭文分代史征》，中华书局1986年版。

张光直：《考古学专题六讲》，文物出版社1986年版。

朱伯崑：《易学哲学史》上册，北京大学出版社1986年版。

常玉芝：《商代周祭制度》，中国社会科学出版社1987年版。

金景芳：《学易四种》，吉林文史出版社1987年版。

孙淼：《夏商史稿》，文物出版社1987年版。

中国孔子基金会学术委员会编：《近四十年来孔子研究论文选编》，齐鲁书社1987年版。

余英时：《士与中国文化》，上海人民出版社1987年版。

吴乃恭：《儒家思想研究》，东北师范大学出版社1988年版。

孙晓：《中国婚姻小史》，光明日报出版社1988年版。

张立文：《中国哲学范畴发展史》（天道篇），中国人民大学出版社1988年版。

苏渊雷：《中国思想文化论稿》，华东师范大学出版社1989年版。

张岱年：《中国古典哲学概念范畴要论》，中国社会科学出版社1989年版。

张岂之主编：《中国儒学思想史》，陕西人民出版社1990年版。

张光直：《中国青铜时代（二集）》，生活·读书·新知三联书店1990年版。

方立天：《中国古代哲学问题发展史》，中华书局1990年版。

朱凤瀚：《商周家族形态研究》，天津古籍出版社1990年版。

晁福林：《天玄地黄——中国上古文化溯源》，巴蜀书社 1990 年版。

邹化政：《先秦儒家哲学新探》，黑龙江人民出版社 1990 年版。

赵国华：《生殖崇拜文化论》，中国社会科学出版社 1990 年版。

刘泽华主编：《中国传统政治思维》，吉林教育出版社 1991 年版。

钱杭：《周代宗法制度史研究》，学林出版社 1991 年版。

徐中舒：《先秦史论稿》，巴蜀书社 1992 年版。

田昌五：《中国古代社会发展史论》，齐鲁书社 1992 年版。

詹鄞鑫：《神灵与祭祀——中国传统宗教综论》，江苏古籍出版社 1992 年版。

徐山：《雷神崇拜——中国文化源头探索》，上海三联书店 1992 年版。

杨向奎：《宗周社会与礼乐文明》，人民出版社 1992 年版。

李学勤：《周易经传溯源——从考古学、文献学看〈周易〉》，长春出版社 1992 年版。

康学伟：《先秦孝道研究》，台北：文津出版社 1992 年版。

宋镇豪：《夏商社会生活史》，中国社会科学出版社 1994 年版。

朱汉民：《忠孝道德与臣民精神：中国传统臣民文化论析》，河南人民出版社 1994 年版。

鲁迅：《朝花夕拾》，人民文学出版社 1995 年版。

郭沫若：《十批判书》，东方出版社 1996 年版。

陈来：《古代宗教与伦理：儒家思想的根源》，生活·读书·新知三联书店 1996 年版。

冯友兰：《中国哲学史新编》，人民出版社 1998 年版。

黄沛荣：《易学乾坤》，台北：大安出版社 1998 年版。

廖名春：《帛书〈易传〉初探》，台北：文史哲出版社 1998

年版。

王玉哲:《中华远古史》,上海人民出版社 2000 年版。

廖名春:《中国学术史新证》,四川大学出版社 2005 年版。

傅斯年:《性命古训辨证》,广西师范大学出版社 2006 年版。

徐中舒主编:《甲骨文字典》,四川出版集团、四川辞书出版社 2006 年版。

李零:《郭店楚简校读记》(增订本),中国人民大学出版社 2007 年版。

韦政通:《中国文化概论》,吉林出版集团有限责任公司 2008 年版。

叶正渤:《叶玉森甲骨学论著整理与研究》,线装书局 2008 年版。

上海博物馆编,濮茅左编著:《上海博物馆藏甲骨文字》,上海辞书出版社 2009 年版。

丁福保编纂:《说文解字诂林》,中华书局 2014 年版。

孙中山:《三民主义》,东方出版社 2014 年版。

王国维:《观堂集林》,朝华出版社 2018 年版。

刘泽华:《先秦政治思想史》,天津人民出版社 2019 年版。

〔俄〕普列汉诺夫:《论艺术(没有地址的信)》,曹葆华译,生活·读书·新知三联书店 1964 年版。

〔美〕路易斯·亨利·摩尔根:《古代社会》,杨东莼、马雍、马巨译,商务印书馆 1977 年版。

〔德〕恩斯特·卡西尔:《人论》,甘阳译,上海译文出版社 1985 年版。

〔法〕列维-布留尔:《原始思维》,丁由译,商务印书馆 1981 年版。

〔法〕列维-斯特劳斯:《野性的思维》,李幼蒸译,商务印书馆

1987年版。

〔瑞士〕皮亚杰：《发生认识论原理》，王宪钿等译，商务印书馆1981年版。

论文类

晁福林：《试论殷代的王权与神权》，《社会科学战线》1984年第4期。

范阳等：《论儒家"忠道"的源流及其批判继承》，载《儒学国际学术研讨会论文集》，齐鲁书社1989年版。

范正宇：《"忠"观念溯源》，《社会科学辑刊》1992年第5期。

胡厚宣：《甲骨文商族鸟图腾的遗迹》，见中国科学院历史研究所编《历史论丛》第一辑，中华书局1964年版。

胡厚宣：《甲骨文所见商族鸟图腾的新证据》，《文物》1977年第2期。

胡厚宣：《殷卜辞中的上帝和王帝（上）（下）》，《历史研究》1959年第9、10期。

胡厚宣：《重论"余一人"问题》，载四川大学历史系古文字研究室编《古文字研究》第六辑，中华书局1981年版。

李启谦：《结合鲁国社会的特点认识和评价孔子的思想》，《齐鲁学刊》1987年第6期。

李裕民：《殷周金文中的"孝"和孔丘"孝道"的反动本质》，《考古学报》1974年第2期。

林沄：《甲骨文中的商代方国联盟》，见四川大学历史系古文字研究室编《古文字研究》第六辑，中华书局1981年版。

林沄：《说"王"》，《考古》1965年第6期。

刘蔚华：《论仁学的源流（上）（下）》，《齐鲁学刊》1982年第1、2期。

刘自斌：《先秦时期楚与诸夏忠的观念之比较》，《湖北大学学报》（哲学社会科学版）1991年第2期。

齐文心：《王字本义试探》，《历史研究》1991年第4期。

孙修身：《儒释孝道说的比较研究》，《敦煌研究》1998年第4期。

唐兰：《殷虚文字二记》，见吉林大学古文字研究室编《古文字研究》第一辑，中华书局1979年版。

王国维：《释礼》，见彭林编《王国维卷》，中国近代思想家文库，中国人民大学出版社2014年版。

王国维：《殷卜辞中所见先公先王考》，见彭林编《王国维卷》，中国近代思想家文库，中国人民大学出版社2014年版。

王培德：《〈书〉传求是札记（上）（下）》，《天津师大学报》1983年第4、5期。

王宇信等：《试论殷墟五号墓的"妇好"》，《考古学报》1977年第2期。

魏良弢：《忠节的历史考察：先秦时期》，《南京大学学报》（哲学社会科学版）1994年第1期。

闻一多：《周易义证类纂》，见《闻一多学术文钞：周易与庄子研究》，巴蜀书社2003年版。

沃兴华：《论殷周时代的上帝崇拜与祖先神崇拜》，见华东师范大学中国史研究所《中国史学集刊》第一辑，江苏古籍出版社1987年版。

杨宽：《楚帛书的四季神像及其创世神话》，《文学遗产》1997年第4期。

杨升南：《从殷墟卜辞中的"示"、"宗"说到商代的宗法制度》，《中国史研究》1985年第3期。

张亚初、刘雨：《从商周八卦数字符号谈筮法的几个问题》，《考古》1981年第2期。

张光直:《中国远古时代仪式生活的若干资料》,(台湾)《民族学研究所集刊》1960年第9期。

张桂光:《殷周"帝""天"观念考索》,《华南师范大学学报》(社会科学版)1984年第2期。

后　记

拙著是笔者于1995年完成的博士研究生学位论文。因本人1996年获批一项国家社科基金项目："论20世纪的三次易学热"，之后便一直沉潜于易学的研究中。除1999年曾对论文的"引言"加以补充外，至今再没有抽出时间对此文进行修订、补充和完善。这期间，学界相关的研究已有了全新的面貌，为了避免掠人之美，此次出版，只对文中错字、病句做了修订；部分文献的校对，引用了比较新近出版的古籍；加了四个附录，其他则索性一仍其旧，所谓立此存照云尔。

论文的顺利完成得益于业师石峻教授的悉心指导。从题目的斟酌，到章节的设计等，都浸透了石公的心血。论文写作过程中，石公提出过一些具体的要求，印象深刻的有两点：一是要注意论文的字数，博士学位论文是论文，不是学术专著，以12万字左右为宜。二是援引先秦文献，尤其是五经的文献，一定要对主要字词做出注释，对引文加以串讲，这样既能表明作者对引文所持的立场，又方便读者阅读。以上两点，论文基本上做到了。

借此机会，本人要特别感谢对论文做出评阅及评议的朱伯崑、汤一介、楼宇烈、许抗生、陈来、夏甄陶、乔长路、宋志明、邢东风，以及我的硕士论文指导老师方克立等教授；特别感谢参与论文答辩的方克立、方立天、张立文、许抗生、葛荣晋等教授，各位先生的真知灼见对本人启发良多。最后也特别感谢我的家人及所有帮助过我的老师、同事和同学！

  弹指之间，博士研究生毕业至今已历29载。1999年，石公仙逝；2020年，方克立先生也驾鹤西归，请益无从，不禁伤感。出版这本小书，算是对两位恩师的怀念吧！

2024年1月于北京知春里